# 汽车钣金喷漆入门

杨智勇 主 编

金盾出版社

## 内容提要

本书从初学者的角度介绍了汽车钣金喷漆入门知识。第一篇为钣金基本知识和机工具使用，车身校正设备使用以及车身修复的焊接与粘接，钣金手工成型工艺和钣金件的整形与校正，钣金结构件的更换与修复。第二篇为喷漆基本知识和工艺过程，漆面质量检查和修补等。

本书通俗、易懂、简明、实用，可供准备从事汽车维修行业的战士、学徒工学习使用，也可供广大汽车爱好者、驾驶人员以及大中专院校相关专业师生阅读和参考。

**图书在版编目(CIP)数据**

汽车钣金喷漆入门/杨智勇主编．—北京：金盾出版社，2016.9
ISBN 978-7-5186-0978-9

Ⅰ.①汽…　Ⅱ.①杨…　Ⅲ.①汽车—钣金工②汽车—喷漆　Ⅳ.①U472.4

中国版本图书馆 CIP 数据核字(2016)第 177513 号

**金盾出版社出版、总发行**
北京太平路 5 号(地铁万寿路站往南)
邮政编码：100036　电话：68214039　83219215
传真：68276683　网址：www.jdcbs.cn
封面印刷：北京天宇星印刷厂
正文印刷：北京天宇星印刷厂
装订：北京天宇星印刷厂
各地新华书店经销
开本：787×1092 1/16　印张：13.5　字数：326 千字
2016 年 9 月第 1 版第 1 次印刷
印数：1～3 000 册　定价：43.00 元

# 前　　言

目前，我国汽车市场保有量逐年增加，汽车服务业已经成为社会中比较普遍且容易就业的岗位。如何快速学习汽车钣金与喷漆的基本方法，初步掌握一技之长，早日走上就业之路，是每一位求职者关心的问题。为了满足准备从事汽车维修行业的战士、学徒工、社会上的青年或打工者的就业需求，全面提高相关人员的综合素质和职业技能，我们组织编写了本书。

本书以学会一门技术、掌握一项专长为目标读者群，从初学者的角度，介绍了汽车钣金喷漆入门知识。主要内容为钣金基本知识和机工具使用，车身校正设备使用及车身修复的焊接与粘接，钣金手工成型工艺和钣金件的整形，钣金结构件的更换与修复；喷漆基本知识和工艺过程，漆面质量检查和修补等。

通过学习本书，可了解汽车钣金与喷漆的基本知识和基本操作技能，掌握常用工具、机器、仪表使用方法，独立完成一般维护作业，熟悉汽车钣金与喷漆入门等上岗技能。

本书由长期在汽车维修和教学工作第一线、具有丰富实践经验的教师和工程技术人员编写。杨智勇主编，参加编写的还有王恒志、范渝诚、李川峰、李丁年、于宏艳、张宁、高继生、李旭、栾宏宇、王鹏、陈剑飞、张喜平、李艳玲、胡明、崔志刚、蔡宝辉等。

本书通俗、易懂、简明、实用，可供准备从事汽车钣金喷漆行业的战士、学徒工学习使用，也可供广大汽车爱好者、驾驶人员以及大中专院校相关专业师生阅读参考。

由于水平所限，不足之处在所难免，敬请读者批评指正。

编　者

# 目　录

## 第一篇　钣金入门

# 第一篇　钣金入门

## 第一章　钣金基本知识

### 第一节　岗位安全知识

#### 一、作业人员安全操作规程

**1. 钣金工安全操作规程**

①工作前要先将工作场地清理干净，以免妨碍工作，并认真检查所使用的工具、机具技术状况是否良好，连接是否牢固。

②进行校正作业或使用车身校正台时，应正确挟持、固定、牵制，并使用适合的顶杆、拉具、夹具及站立位置，谨防物件弹跳伤人。

③使用钻床、碰焊机、电焊机时，必须先检查各部件及焊机接地情况，确认无异常后，方可按操作程序操作。

④电焊条要干燥、防潮，工作时应根据具体情况选择适当的电流及焊条，电焊作业时，操作者必须戴面罩及劳动防护用品。

⑤焊补油箱时，必须放净燃油，彻底清洗确认无残油，敞开油箱盖，谨慎施焊。

⑥氧气瓶、乙炔气瓶要放在离火源较远处，不得在太阳下曝晒，不得撞击。所有氧焊工具不得沾上油污、油漆，并要定期检查焊枪、气瓶、表头、气管，以防漏气。

⑦搬运氧气瓶及乙炔气瓶时必须使用专门搬运小车，切忌在地上拖拉。

⑧氧焊操作，点火时，先开乙炔气后开氧，熄火时先关乙炔气阀，发生回火（回燃）现象时应迅速卡紧胶管，先关乙炔气阀再关氧气阀。

**2. 钳工安全操作规程**

①工作场地保持整洁，做到文明生产。

②经常检查机床、工具，如：砂轮机、钻床、手电钻、锉刀、手锤等，发现损坏，立即停止使用，进行修理。

③搬运笨重工件时，应有人指挥，注意安全，所用的吊装工具必须进行仔细检查，留有保险系数，不得蛮干。

④高空作业时应戴好安全帽，系好安全带，并有人监护，放妥工具，作业时严禁下方站人。

⑤操作者操作时必须穿戴好各种安全防护用品。

**3. 焊工安全操作规程**

①焊工工作场地严禁存放汽油、香蕉水等易燃、易爆物品。

②焊、割作业时，必须按规定穿戴防护用品，未经培训和专业学习，严禁使用氧、电焊，使用氧焊点火时，严禁对准他人，不得用各种器具敲击氧气瓶和乙炔气瓶。

③氧气瓶和乙炔气瓶应放在安全位置，不得置于阳光下曝晒，严禁热气冲击和油脂接触氧气开关，经常检查压力表和皮管，保持压力表灵敏和皮管的畅通，氧气和乙炔气两管分色使用，工作结束时，及时关闭氧气或乙炔气开关。

④对已使用过的氧气瓶和乙炔气瓶，再次使用前必须检查其容量，容量小于2～3kg或压力小于0.05MPa时，禁止继续使用。

⑤电焊作业必须在干燥处进行，电焊机通电后，不得用手直接触摸。

## 二、工具的安全使用

**1. 电焊机的安全使用**

①操作时要穿戴好防护用品，电焊面罩要完整严密，如有裂纹或损坏不准使用。

②工作前要检查电焊机外壳闸刀开关，金属外壳及变压器两次线圈的接地情况是否良好。

③检查手把线、搭铁线，不准有破损漏电现象；所有电线接头、螺栓及电门保险等必须密接，不准松弛虚连，并检查焊枪是否可靠的绝缘，不得有损坏和潮湿现象。

④工作场地10m内不准存放氧气、乙炔发生器及其他易燃等物品。

⑤电焊机不准堆放在高温场所和潮湿处，电焊的龙头线不准与氧气软管、乙炔气软管混放在一起。

⑥操作时，脸部面罩、工作服、绝缘手套、鞋套等穿戴整齐，以防弧光烧伤及触电等事故。

⑦不准将工作物拿在手中或伏在工作物上进行焊接，焊条必须夹紧，不能松动，焊条粘在工作物上时，不能直接用手去取。

⑧工作完毕，应切断电源，将电线盘好放妥。

**2. 氧焊设备的安全使用**

①氧气瓶必须有防护帽和胶皮圈，使用时应轻拿轻放，禁止在地面上滚动和撞击。

②氧气瓶要直放，与明火或乙炔发生器相距不少于10m，严禁靠近油脂及热体的地方。

③乙炔瓶、氧气瓶的气阀和导管等发现有冻结时，应移动较暖的地方，严禁用明火烤。

④导管和导线不准混杂在一起，导管横过导线时需加保护，避免受到机械损伤。

⑤焊接操作时，应先开乙炔气体，检查焊枪畅通后再行点火，氧气瓶、乙炔气瓶及着火点三者应保持在10米以上。

⑥氧气瓶内的气体不能完全用尽，应留不小于0.05MPa剩余压力，带上安全帽，标上“用完”符号。

⑦操作人员必须持证上岗，未学习的人员和无合格证人员严禁使用氧气乙炔焊。

⑧施焊时，焊枪一定要先开乙炔阀，后开氧气阀。焊毕，则先关氧气阀后关乙炔阀，以免回火。

⑨氧气、乙炔气不得作其他动力源使用。

**3. 二氧化碳气体保护焊机的安全使用**

①操作者必须详细了解焊机性能和结构。

②接线必须正确可靠，电缆接头必须锁紧，此焊机均直线直流反接极性，焊枪为正极不得接反，否则影响焊接过程稳定性。

③必须经常检查电缆绝缘情况，如发现有损坏情况，须重新加以绝缘，以免造成短路和触电现象。

④焊丝必须经过汽油清洗擦净，绕制紧凑，焊丝不得发生弯折，以免影响送丝，焊丝压线滚不宜压得过紧和太松，压丝滚轮压力可借压丝簧调节。

⑤操作者在操作前扭动电源开关至“开”的位置，使预热器预热 5～10min 左右，再进行焊接。

⑥根据焊接工件的厚度，选择合适直径的焊丝和导电嘴，并选择合适的焊接规范（焊接电压、送丝速度、电感等）。

⑦调节合适的气体流量，一般气体流量为 6L/min，气体必须经过预热器、干燥器处理后接到焊枪使用，并经常检查气路系统是否漏气。

⑧焊机工作时，必须保持良好通风。

**4. 剪板机的安全使用**

①操作者必须懂得剪板机的结构、性能、操作要求及润滑、保养维护知识。

②机床各摩擦部分，须经常保持润滑与清洁，按规定加注润滑油。

③切忌剪切超厚度、超硬度板料，以免剪坏机床和刀口。

④剪切门面板料时，需将材料放在两边靠尺挡板处进行剪切，以免在中间突然受力使机件断裂。

⑤刀片刀口有滞钝或局部缺口等不良现象时，应立即换上备用刀片，切忌勉强使用，从而影响剪切质量和损坏刀片。

⑥运转时如发生不正常响声，应立即停机检查，直到修复后方可开机使用。

**5. 折边机的安全使用**

①折边机应明确专人负责，操作者应了解机床的结构、性能和操作要点。

②工作开始前，先将工作场地整理干净，检查电器设备是否安全可靠，检查折边机各部位润滑情况，并加注润滑油。

③根据图纸和工艺要求，调整挡块位置和折边梁间隙及折边旋转角度。

④不得折叠超过规定厚度的工件，严禁其他人员擅自操作。

⑤操作过程中若发现异常现象，应立即停机检查排除，不准带病运行，发生事故应立即上报，违者追究其责任。

⑥工作完毕后应切断电源，擦拭折边机，整理好工作场地。

**6. 砂轮机的安全使用**

①必须根据工作性质特点，选用合适的砂轮并认真检查砂轮是否固定牢靠，必须有安全防护罩。

②严格控制砂轮外圆直径，不得超过规定尺寸，砂轮线速度必须与电机匹配，并注意旋转方向正确，安装地点适中，砂轮旋转方向不宜朝行人路口。

③工作时工件与砂轮间接触压力不宜过大，更不得冲击砂轮，以防止砂轮轴弯曲或砂轮

炸裂伤人。

④砂轮机工作时必须通风，以防粉尘污染。

⑤工作中，电机开关必须绝缘良好，完毕后及时关闸，做到安全文明生产。

## 第二节 车身结构认知

### 一、轿车车身结构与分类

轿车车身结构与分类见表1-1。

表1-1 轿车车身结构与分类

| 分类形式 | 车身结构特点 | | 结构简图 |
|---|---|---|---|
| 按车身承载方式分类 | 非承载式车身（也称车架式车身） | 图1-1为典型的车架式车身结构示意图，轿车的壳体与车架是可分离的两个部分。车架承受汽车运行所受到的荷载；车厢通过减振装置与车架相连接，基本上不承受荷载 | 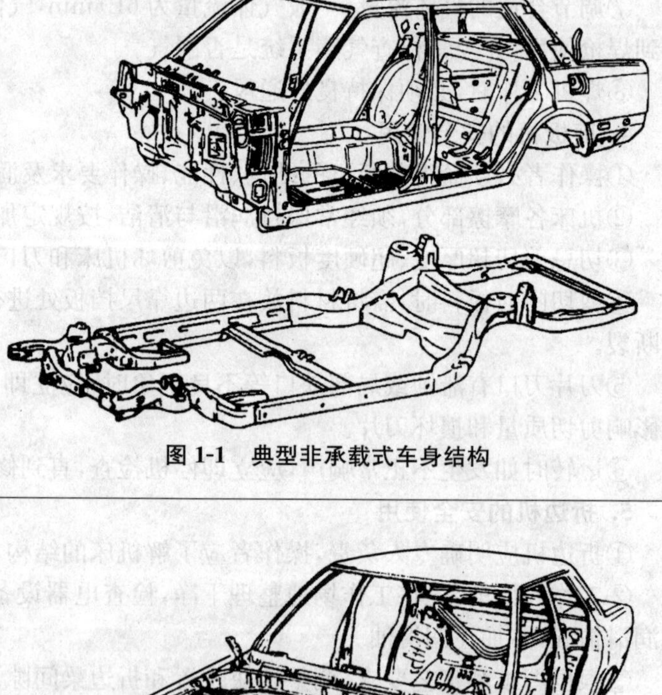 图1-1 典型非承载式车身结构 |
| | 承载式车身（又称为整体式车身） | 图1-2为典型的承载式车身结构示意图。承载车身不再依靠车架承受荷载，而是将汽车的动力系统、行驶系统等主要部件直接安装在车身的指定位置上。这样做，可以大大减轻汽车自身质量，降低整车重心高度，是现代轿车设计的主导结构 | 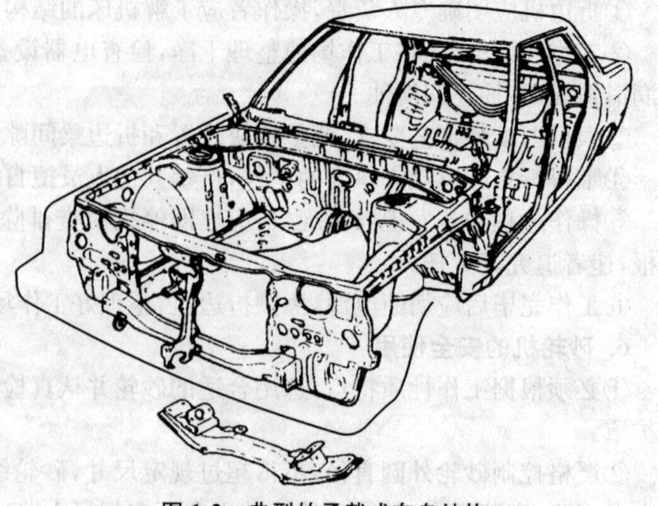 图1-2 典型的承载式车身结构 |

**续表 1-1**

| 分类形式 | 车身结构特点 | | 结构简图 |
| --- | --- | --- | --- |
| | 按车身背部结构分类 | 有折背式车身、直背式车身、舱背式车身、短背式车身 | |
| | 按车身厢体结构分类 | 根据车身厢体结构可分为三厢式和两厢式轿车两种，如图 1-3 所示。由于发动机室、乘客室、行李厢分段隔开形成相互独立的三段布置，故称之为三厢式轿车。两厢式轿车后部形状按较大的内部空间设计，将乘客室与行李厢布置于同一段，故称之为两厢式轿车 | <br>(a) 三厢式轿车　(b) 两厢式轿车<br>**图 1-3　三厢式与两厢式轿车** |
| 按车身外形分类 | 按用途及车门数分类 | 按用途及车门数分为二门轿车、四门轿车、二门旅行车、四门旅行车等，如图 1-4 所示 | 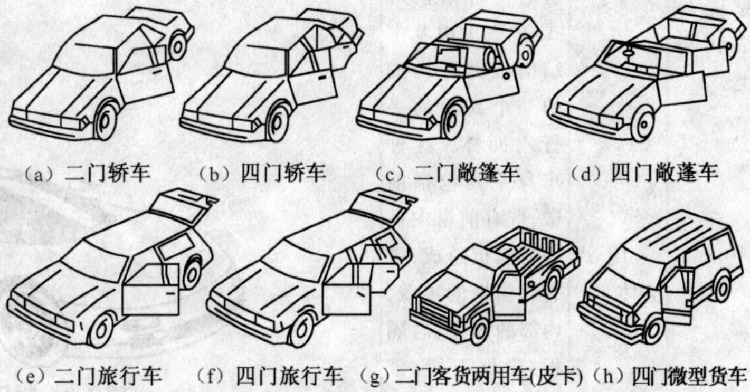<br>(a) 二门轿车　(b) 四门轿车　(c) 二门敞篷车　(d) 四门敞蓬车<br>(e) 二门旅行车　(f) 四门旅行车　(g) 二门客货两用车(皮卡)　(h) 四门微型货车<br>**图 1-4　按车身外形分类的典型车身** |
| | 变型车身 | 轿车有很多种变型车，主要是指车身部分的改变。例如，使折背式车身顶盖向后延到车尾的二厢式旅行车，以及使驾驶员座椅前移的一厢式多用途车等，如图 1-5 和图 1-6 所示 | 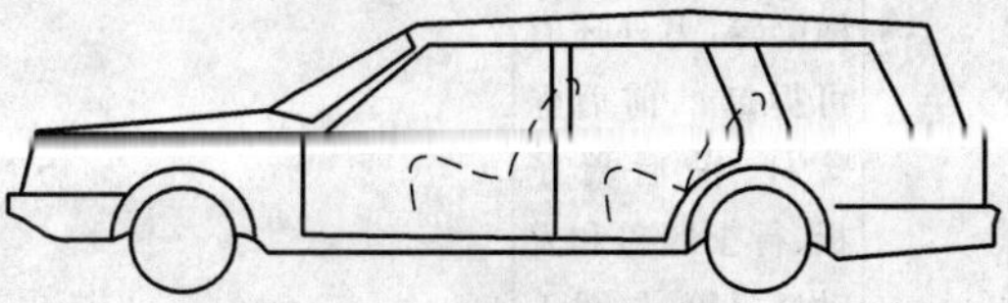<br>**图 1-5　二厢式旅行车**<br>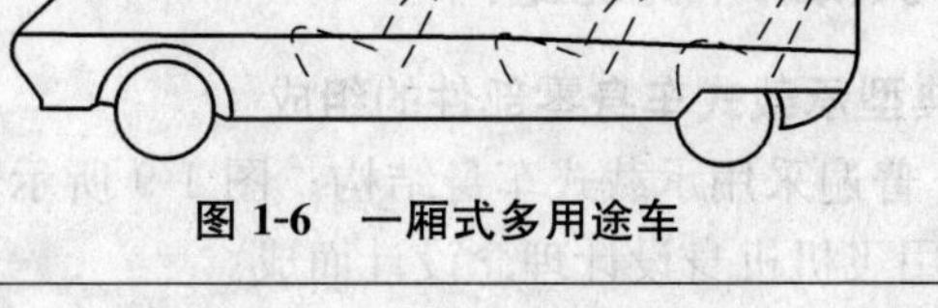<br>**图 1-6　一厢式多用途车** |

续表 1-1

| 分类形式 | 车身结构特点 | | 结构简图 |
|---|---|---|---|
| 按车身壳体结构分类 | 开式壳体 | 开式壳体即通常所说的不带顶盖的敞篷式车身，如图 1-7 所示。这种车身壳体还可分为两种结构：一种是由底板、侧壁、前壁和后壁四大部件所构成的；另一种是由底板、前壁和侧壁三大部件所构成的（见图 1-4c、d） |  图 1-7 开式壳体 |
| | 闭式壳体 | 这种车身壳体由板件构成一个封闭的系统，是轿车车身壳体最普遍的一种结构形式，呈现为由基本结构板件所构成的一个封闭的平行六面体。这种车身主要包括前壁、带有前窗内框的前隔板总成、带有后窗框的顶盖、内部的纵梁、后隔板、门框下梁、带有后轮罩的侧壁和后壁、底板、前悬架支架、后悬架横梁等，另外还有可拆卸的前后保险杠、前后翼子板、行李厢盖和发动机罩等，如图 1-8 所示 |  图 1-8 封闭式车身结构 |

## 二、承载式车身的结构

### 1. 典型承载式车身零部件的组成

轿车普遍采用承载式车身结构。图 1-9 所示为典型承载式车身，整个车身没有单独的车架，采用飞机机身设计理念设计而成。

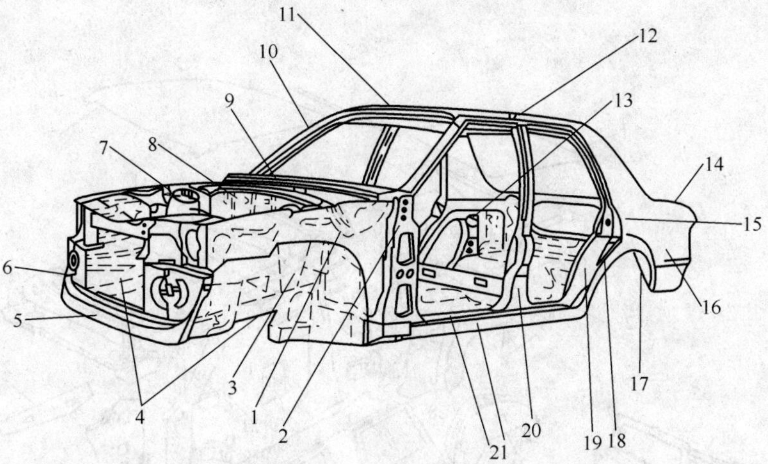


**图 1-9　典型承载式车身的零部件名称**

1. 挡泥板加强件　2. 前车身铰柱　3. 挡泥板　4. 内外前梁　5. 前横梁　6. 散热器支架　7. 支柱支承　8. 防火板　9. 前围上盖板　10. 风扇立柱(A柱)　11. 顶盖梁　12. 顶盖侧梁　13. 保险杠支承　14. 后备箱盖　15. 折线　16. 后顶盖侧板　17. 车轮罩　18. 止动销　19. 后车门锁定立柱(C柱)　20. 中部立柱(B柱)　21. 门槛板

图 1-10 所示为承载式车身上典型零部件。

通常整个车身壳体按强度截分为三段，如图 1-11 所示，图中 A、B、C 分别代表车身前部、中部及后部。当汽车发生正面碰撞或追尾等事故时，所产生的冲击能量可以在 A 段或 C 段得以迅速吸收，以前车身或后车身的局部首先变形成 A′或 C′，来保证中部乘客室 B 段有足够的活动范围与安全空间。

**2. 承载式车身的前车身部件组成**

承载式车身的前车身主要由前翼子板、前段纵梁、前围板及发动机罩、前轮罩(又称翼子板内补、翼子板骨架、前悬架支撑板、大包等)、发动机安装支撑架(又称副车架、元宝梁)以及保险杠等构件组成。大多数轿车的前部装有前悬挂及转向装置和发动机总成。发动机的安装位置不同，前车身形式也不同，如图 1-12 所示为桑塔纳 2000 型承载式车身前部结构，其发动机为前置式。

(1)发动机罩

发动机罩多用高强度钢板冲压成网状骨架和蒙皮组焊而成。发动机罩通过支撑铰链固定到盖板上，如图 1-13 所示。

(2)前围板

前围板位于乘客室前部，通过前围板使发动机室与乘客室分开。前围板的两端与壳体前立柱和前纵梁组焊成一体，使整体刚性更好。

(3)前悬架

轿车前悬架多采用独立悬架方式，悬架的安装方式及受力情况如图 1-14 所示。

(4)前段纵梁

前段纵梁是前车身的主要强度件，直接焊接在车身下部，其上再焊接车轮罩(有的前轮罩与前纵梁为一体式)等构件，如图 1-15 所示。

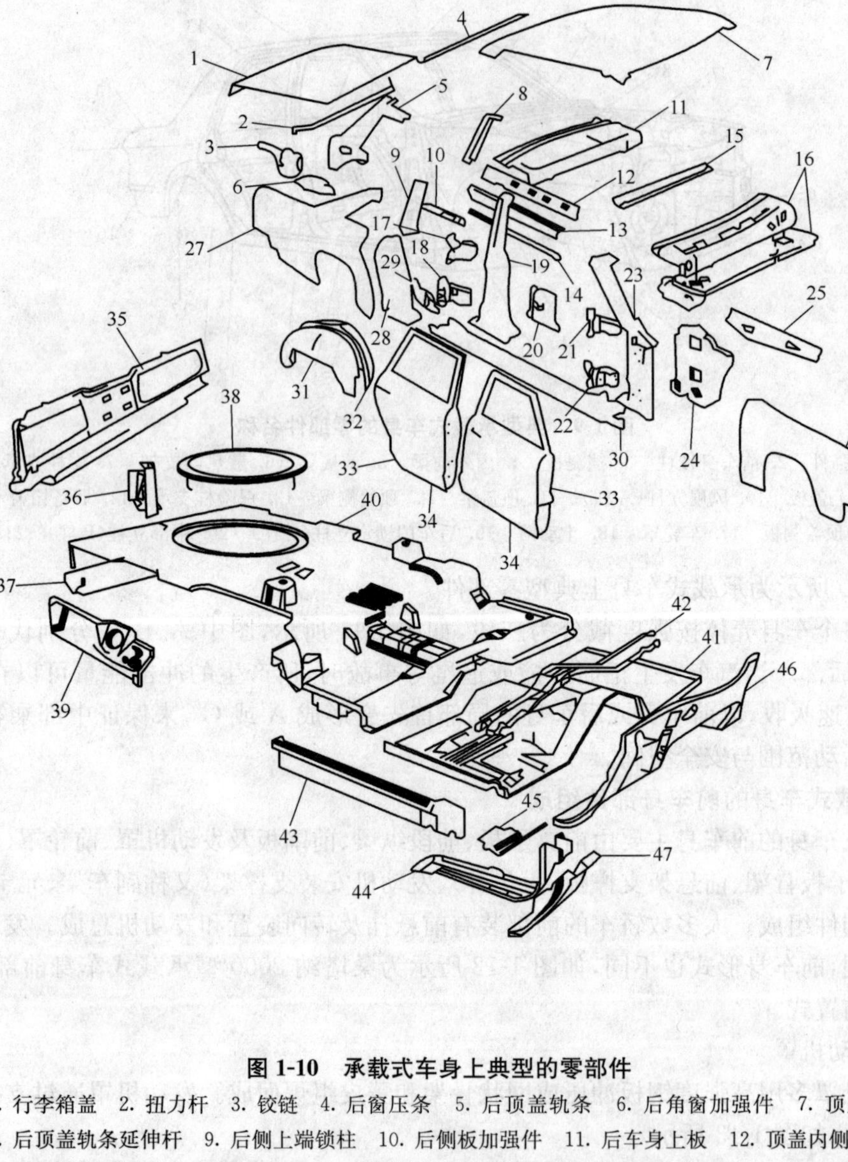


**图 1-10 承载式车身上典型的零部件**

1. 行李箱盖 2. 扭力杆 3. 铰链 4. 后窗压条 5. 后顶盖轨条 6. 后角窗加强件 7. 顶盖 8. 后顶盖轨条延伸杆 9. 后侧上端锁柱 10. 后侧板加强件 11. 后车身上板 12. 顶盖内侧板 13. 顶盖外侧板 14. 顶盖中侧板 15. 前风挡集水板 16. 集水板 17. 后门上铰链 18. 后门下铰链 19. 车身中柱 20. 车身中柱延伸板 21. 前门上铰链 22. 前门下铰链 23. 铰链与风挡支柱 24. 发动机盖内侧板 25. 前翼子板加强件 26. 前翼子板 27. 后侧板 28. 后侧板下锁柱 29. 锁柱加强件 30. 车门槛板 31. 外轮罩 32. 内轮罩 33. 门组合件 34. 门外板 35. 后车身板 36. 后车身板支架 37. 后地板横梁 38. 轮胎槽 39. 后侧板与地板的连接板 40. 后地板 41. 前地板 42. 前地板支架 43. 内门槛板 44. 前纵梁 45. 前纵梁加强件 46. 围板 47. 围板角撑件

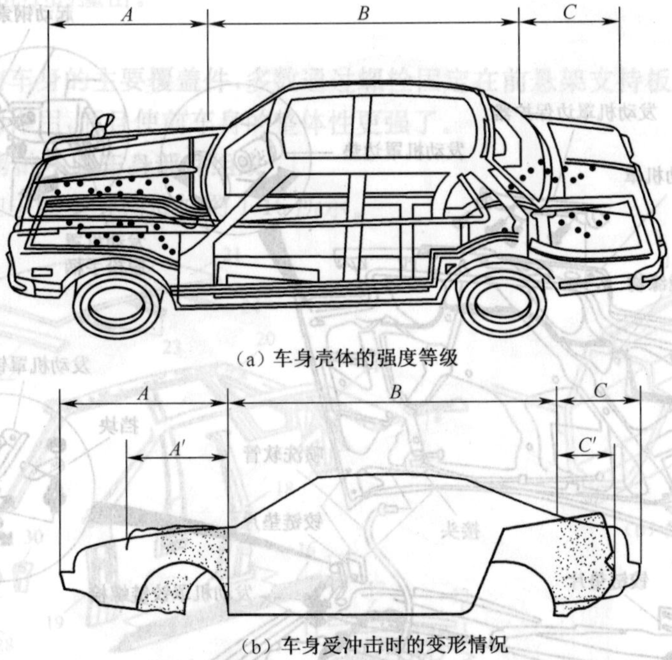


(a) 车身壳体的强度等级

(b) 车身受冲击时的变形情况

**图 1-11 承载式车身壳体强度分级及受损变形情况**

A. 车身前部 B. 车身中部 C. 车身后部 A′、C′. 车身变形后

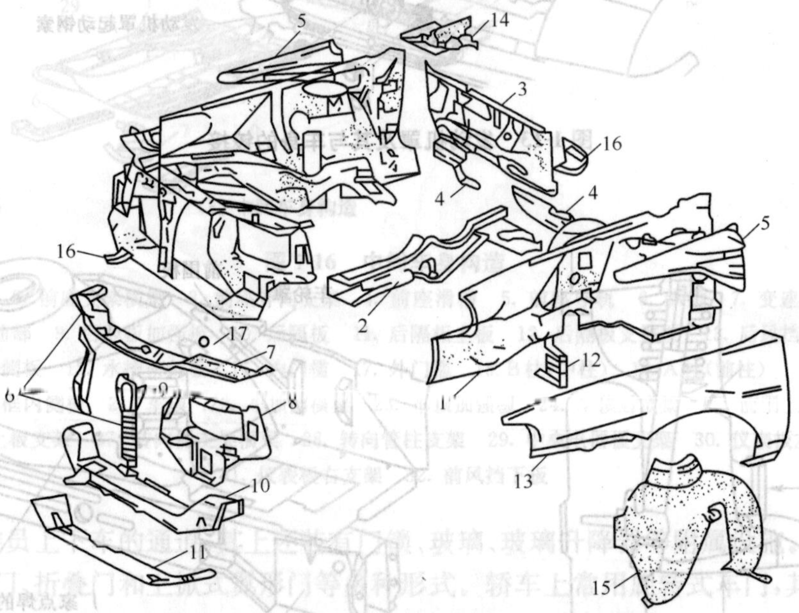


**图 1-12 桑塔纳 2000 型承载式车身前部结构**

1. 前轮罩 2. 前纵梁 3. 前围板 4. 前围板下板 5. 轮罩加强板 6. 散热器支架 7. 散热器支架上板 8. 前照灯底板 9. 散热器支架中间支架 10. 散热器支架下横梁 11. 散热器支架下横梁托板 12. 前保险杠支架 13. 前翼子板 14. 蓄电池支架 15. 轮罩壳 16. 托板 17. 撑杆支架

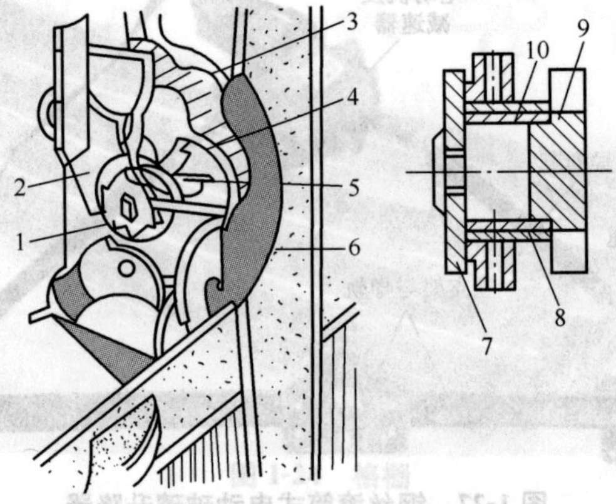


**图 1-29　转子式门锁**

1. 棘轮　2. 掣子　3. 锁体　4、10. 衬套　5、9. 转子　6. 定位器　7. 棘轮　8. 滑动轴承

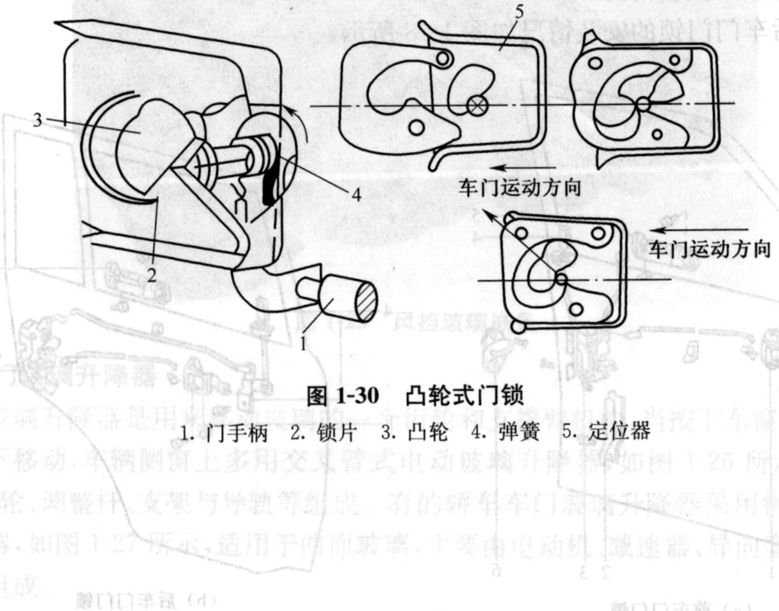


**图 1-30　凸轮式门锁**

1. 门手柄　2. 锁片　3. 凸轮　4. 弹簧　5. 定位器

# 第二章　钣金常用工具使用

## 第一节　钣金常用工具和量具

### 一、电动和风动工具

**1. 手电钻**

手电钻是以电为动力的手持式钻孔工具，电源电压一般为220V和360V两种，其尺寸规格有3.6～13mm若干种。手提式手电钻可钻厚度较大的金属板料，而手枪式手电钻常用于钻较薄的板料，如图2-1所示。使用手电钻时，应注意用电安全，同时在钻孔过程中，应持牢手电钻。

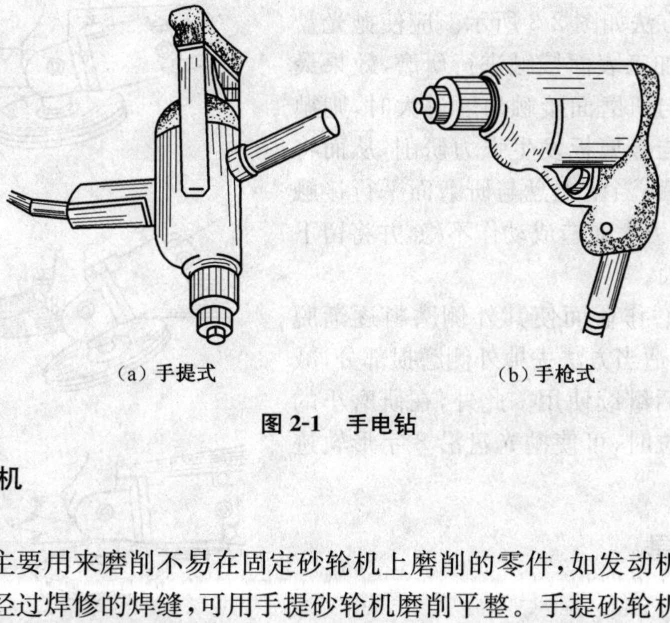

(a) 手提式　　(b) 手枪式

**图2-1　手电钻**

**2. 手提砂轮机**

(1)用途

手提砂轮机主要用来磨削不易在固定砂轮机上磨削的零件，如发动机罩、驾驶室、翼子板及车身蒙皮等经过焊修的焊缝，可用手提砂轮机磨削平整。手提砂轮机有电动和风动两种类型。按砂轮直径分，常用的规格有150mm、80mm、40mm三种，图2-2所示为手提电动砂轮机的基本结构。

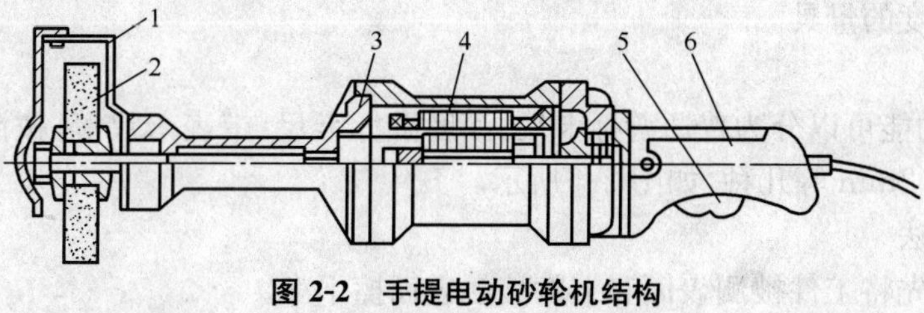


**图2-2　手提电动砂轮机结构**

1. 护罩　2. 砂轮　3. 长端盖　4. 电动机　5. 开关　6. 手柄

(2)使用砂轮机的注意事项

①使用砂轮机前,首先应检查砂轮片有无裂纹和破碎,护罩是否完好。

②风动砂轮所用的压缩空气压力一般为 0.3～0.5MPa。风管内的脏物应先用压缩空气吹净后,才能和砂轮相连接。

③磨削过程中,人不要站在出屑的方向,以防切屑飞出伤害人眼。

④磨削薄板制件时,砂轮应轻轻接触工件,不能用力过猛,并密切注意磨削部位,以防磨穿。

⑤使用手提砂轮机应轻拿轻放。用后应及时切断电源或气源,妥善放置,清理好工作场地。

**3. 圆盘抛光器**

(1)用途

圆盘抛光器有电动和风动两种。其主要用于轿车、大客车钣金件修理后的抛光。使用圆盘抛光器比徒手抛光效率高得多,而且简便易行。但由于用研磨材料制成的抛光盘圆周速度极高,故要求抛光盘安装牢固可靠,同时要求操作者戴好安全眼镜和防护面罩。

(2)使用方法

正确的抛光方法如图 2-3 所示。应使抛光盘的 1/3 表面与被加工表面接触进行研磨,效果最好。因为抛光盘与研磨面接触角度过大时,则抛光盘仅有小部分与金属板发生强力研削,从而将留下粗糙的加工面;当抛光盘与研磨面平行接触时,又将因研磨阻力大而造成动作不稳,并将留下凹凸不平的加工面。

抛光盘经研磨作业而使其外侧磨料逐渐脱落,脱落后可采用适当方法去掉外侧磨损部分,减小抛光盘的尺寸后继续使用。此外,在研磨小的凹坑处或带孔部位时,可使抛光盘沿 8 字形轨迹运动。

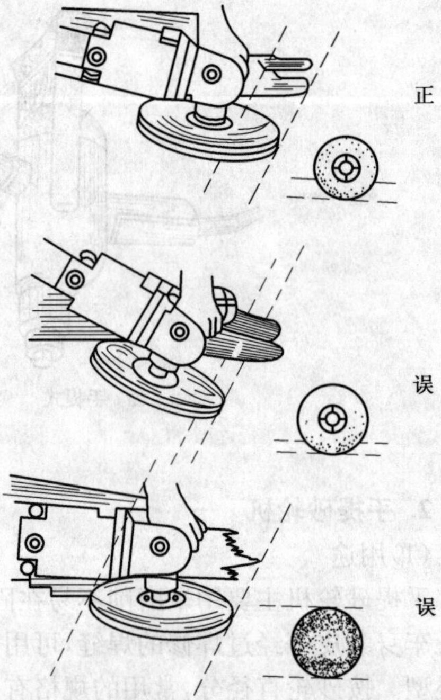


**图 2-3 抛光盘与研磨面的正确接触方法**

## 二、常用量具

**1. 游标卡尺**

(1)用途

游标卡尺是一种能直接测量工件内、外直径,宽度,长度或深度的量具。

(2)种类

按照测量功能可以分为普通游标卡尺、深度游标卡尺、带表卡尺等;按照读数值可以分为 0.05mm、0.02mm 等几种,如图 2-4 所示。

(3)使用方法

①使用前,先将工件被测表面和卡脚接触表面擦干净。

②测量工件外径时,将活动量爪向外移动,使两量爪间距大于工件外径,然后再慢慢地

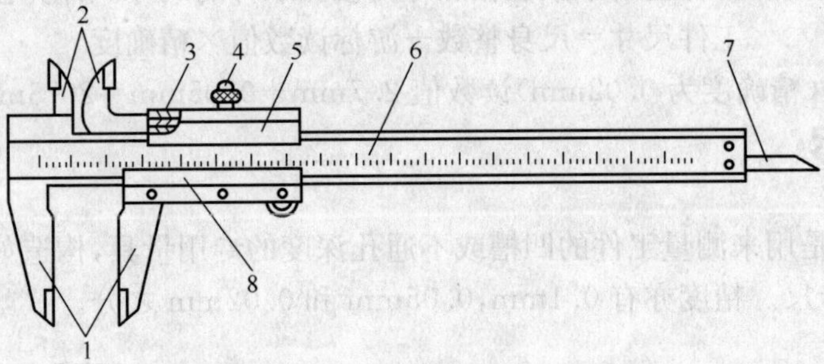


**图 2-4　游标卡尺**

1. 外量爪　2. 内量爪　3. 弹簧片　4. 紧固螺钉　5. 尺框　6. 尺身(主尺)　7. 深度尺　8. 游标

移动游标，使两量爪与工件接触，切忌硬卡硬拉，以免影响游标卡尺的精度和读数的准确性。

③测量工件内径时，将活动量爪内移动，使两量爪间距小于工件内径，然后再缓慢地向外移动游标，使两量爪与工件接触，如图 2-5 所示。

④测量时，应使游标卡尺与工件垂直，固定锁紧螺钉。测外径时，记下最小尺寸，测内径时，记下最大尺寸。

⑤用深度游标卡尺测量工件深度时，将固定量爪与工件被测表面平整接触，然后缓慢地移动游标，使量爪与工件接触。移动力不宜过大，以免硬压游标而影响测量精度和读数的准确性，如图 2-6 所示。

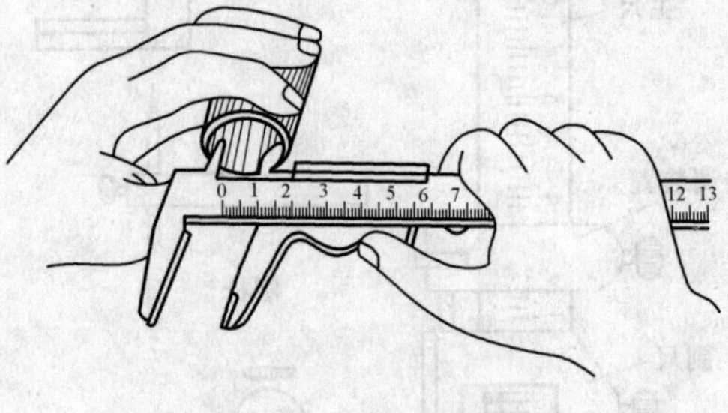

**图 2-5　测量工件内径**

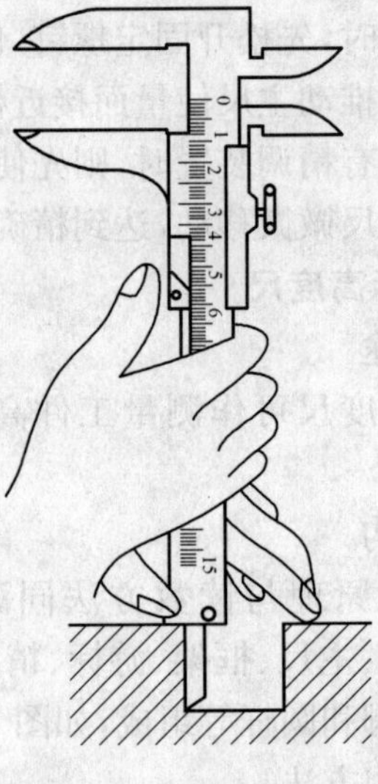

**图 2-6　测量工件深度**

⑥用毕，应将游标卡尺擦拭干净，并涂一薄层工业凡士林，放入盒内存放，切忌折、重压。

(4)读数方法

①读出游标尺身上零刻线所指示左边刻线的毫米数。

②观察游标上零刻线右边第几条刻线与尺身某一刻线对准，将读数乘以游标上的格数，即为毫米小数值。

③将尺身上整数和游标上的小数值相加即得被测工件的尺寸。计算公式如下：

工件尺寸＝尺身整数＋游标读数值×精确度

如图 2-7 中的(精确度为 0.02mm)读数值 2.7mm＋0.05mm＝2.75mm。

**2. 游标深度尺**

(1)用途

游标深度尺，是用来测量工件的凹槽或不通孔深度的专用量具，构造如图 2-8 所示。其刻度原理同游标卡尺。精度亦有 0.1mm，0.05mm 和 0.02mm 之分。

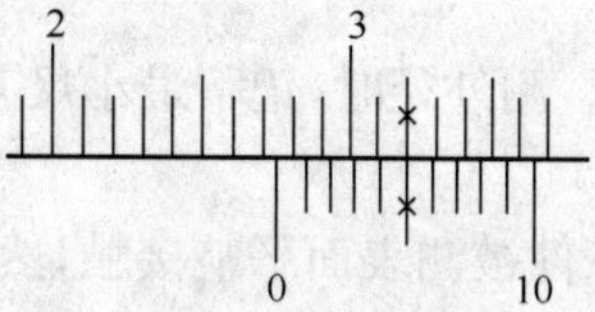


**图 2-7 读数方法**

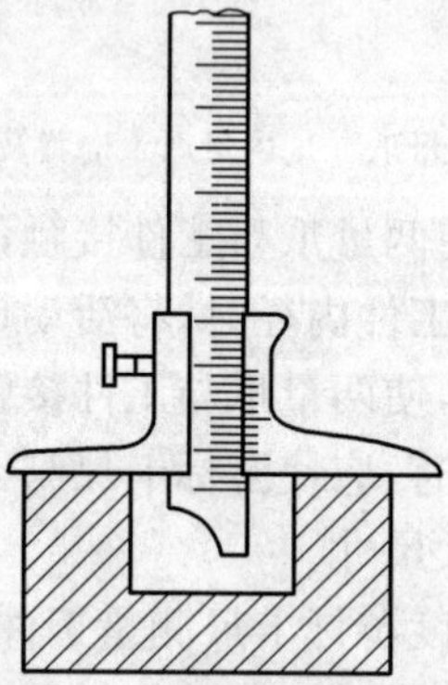

**图 2-8 游标深度尺**

(2)使用方法

①使用时，先松开固定螺钉，使底座正直贴靠槽或孔的表面。

②慢慢推动主尺使量面接近槽或孔底，读出尺寸。

③如果有精调装置时，则先使主尺量面大致接近槽或孔底，然后固定精调装置，拧动调整螺母使主尺微微移动，达到精确接触，再读出尺寸。

**3. 游标高度尺**

(1)用途

游标高度尺可作测量工件高度尺寸和划线之用。

(2)结构

其构造原理与读数方法同游标卡尺。它是由底座、主尺、框架、游标、精调装置、划线脚、测高脚和圆杆等组成，如图 2-9 所示。

(3)使用方法

①划线。先按基准面或基准线定好划线脚的高度，然后依图纸尺寸，调整划线脚进行划线。

②测量高度。以基准面或基准线为准，将划线脚或测高脚准确地调整到需要测量的部位，读出尺寸。

③测量底厚或孔的深度。测量时将圆

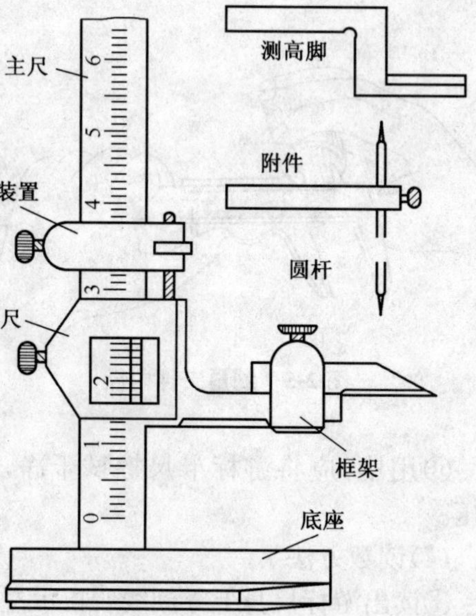


**图 2-9 游标高度尺**

杆和附件固定在框架内，使圆杆尖端接触平台记下第一次尺寸数字，然后移动游标使圆杆伸入孔底，读出第二次尺寸数字，两次数字相减即为底厚或孔的深度。

其精调装置的使用法同游标卡尺。

**4. 万能角度尺**

(1)结构特点

万能角度尺是用来测量精密零件内外角度或进行角度划线的角度量具。万能角度尺的读数机构，如图 2-10 所示。它是由刻有基本角度刻线的尺座(由直尺、基尺和角尺组成)、固定在扇形板上的游标等组成。扇形板可在尺座上回转移动(有制动器)，形成了和游标卡尺相似的游标读数机构。

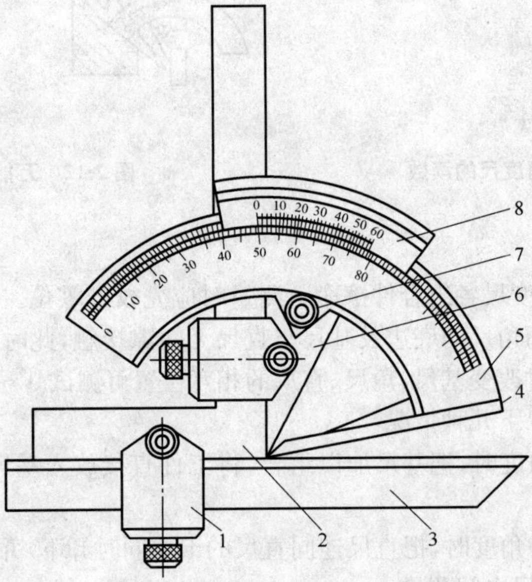


**图 2-10　万能角度尺的结构**

1. 卡块　2. 角尺　3. 直尺　4. 基尺　5. 主尺　6. 扇形板　7. 制动器　8. 游标

万能角度尺可以由基尺、主尺、直尺、角尺各工作面进行组合，可测量 0°～320°之间 4 个角度段内的任意度值。

万能角度尺尺座上的刻度线每格 1°。由于游标上刻有 30 格，所占的总角度为 29°，因此，每格刻线的度数差是：

$$1^\circ-\frac{29^\circ}{30}=\frac{1^\circ}{30}=2'$$

即万能角度尺的精度为 2′。

(2)读数方法

万能角度尺的读数方法和游标卡尺相同，先读出游标零线前的角度是几度，再从游标上读出角度“分”的数值，两者相加就是被测零件的角度数值。如图 2-11 所示的读数为 21°46′。

应用万能角度尺测量工件时，要根据所测角度适当组合量尺，其应用举例如图 2-12 所示。

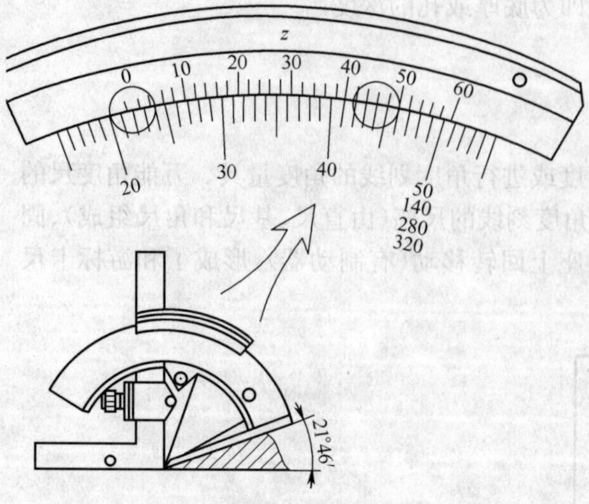


图 2-11 万能角度尺的读数

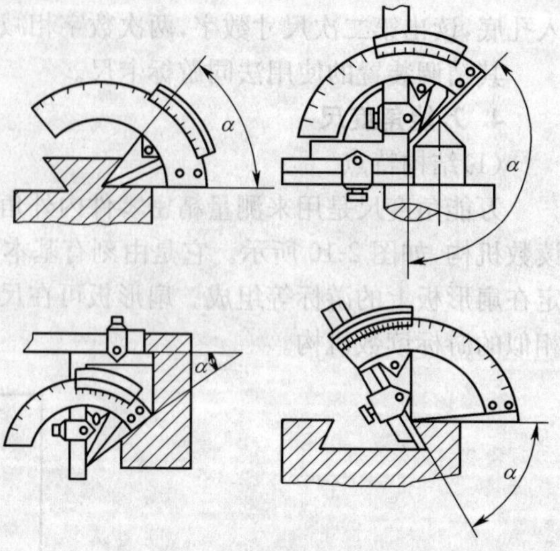


图 2-12 万能角度尺的应用

(3)使用方法

①使用前应先将角度尺各组合件擦净。测量时应先校准零位。万能角度尺的零位，是当角尺与直尺均装上，而角尺的底边及基尺与直尺无间隙接触，此时主尺与游标的“0”线对准。调整好零位后，通过改变基尺、角尺、直尺的相互位置可测试 0°～320°范围内的任意角。

②使用过程中，有以下几种情况：

当测量 0°～50°的角度时，把基尺加以组合，将工件直接放入基尺与直尺两个工作面之间测量；

当测量 50°～140°的角度时，把直尺连同直尺的卡块同时卸下，并紧固住卡块，将工件放置在角尺长工作面与基尺之间测量；

当测量 140°～230°的角度时，把角度尺上移，移至长短边交点，位于基尺旋转中心为止，将工件放在基尺与角尺短边工作面之间测量；

当测量 230°～320°时，把角尺连同卡块全部卸下，将工件放在扇形板与基尺工作面之间测量。

③使用后将角度尺擦净，放入包装盒内储存。

④注意：用万能角度尺测量零件角度时，应使基尺与零件角度的母线方向一致，且零件应与量角尺的两个测量面的全长上接触良好，以免产生测量误差。

## 第二节 钣金手动工具

### 一、钣金锤

#### 1. 用途

车身维修中使用多种规格和样式的钣金锤(锤子)，如图 2-13 所示，分别用于金属加工中的校正和粗加工、精加工以及特殊用途。粗加工包括重新定位和校直汽车车身、零部件的内部形状或车身加强件，把车身已经撞瘪的部分重新敲平。精加工一般指敲平粗加工后遗留的小凹坑，使表面平整。

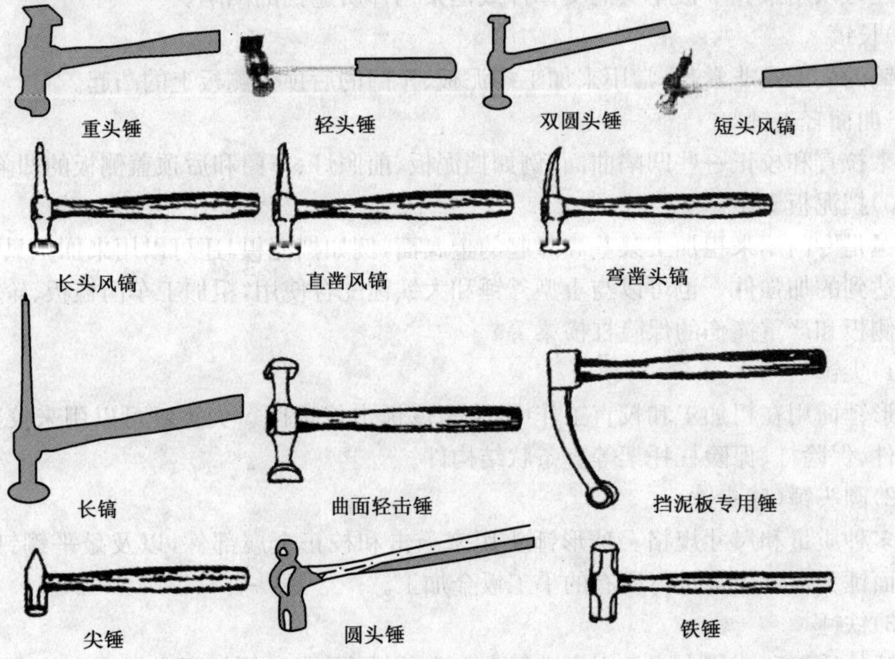

图 2-13　常见钣金锤

**2. 类型**

(1)重头锤

金属粗加工时，用来平整金属表面，敲平焊点和焊缝，粗平非常皱的金属面，以及初步校直质量较重的金属板。

(2)轻头锤

尺寸和形状与重头锤一样，但质量较轻，一般用来进行金属精加工、在车门处折边等。

(3)双圆头锤

轻型锤的一种，在车身维修中，一般用来粗加工挡泥板、车门或柱杆顶部等，以及敲平车门的折边和校正定位夹等。

(4)短头风镐

风镐用来进行金属表面的精加工，敲平粗加工后遗留的小凹坑，从而使表面平整。风镐一头为圆形，另一头为尖形，用在如前挡泥板等这些操作不方便的部位，进行轻度的凿和金属加工以及收缩金属面。

(5)长头风镐

一头为长的圆形尖头，另一头为圆形平头，主要用来进行薄钢板粗加工后的校直工作和精加工时凿平局部的小凹点等工作。长头风镐禁止在金属粗加工中使用。

(6)直凿风镐

用来修理挡泥板，复原轮缘、饰条、大灯内框和发动机盖等，特别是在车身板件安装和条形结构件的焊接过程中，手工修整板件的边缘和做凸缘时常用到该工具。

(7)弯凿头镐

用来对车轮轮缘、装饰件、挡泥板凸缘和柱杆顶部外缘等处的有棱角区域进行校直和精加工。还可以用来弄平被车身的支撑件或框架构件所遮挡的凹陷。

(8)长镐

长镐的尖形头非常长,常用来加工挡泥板、车门的后顶盖侧板上的凸起。

(9)曲面轻击锤

用来拉直和校正一些凹陷曲面,例如挡泥板、前照灯、车门和后顶盖侧板的凹陷等。

(10)挡泥板专用锤

该锤是专门用来粗加工某些高隆起的金属面,例如挡泥板,还可以用来加工只有长的锤头才能达到的加强件。也可以与重型斧锤和大铁锤配合使用,粗加工车门槛板、轮罩、围板、后顶盖侧板和严重撞伤的保险杠横梁等。

(11)尖锤

圆形锤面用在粗加工和校直工作中,大力度锤击修理区。尖头锤可以用来校直直角的车架元件、保险杠、保险杠托架等直条状结构件。

(12)圆头锤(球头锤)

有多种质量和尺寸规格。球形锤头用来敲击和校正金属部件,以及敲平铆钉的头部。圆形平面锤头可以用来进行所有的手工钣金加工。

(13)铁锤

铁锤的质量和体积大。常用来进行大强度的钣金加工,例如用来校正和拉直质量较大的车身内部结构,以及校正车架、横梁、重型车身和保险杆支撑、支架等。

**3. 基本使用技巧**

①首先应根据被修整部位的变形情况及材质特点,选用不同的钣金作业锤。如对薄板件和有色金属工件,应选用铜锤、木锤或硬质橡胶锤进行锤击;对于维修钣金件小凹陷,可用风镐(如图 2-14 所示)逐个轻微敲击以修平这些微小的凹陷。

②钣金锤的正确使用方法。如图 2-15 所示,用手轻松握住钣金锤手柄的端部(相当于手柄全长的 1/4 位置),锤柄下面的食指和中指应适当放松;小指和无名指则应相对紧一些,使之形成一个支点,拇指用于控制锤柄向下运动的力度,依靠手腕的动作来挥动锤子,并利用钣金锤敲击零件时产生的回弹力沿一个圆形的运动轨迹来敲击,这样能更好地控制锤子。禁止像钉钉子那样让锤子沿直线轨迹运动,也不可用手臂或肩部的力量。

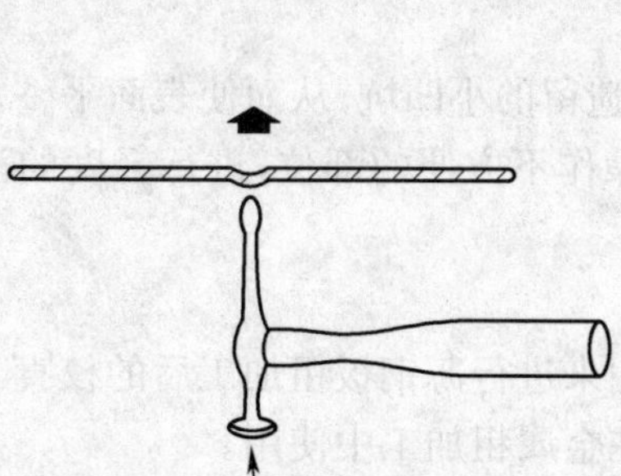

**图 2-14 风镐修平微小凹陷**

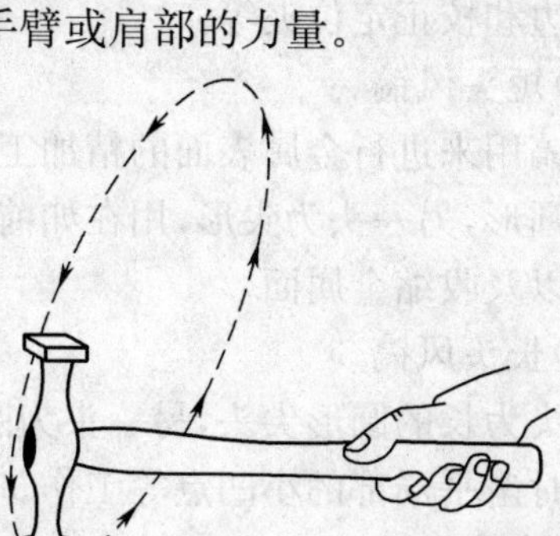

**图 2-15 钣金锤的正确使用**

③由于很少的几次猛烈敲击对金属造成的延展比多次轻微敲击对金属造成的延展还要多，因此每分钟以 100～120 次的频率施行轻微敲击能够将延展变形控制在最小范围内。

④锤击作业质量的关键在于落点的选择，一般应遵循“先大后小、先强后弱”的原则，从变形较大处起顺序敲打，并保证锤头以平面落在金属表面上。同时还要注意分析构件的结构强度，有序排列钣金锤的落点，锤击过程中应保证间隔均匀、排列有序，直至将车身覆盖件的表面损伤修平。

⑤大多数锤子端部都有稍微的曲面，所以锤子端部与金属的实际接触面积大约只有直径为 10～13mm 的面积。因此，应根据构件表面形状、金属板厚度以及变形的大小，合理选择钣金锤的尺寸和锤顶曲面的隆起高度（如图 2-16 所示）。一般平面或稍许曲面的钣金锤适合于修复平面或低幅度隆起表面；凹形或球形锤则适合修复内边曲面板；重锤则适用于粗加工或厚板构件的修复。

## 二、顶铁

### 1. 用途

顶铁由高强度钢制成，像铁砧一样，用在粗加工和锤击加工中，可以用手握持，顶在被敲击金属板的背面。当从板件正面用锤敲击时，顶铁会产生一个反弹力。每次敲击后，应重新定位。这样，通过锤和顶铁的配合、使凸起的部位下降，低凹的部位隆起。

由于板件的结构和形状不同，所以需要采用多种形状的顶铁，如图 2-17 所示。每一种形状的顶铁只适用于某些特定形状的工作件。

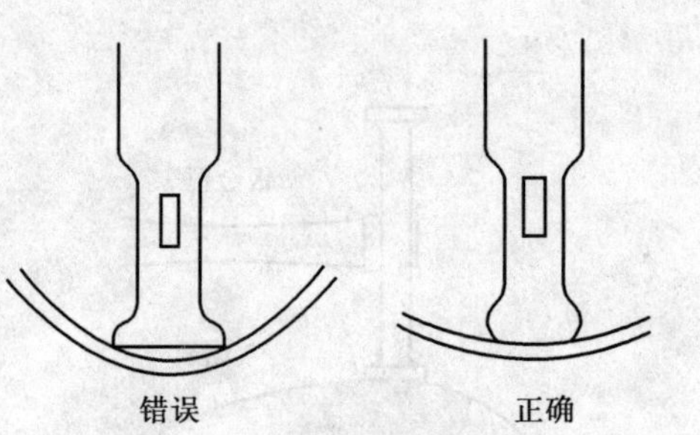


图 2-16　合理选择钣金锤

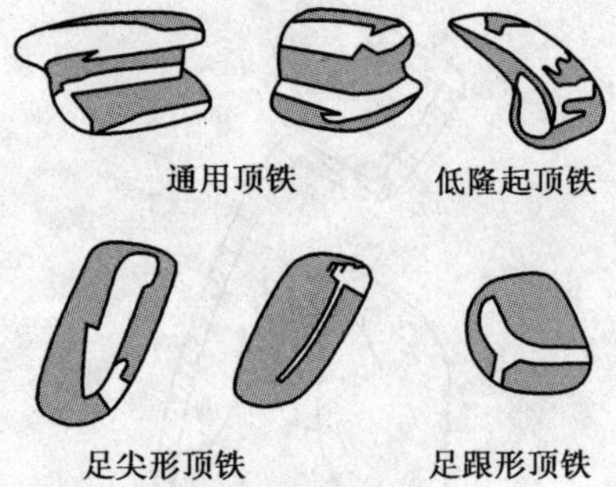


图 2-17　常见顶铁

### 2. 类型

常见的顶铁有高隆起、中隆起、低隆起、平凸起以及几种隆起组合在一起的组合顶铁。

(1)通用顶铁

通用顶铁有多种隆起，可以用来粗加工挡泥板的隆起部分和车身的不同曲面；校正挡泥板凸缘、装饰条和轮缘；收缩平的金属面和隆起的金属面；修正焊接区等。

(2)低隆起顶铁

因为这种顶铁的质量大，而且在平面金属板上很容易控制。所以，常用来使金属板减薄和使薄的金属板收缩。可以用来对车门内侧、发动机罩、挡泥板的平面和隆起面以及柱杆顶部，进行钣金加工。

(3)足跟形顶铁

足跟形顶铁用来在板件上形成较大形状的凸起，校直高隆起或低隆起的金属板、长形结构件和平面板件。

(4)足尖形顶铁

足尖形顶铁是一种专门设计的组合平面顶铁，用来收缩车门板、挡泥板裙板、柱杆顶部和汽车各种盖板，也可以用来在挡泥板的底部形成卷边和凸缘。该顶铁特别适合于粗加工金属板件，因为它的一个面非常平而另外一面微微隆起。但是，使用该顶铁时，不应过度锤击。

工作时，所选用顶铁隆起的直径应比加工件的隆起直径略小，以具有铁锤的三倍重量为适当。顶铁的工作面应保持光滑、干净，不要存在油污、涂料以及毛刺，否则会降低加工质量。

**3. 基本使用技巧**

顶铁在钣金修平作业中起很大作用。凡是便于放入顶铁的部位，车身壁板表面发生的凹凸变形，均可用钣金顶铁予以修整。

在粗加工过程中，钣金顶铁相当于一个敲击工具，顶铁敲击或压迫损伤的车身覆盖件的内面，顶起金属板的内面并展平弯曲变形的金属。在精加工过程中，钣金顶铁可以用来平滑较小或较浅的不平。此外，钣金顶铁还可以视需要延展金属和消除内应力。

在所有的敲打和拉展的操作中，应将顶铁放在受损板件的内面，用前臂对其施加压力而使其抵在金属的内表面上(如图 2-18 所示)。敲击时，顶铁起铁砧的作用。

选择顶铁时，应记住选择一个工作表面与所修正的钣金形状基本一致(即半径与要修理的金属板件的曲面一样大或略小一些)的顶铁(如图 2-19 所示)，不然会造成新的损坏。

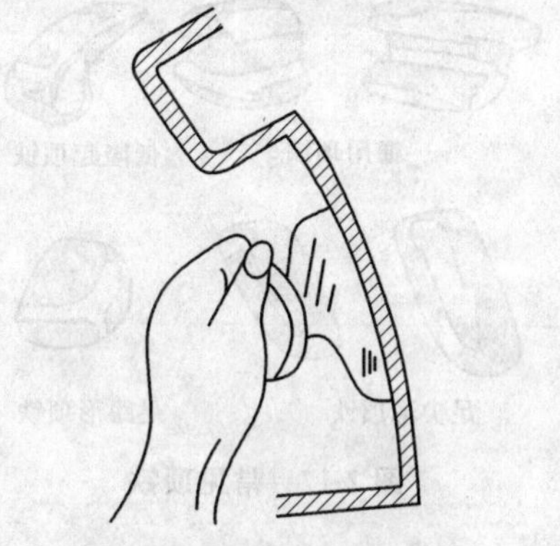

**图 2-18 顶铁的正确使用**

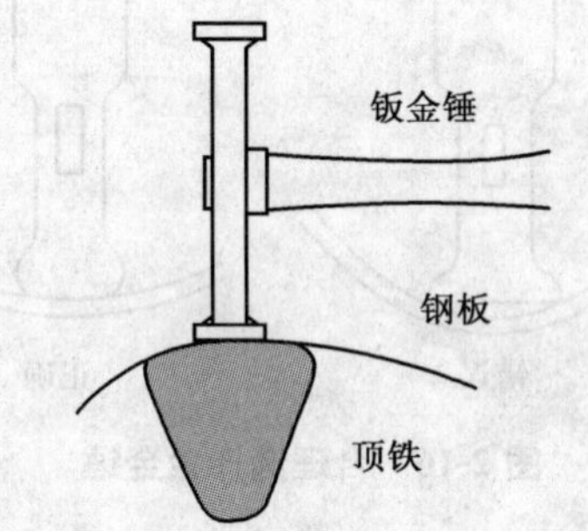


**图 2-19 顶铁的选择**

依顶铁与钣金锤的相对作用位置，可以分为钣金锤与顶铁错位敲击(偏托)和钣金锤与顶铁正对敲击(正托)两种操作方法(如图 2-20 所示)。

(1)偏托法操作要领

见图 2-20a，操作时，将顶铁置于金属板背面的最低处，钣金锤则在另一面敲击变形的最高处，锤击时顶铁也作为敲击工具。

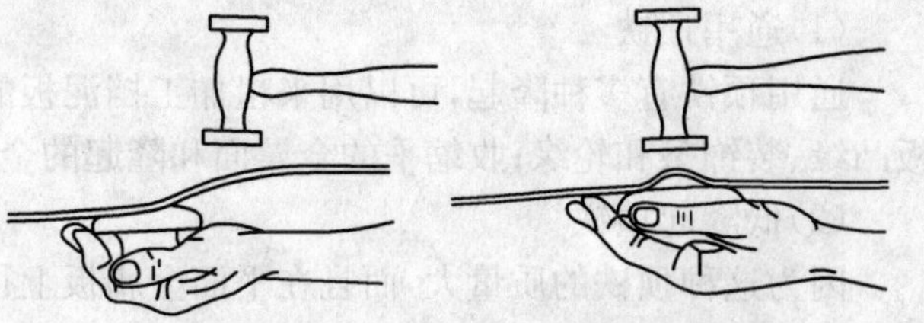

(a) 偏托法 (b) 正托法

**图 2-20 顶铁与钣金锤的相对作用位置**

当修整金属板件凹陷部位时可以将顶铁直接抵在凹陷中心的下方（如图 2-21 所示），同时使用两把钣金锤击打凹陷的边缘和高出的区域，直到凹陷部位升起，与周围的板件平齐。这种偏托法操作可以避免修复过程中的受力不均。很小的压痕、很浅的起伏、轻微的皱折都可以用这种方式拉伸，而不会损坏漆层。

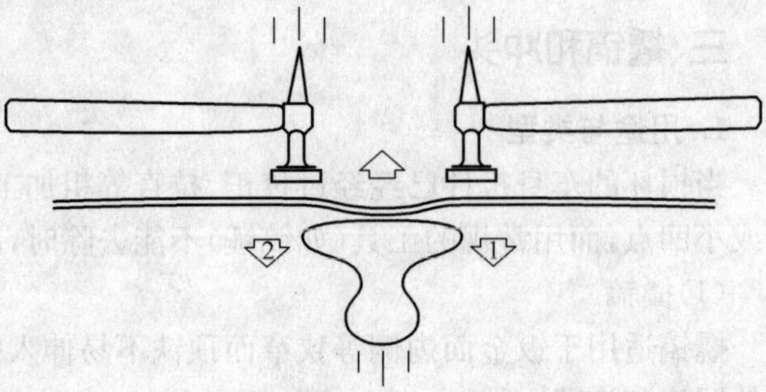

图 2-21　顶铁与两把锤进行偏托操作

（2）正托法操作要领

正托法的目的在于使钣金件表面回复到原有的形状，这种钣金操作对于修复隆板和平整较小的凸起十分有效。操作时，见图 2-20b 和图 2-22 所示，将顶铁直接置于金属板背面凸起部位，用钣金锤在另一面直接锤击变形部位。选择端面合适的顶铁紧贴于小凹凸的背面，用平锤轻轻敲击金属表面的凸起或小凹陷的周围，使板类构件表面变得更加光滑、平整。所选用顶铁端面形状应与被修正壁板的表面相当，顶铁的工作面也应与变形相当。

这种使用钣金顶铁的操作方法也称为“紧贴法”。“紧贴法”修平时，钣金锤的落点一定要与顶铁的工作面重合，即实现点对点的一一对应；顶铁始终贴紧在修正面上，即顶铁面与锤击部位准确对应，以防止因“打空”而破坏趋向平整的构件表面。

正托法敲平容易使金属造成延展变形，这是因为当金属板在敲平过程中过分承受锤击时，则受锤击部位的金属就会变薄而且面积变大，由于这块金属被周围没有受到锤击的金属紧紧包围着，而不能向任何方向扩张，多余的金属别无选择只有向上或向下移动。因此，正托法常用于修平钣金件和延展金属。必要时要进行收缩操作以消除金属的延伸变形。

偏托法由于手锤击打的是板料的正面凸起处，而顶铁击打的是板料背面的凹陷处，故不易造成金属延展变形，常用于精修前粗加工过程中局部变形的校正，校直钣金件的较大变形。

使用钣金锤、木锤或尼龙锤敲击大凹陷周围产生的隆起变形时，应“深入浅出”地由最大凹凸变形处开始敲平。敲平作业的工序过程如图 2-23 所示，顺序依次为 a、b、c。还可以使用足跟状顶铁或指状顶铁、楔形顶铁等拉伸平坦或近似平坦的金属表面，校正低的凹陷，进行收缩操作。

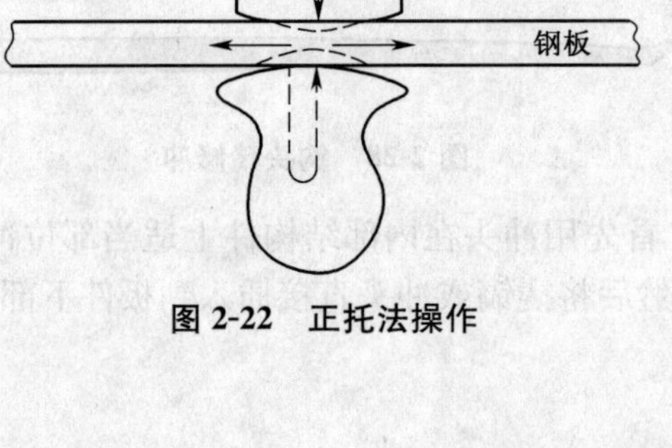


图 2-22　正托法操作

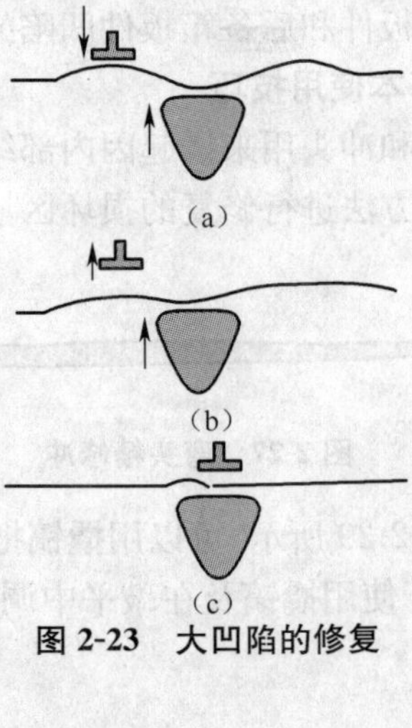


图 2-23　大凹陷的修复

## 三、撬镐和冲头

### 1. 用途与类型

当损坏的车身板件已经经过校正、拉直等粗加工后，如果表面仍存在一些小的不规则麻点或小凹点，而用常规的工具（如镐锤）不能去除时，就应选用撬镐和冲头进行精加工。

（1）撬镐

撬镐适用于钣金面内侧等狭窄而顶铁不易伸入的部位，它可以伸入狭小的空间内，撬起小的凹痕和沟缝。

小弧度撬镐（图 2-24）。端部为一个小弧度的镐头，U 形端为把手。用在车门、车门槛板和后顶盖侧板等处。使用时，撬镐通过板件上的孔穿入结构内部，使镐头对准板件上小的凹点，在手把上用力撬即可。

大弧度撬镐，如图 2-25 所示。与小弧度撬镐形状相似，但镐头长。用在需要较长镐头才能达到凹痕的情况下。

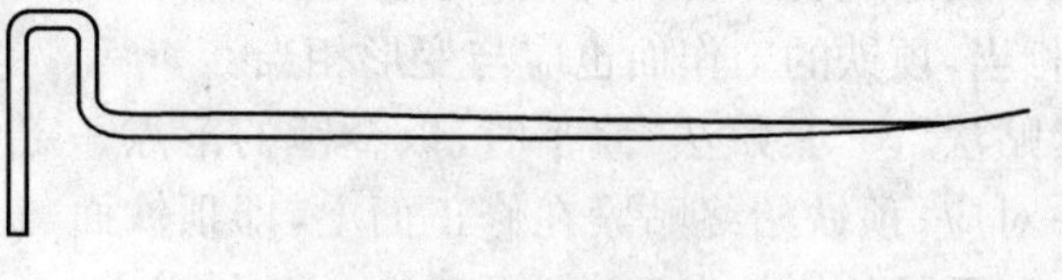

图 2-24　小弧度撬镐

图 2-25　大弧度撬镐

撬镐常用于消除车门、侧围板和其他封闭断面上的小凹痕。图 2-26 为撬镐伸入车门面板后面，撬出车门小凹痕或沟缝的实例。

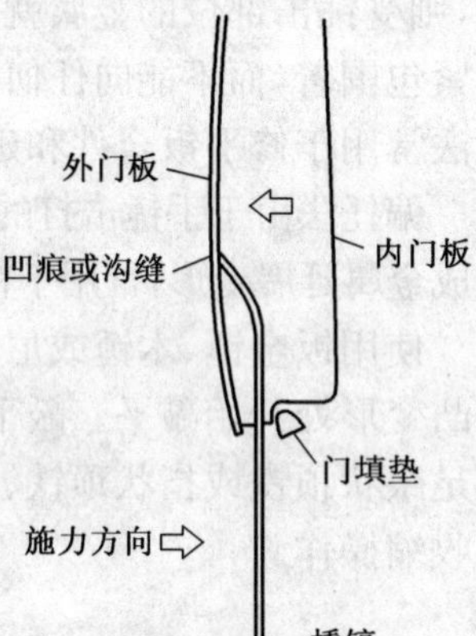


图 2-26　撬镐修复车门面板

（2）冲头

弯头精修冲，如图 2-27 所示。用在一般工具较难达到，需要弯曲工具才能触及的地方，例如车门立柱、顶盖横杆、车门板的外侧部位和车门槛板等。

钩头精修冲，如图 2-28 所示。用在可以在板件损坏部位附近打孔，使钩头精修冲塞入的情况。也可以用来撬起车门窗框处的板件和后备箱板件凹陷的地方。

### 2. 基本使用技巧

撬镐和冲头用来撬起因内部结构件的干涉而不能使用常用的锤击方法进行修复的损坏区域。

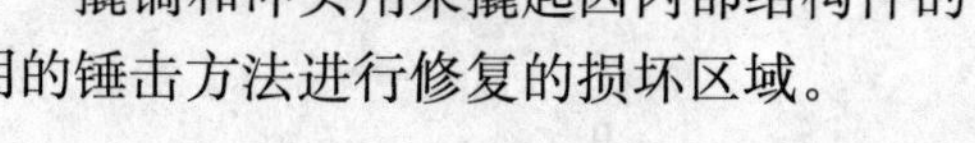

图 2-27　弯头精修冲



图 2-28　钩头精修冲

如图 2-29 所示，可以用撬镐把凹陷点撬起。首先用冲头在内部结构件上适当部位冲出孔，以利于使用撬镐及在敲平中调整接触部位。然后将撬镐或冲头直接插入到板件下部，通过撬镐的头部将合适大小的突出点撬起。由于撬镐要比冲头长一些，因而它们能伸及的范围也要大一些，所以它们一般用来撬起内部板件总成上的凹陷；而冲头被用来修理车身板件的外部和边缘。

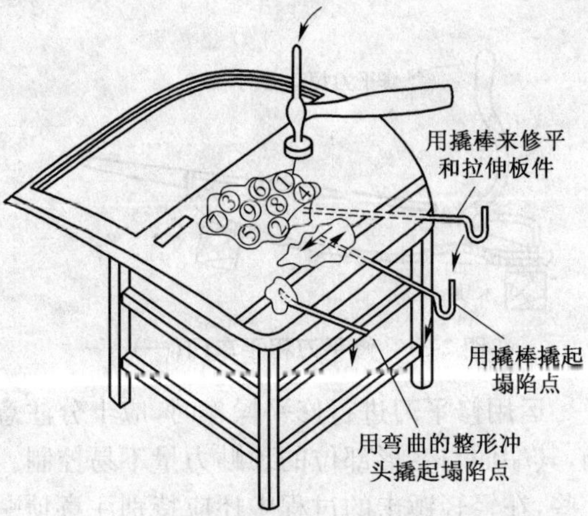

图 2-29　撬镐的正确使用

## 四、修平刀

### 1. 用途

修平刀主要用于抛光表面。修平刀可以把敲打力分布到一个较大的区域上，从而迅速把隆起敲平，并且不损坏板件的其他部位。操作时与锤子配合使用，如图 2-30 所示。把修平刀直接放在隆起表面处，用锤子敲打修平刀即可。其平直表面把敲打力分布在宽的表面上，可使被光整表面的皱折和凸起修平。修平刀也可以用来敲平操作空间有限部位的小凹痕，可以在结构的内、外板件之间操作空间有限，不能选用普通顶铁的情况下，用作顶铁。

### 2. 类型

修平刀通常可以分为三类：专用修平刀、冲击修平刀和成形修平刀。

修平刀的工作面应保持光滑和清洁。为防止在油漆面上留下痕迹，可以在修平刀和加工板件表面贴上胶带或明胶，然后进行操作。

### 3. 基本使用技巧

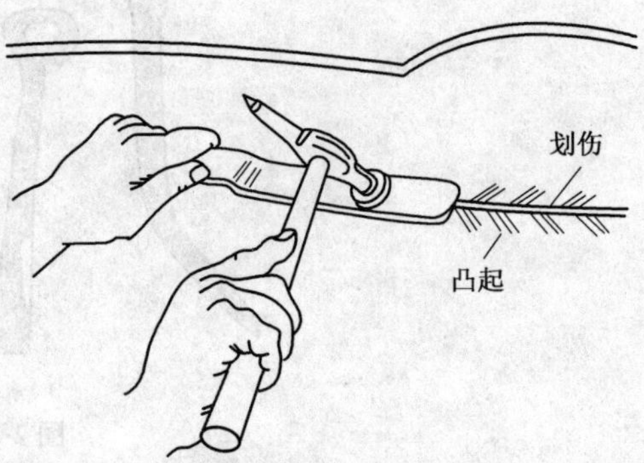

图 2-30　修平刀的使用

对于难以放入顶铁的弧形凹陷，需要按图 2-31 所示的方案，使用修平刀修复：将修平刀插入并抵住凹陷部位，用木锤或尼龙锤敲击凹陷周围的隆起，使变形逐渐减轻，甚至要用修平刀将凹陷板面直接顶起。当修平至一定程度时，再改用金属锤对变形进一步修整。修平刀在形状上要求与修正表面相近，工作面的宽度应大一些。修平刀在粗平过程中主要起支撑作用，接触面积过小则很容易使金属表面留下印痕。

见图 2-31，用两块木块支撑车门和它的外边，使车门外侧的面板与地面悬空。按图示的方法用修平刀撬动，将向内凹的部分弹回到正常位置；车身板件初步整形后，再按图 2-32 所示的方法，用修平刀的平面配合锤击进行正托或偏托敲击，借助修平刀和锤将车门面板修平。这种方法对车门施加压力时，车门外板不至于抵到地板上，保证车门板件具有充足的移动和回弹空间。可以用修平刀撬起受损的侧板、后面板和其他有内部结构件加强的板件上有弹性的损坏区域。

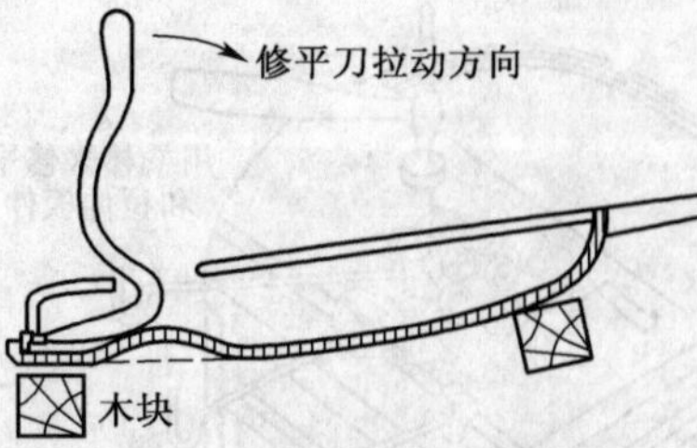


图 2-31 修平刀粗平车门(一)

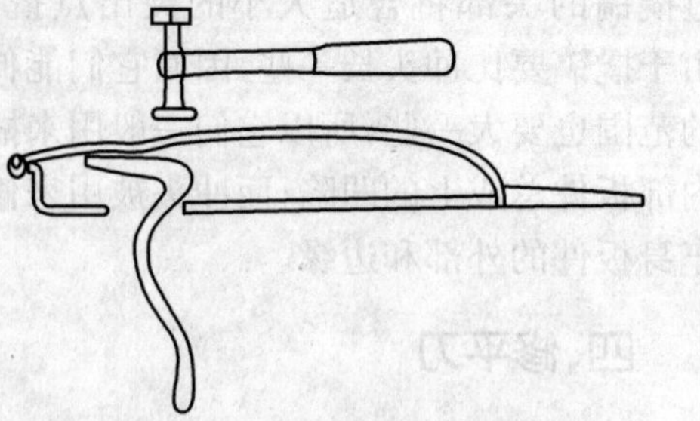

图 2-32 修平刀粗平车门(二)

运用修平刀进行修平操作时，应十分注意锤击力度控制。受修平刀支点选择方面的影响，其端面与变形部位的顶贴力量不易控制。与顶铁法相比，修平刀法的敲击力度要相对小一些，在轻轻锤击的过程中还应特别注意顶贴位置和敲击部位的变化情况。应用修平刀还应注意支点的选择，要避免以车身的某些薄弱环节作支撑，不得已时应垫上木板以免造成支点变形。

## 五、嵌缝凿

嵌缝凿的种类如图 2-33 所示。嵌缝凿可以与球头锤配合使用，在车身板件和车架上重新成形凸缘、凸起、直线边缘和弯拆等。

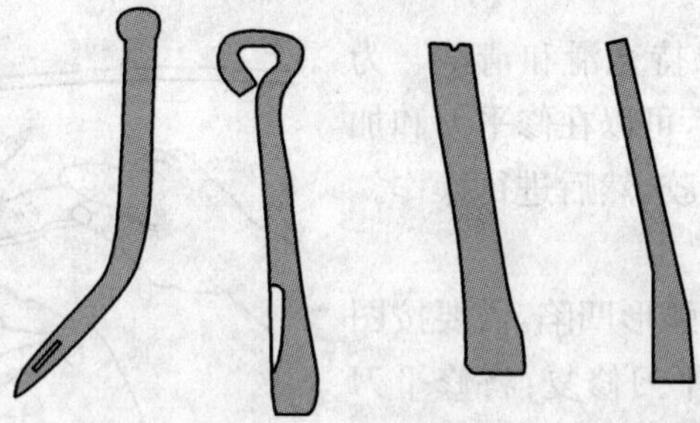

图 2-33 嵌缝凿

## 六、锉刀

### 1. 用途

车身锉刀是用来修整锤、顶铁、修平刀等钣金工具作业留下来的凸凹不平痕迹的钣金专用工具。它与锉削金属件的一般锉刀是有区别的。车身锉刀只与凸起金属材料接触，适用于对加工后较粗糙的表面进行光洁处理作业。另外，利用车身锉刀还可以检验钣金平面修复是否平整。在撞伤板件已经被粗加工后，可轻轻地使用车身锉刀，目的不是锉掉金属，而是通过锉痕找出不平处的位置，显露出板件上需要再加以敲击的小凸点和凹点，以便再用手锤和顶铁来修复使其平整。

经锉加工后，再进行砂轮的最终打磨，就可以完成金属精加工的全部工作。

**2. 类型**

图 2-34 所示为常用的车身锉。

(1)柔性车身锉

撞伤板件粗加工和校正工作完毕后，可以用柔性车身锉使板件上任何需加工的凹凸点显露出来。无论板面是平面或是凹凸面，柔性把柄都可以调整锉片的弯曲度，让锉的形状更好地配合板面的形状。但是不要让锉片过度弯曲，防止把锉片折断。调整锉片前，应首先松开把柄上的固定螺丝；调整完毕后，再拧紧它。

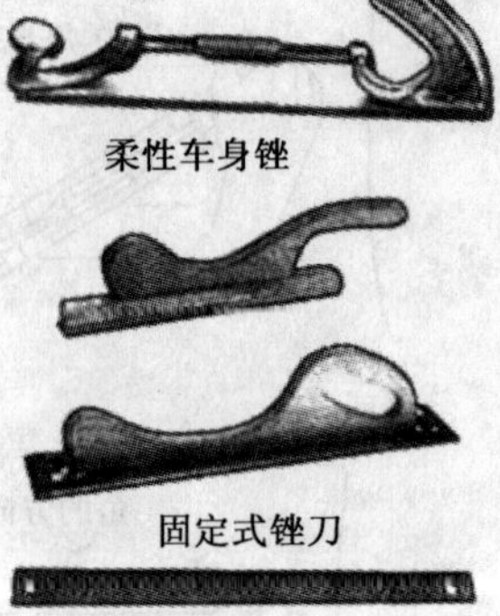

图 2-34　常用的车身锉

(2)固定式锉刀

该锉刀是锉平金属板的理想工具。

(3)弧形锉

也称为曲面锉，用来修整尖的隆起面、折边和装饰条的平直程度。

注意：禁止使用锉刀去撬或击打工件，因为锉刀所用的钢较硬，非常容易被击碎。

**3. 基本使用技巧**

①敲平作业过程中，对稍大一点的凹凸检查起来比较直观，但当作业接近完成时，就需要借助锉刀检查不平部位所在。使用锉刀的目的在于检验而并非将板面修平，旨在通过锉刀滑过时产生的痕迹(俗称镗一下)，来显示板面的实际凹凸状况(如图 2-35 所示，表面留有锉痕的部位为凸点，无锉痕的部位则为凹陷)。然后再用平锤或风镐等工具修平。

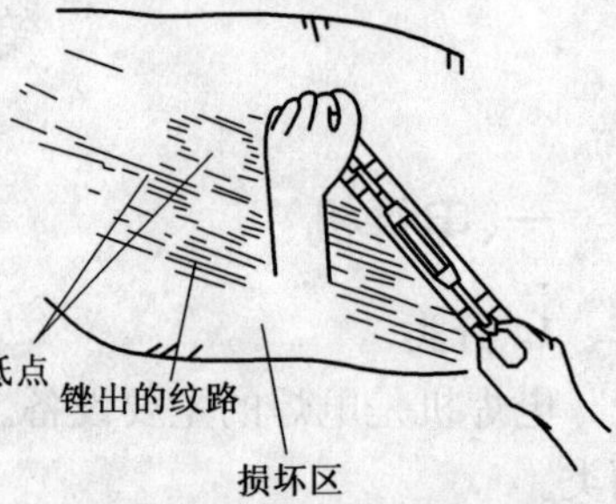

图 2-35　使用锉刀检查不平部位

②在锉的过程中，应该握住手柄向前推。用手握住锉的头部，以便控制压力的大小和方向。每次锉的行程应尽量拉长。从未损坏区的一边开始挫，然后穿过损坏区，到达未损坏区的另一边。采用这种方法时，未损坏区和损坏区的正确平面都能够得到保持。锉削开始时，锉刀的前端起作用，然后使锉齿的锉削作用移到中间或尾端，就形成一个工作行程，使锉齿从前端到尾端都有锉削作用，行程要长而有规律，不可短而杂乱。在返回的行程中，用手柄将车身锉从金属上拉回。

③使用车身钣金锉刀作业时，要成一适当的角度而不是顺着锉刀直行前进。如果顺着锉刀直进的话，会把钣金面锉出凹痕。而且仅轻轻加压力于锉刀上进行推锉即可，太重的压力将使锉过分切削金属面，但是也需要有适当的压力以防止锉刀跳动。

④检查弧形板面时，最好使用可调柔性锉，因为这种类型的柔性锉压到弧形板面上时，可通过调整使两端留有一定间隙，给操作带来很大方便。

⑤当锉一个很平坦的部位时，应将锉与推进方向成 30°角水平推，也可将锉平放，沿着 30°斜角的方向(如图 2-36 所示)。

⑥在隆起的金属板上，应将锉平放，并沿着变平的凸起处平推，或者沿着凸起处最平坦的方向平放，以 30°或更小的角度向一边推(如图 2-37 所示)。

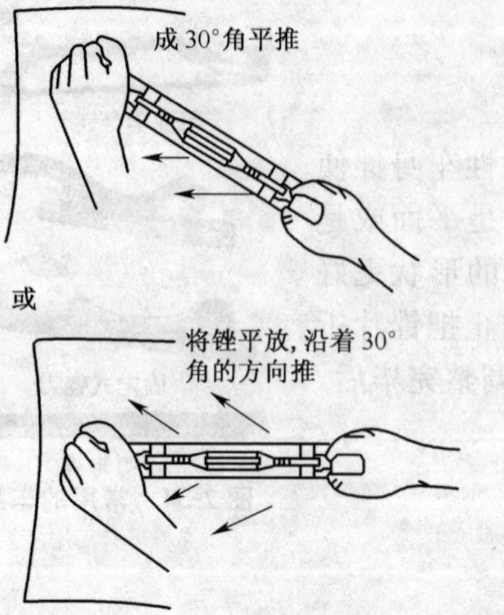


图 2-36　在平坦或低隆起部位沿 30°角推动车身锉

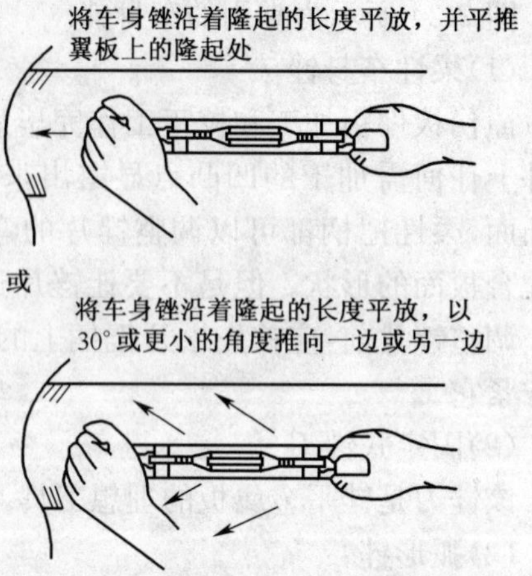


图 2-37　在隆起板面上用车身锉

# 第三节　焊 接 设 备

## 一、电焊机

### 1. 分类

电焊机是电焊的主要设备。按提供电流的种类，电焊机分为交流电焊机和直流电焊机两类。

### 2. 结构特点

(1)交流电焊机

交流电焊机实际上是一种特殊的降压变压器。它结构简单、价格便宜、使用可靠、维护方便，所以使用范围广泛，目前交流电焊机的型号很多，但基本原理一样，图 2-38 是 BX1-330 交流电焊机的外形图。交流电焊机的缺点是电弧稳定性不够。

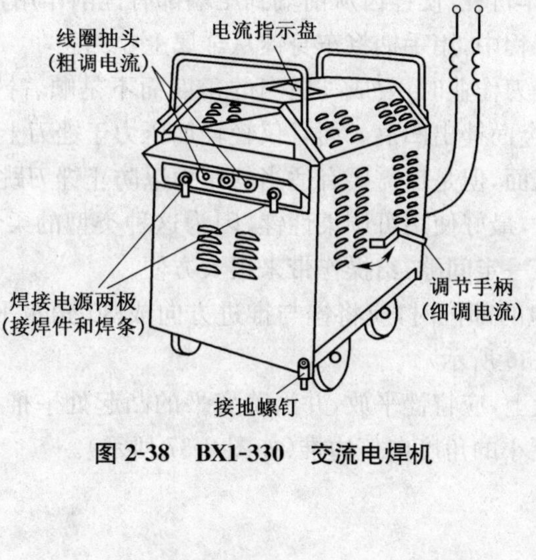


图 2-38　BX1-330　交流电焊机

(2)直流电焊机

直流电焊机由一台三相感应电动机和一台直流电发电机组成，它的特点是能够得到稳定的直流电。因此，引弧容易，电弧稳定，焊接质量较好。但这类电焊机结构复杂，维修较困难，使用时噪音大，并且价格较贵。图 2-39 是旋转式直流电焊机外形图。

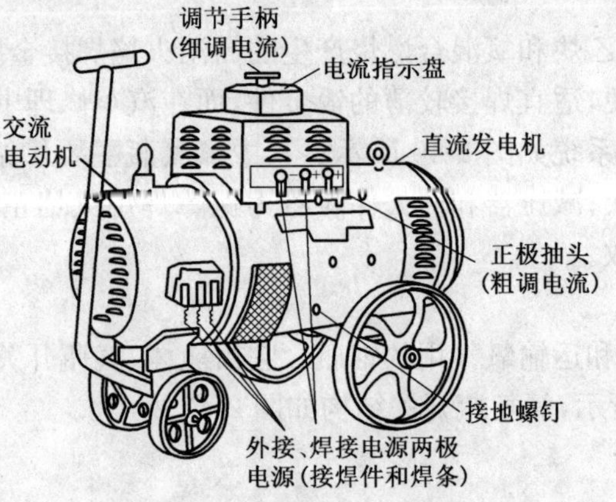


图 2-39 旋转式直流电焊机

## 二、电焊机的附件

电焊机的附件有电焊软线、焊钳、防护面罩和手套等。

**1. 电焊软线**

电焊软线用于连接电焊机与焊件、电焊机与焊钳。它由紫铜线扭成心线，外包胶皮绝缘，一般长 20～30m，依据焊接电流的大小选择心线的截面积(见表 2-1)。

**表 2-1 电焊软线截面积选用表**

| 心线截面积($mm^2$) | 25 | 35 | 50 | 70 |
|---|---|---|---|---|
| 最大允许电流(A) | 140 | 175 | 225 | 280 |

**2. 焊钳**

焊钳的作用是夹持电焊条和传导电流。因此，必须有良好的导电性，并要求绝缘性好，重量轻，长期使用不发热。常用的焊钳规格有 300A 和 500A 两种。

**3. 防护面罩**

防护面罩用于遮挡飞溅的金属和电弧中有害的光线，保护焊工的眼睛和面部。防护面罩常用的有两种，即手握式和头戴式。面罩上的护目玻璃片用于减少电弧光的强度，过滤红外线和紫外线，为了防止护目玻璃片被飞溅金属损坏，必须在护目玻璃片前另装普通玻璃片。表 2-2 为常用护目玻璃的牌号及性能。

**表 2-2 护目玻璃的牌号及性能**

| 牌 号 | 颜色深浅 | 用 途 |
|---|---|---|
| 11 | 最暗 | 供电流大于 300A 焊接用 |
| 10 | 中等 | 供电流在 100～350A 焊接用 |
| 9 | 较浅 | 供电流小于 100A 焊接用 |

**4. 手套**

手套用皮革制成，用于保护焊工双手不受飞溅物及弧光的损害，并有绝缘电和隔热作用。

## 三、气焊设备及其管路系统

常用的气焊是利用乙炔和氧混合燃烧产生的高温火焰焊接金属的工艺方法。这种气焊由于设备简单、搬运方便，适宜焊接较薄的钣金件，而在汽车修理中应用广泛。

气焊设备及其管路系统如图 2-40 所示。其中氧气瓶主要供给焊炬火焰燃烧所需的氧气；乙炔发生器供给乙炔；减压器和回火保险器为保障焊炬火焰正常燃烧，防止回火气体蔓延乙炔发生器，引起事故。

**1. 氧气瓶的组成**

氧气瓶是专为储存和运输氧气用的钢瓶。它由瓶体、气瓶开关、保护罩等部分组成。氧气瓶的外形如图 2-41 所示，氧气瓶开关结构如图 2-42 所示。

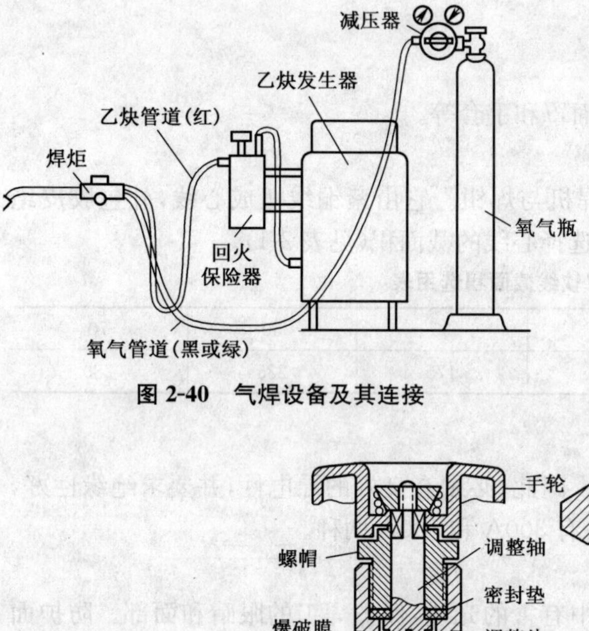

图 2-40　气焊设备及其连接

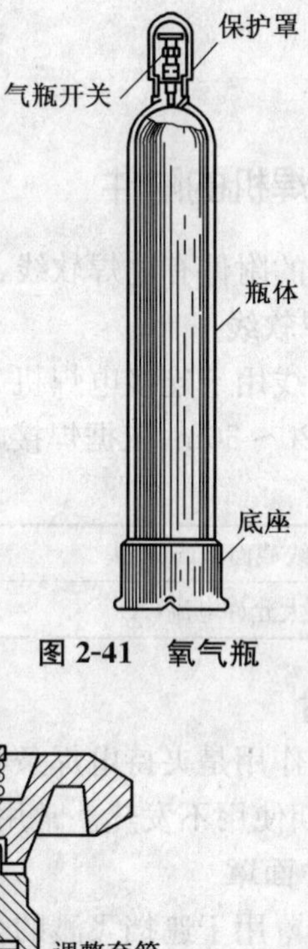

图 2-41　氧气瓶

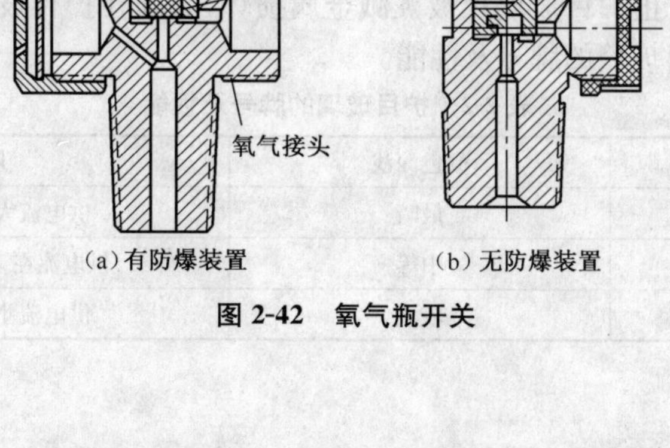

图 2-42　氧气瓶开关

**2. 减压器的结构及工作原理**

减压器的构造如图 2-43 所示，从图中可见这是一种反作用式压力调节器。工作时，以顺时针方向旋转调整螺丝，使主弹簧压缩，并将橡皮膜向上推，橡皮膜上的传动杆上移，把气门顶开，由进气接头流入的氧气，从高压室经过气门进入低压室，体积增大而压力变小，从出气接头的出口流出。此时橡皮膜受到上下两个相反方向力的作用，当这两个力大小相等时，橡皮膜就不动了。这时高压表显示出氧气瓶内的氧气压力；低压表显示出供给焊炬的氧气压力。

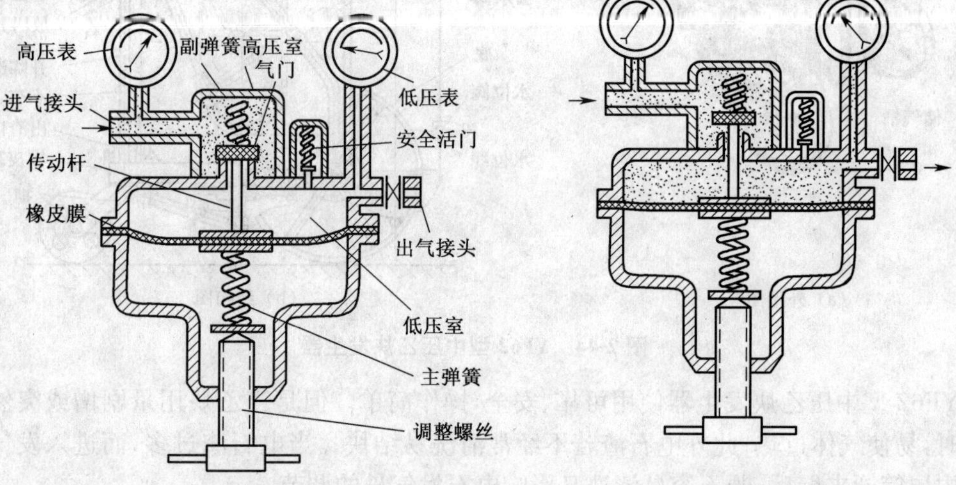


**图 2-43　减压器构造及工作原理**

**3. 乙炔发生器的分类、性能及结构**

乙炔发生器是制成和储存乙炔的设备。乙炔发生器的种类很多，通常将工作压力在10kPa 以下的乙炔发生器称为低压乙炔发生器；工作压力在 10～100kPa 的称为中压发生器；工作压力在 100～150kPa 的称为高压发生器。汽车修理中常用的是 YF62 型中压乙炔发生器，其主要性能见表 2-3，它的结构如图 2-44 所示。

**表 2-3　乙炔发生器主要性能**

| 项目 | 正常发气率 | 乙炔工作压力 | 允许的最大工作压力* | 安全膜爆破压力 | 发生器内乙炔的最高温度 | 电石一次装入量 | 电石允许粒度 | 储气室水容量 | 排渣方式 | 发生器重量 | 发生器外形尺寸 长 | 宽(直径) | 高 | 安全膜(铝质薄片) |
|---|---|---|---|---|---|---|---|---|---|---|---|---|---|---|
| 单位 | $m^3/h$ | kPa | kPa | kPa | ℃ | kg | mm | $m^3$ | | kg | mm | mm | mm | mm |
| YF62 | 1 | 45～100 | 110 | 220～280 | 80 | 5 | 25～50<br>50～80 | 0.065 | 机械 | 115 | 650 | 850 | 1210 | $\phi97\times0.1$ |
| YF61 | 3 | 45～100 | 110 | | 80 | 12 | 25～50<br>50～80 | 0.33 | 机械 | | 1050 | 770 | 1730 | |

注：* 允许的最大工作压力即安全阀临界压力。

YF62 型中压乙炔发生器采用排水式调节电石的发气量，当发气室内层乙炔压力增大到 75kPa 表压时，乙炔压力将水压入发气室外筒与内层锥形罩间的夹壁，使水脱离与电石的接触。当压力降低到 75kPa 以下时，夹壁水位回到原来位置，水与电石接触，继续发气。

(a) 外形图

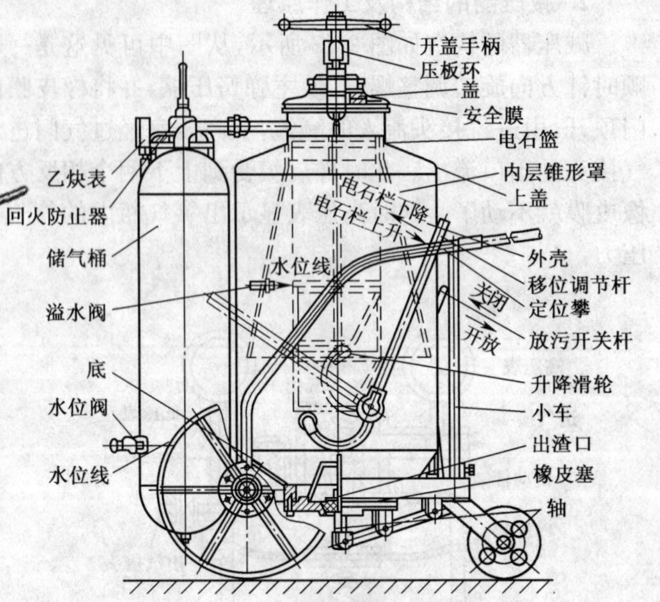

(b) 结构图

图 2-44 YF62 型中压乙炔发生器

YF62 型中压乙炔发生器使用可靠、安全，操作简单。但是当乙炔用量剧增或突然停止使用时，易使气体过热；此外电石渣若不经常清洗易结块。当电石渣过多，而进入发气室外筒与内层筒圈夹壁后，既不容易清洗又影响电石发气量的调节。

**4. 乙炔发生器的使用和维护**

乙炔是极易燃烧和爆炸的气体。因此，乙炔发生器的使用和维护，重点要做好防火防爆工作。

①乙炔发生器放置地点必须距离气焊工作（或明火）地点 10m 以上，若气焊工作间狭窄，发生器必须放置在室外或另一无明火的工作室内。

②发生器内的水温不得超过 60℃，当水的温度超过上述规定时，应减少乙炔产气量；当发气室温度达到 80℃以上时，用冷水喷射进行降温；加入发生器的水必须清洁，无油脂和杂质。

③每天工作开始前，检查一次回火防止器、储气室与发气室的水位，若工作中发生过回火现象，每次工作前均应检查。图 2-45 是回火防止器的构造示意图。

④禁止使用没有回火防止器的发生器设备。

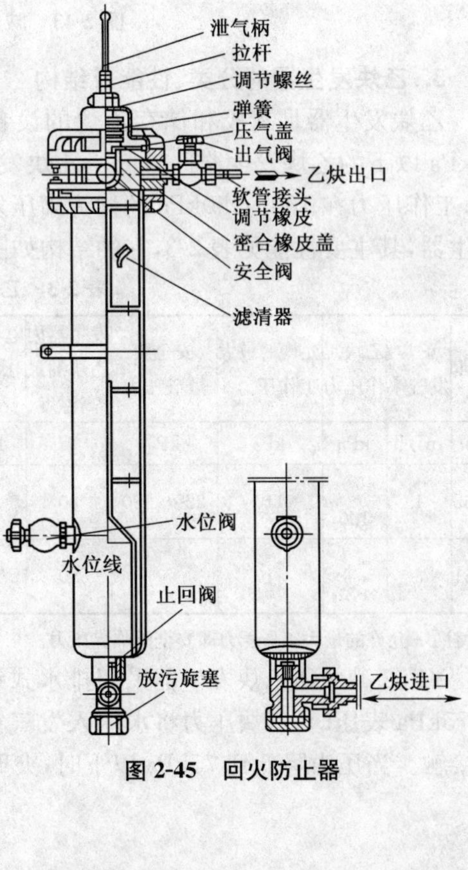


图 2-45 回火防止器

⑤电石一次加入量和电石允许粒度必须符合发生器说明书的规定。

⑥发气室必须根据工作情况经常清洗换水，连续工作最好每天清洗一次；回火防止器、储气室每月至少清洗一次。如发生器使用后需要搁置一个时期再行使用，应将各部位所有存水全部放掉，加以清洗并擦干，以防腐蚀。

⑦冬季应做好防冻工作，常用的方法是：

a. 在发生器外部包以保温棉套，水阀和输气管上用石棉绳缠绕保温。

b. 发生器工作完毕后将各部位水放出，若在室外较长时间停止工作时，也应放水。

c. 使用时在发生器(包括回火防止器)内加入温水。

d. 在回火防止器与储气室内加入防冻液，在发气室内加入少量食盐(氯化钠)，以降低冰点。

⑧乙炔发生器内部如已结冰，只准用热水、蒸汽加温，或放在温暖的室内逐渐融解；绝对禁止用明火或烧红的金属加温，也不许用铁棒敲打冰块，以免爆炸。

⑨防爆膜的更换。YF62 型乙炔发生器防爆膜用铝质薄片制成，直径 97mm，厚度 0.1mm。防爆膜供乙炔发生器压力超高或爆炸时泄压用，其截面积应保证设备在最大负荷时的全部气体得以排出。防爆膜必须选用与乙炔不起作用，且破裂时不发生火花的材料制造，例如锡、铝、铅、橡胶等，严禁采用铁皮、铜皮。

防爆膜损坏时必须选用与原膜同牌号、同厚度的材料制作。

⑩乙炔管道的安装。由乙炔发生器至气焊工作间的乙炔管道采用无缝钢管(或不锈钢管)制作，禁止使用铜导管。管道连接采用焊缝连接，仅在连接乙炔发生设备时可以使用螺纹连接。

乙炔管道的安装必须可靠地接地，不允许敷设在火炉或表面炽热的器具旁。管道可用石棉灰保温，保温层厚度一般为 25～30mm，当其干燥后再抹上一层白灰，用纸带或粗麻布缠起来，表面涂白漆。在焊接工作间，乙炔管道与氧气管道沿同一墙或公用支柱敷设时，必须分别支撑、上下排列，管道间距应不少于 250mm，且乙炔管道应在其他管道之上。

**5. 焊炬的结构**

(1)分类

焊炬俗称焊枪。它按乙炔与氧气混合方式不同可分为吸射式和等压式两类。

(2)吸射式焊炬的结构及特点

吸射式焊炬的结构如图 2-46 所示。从图中可见氧气经过孔径很小的喷射管，加大流速，进入混合室，从而使乙炔在进入混合室的入口处，压力大大减小，这样凭借氧气和乙炔的压力差，将乙炔吸入混合室，并使乙炔和氧气按比例混合。因此，这类焊炬称为吸射式。

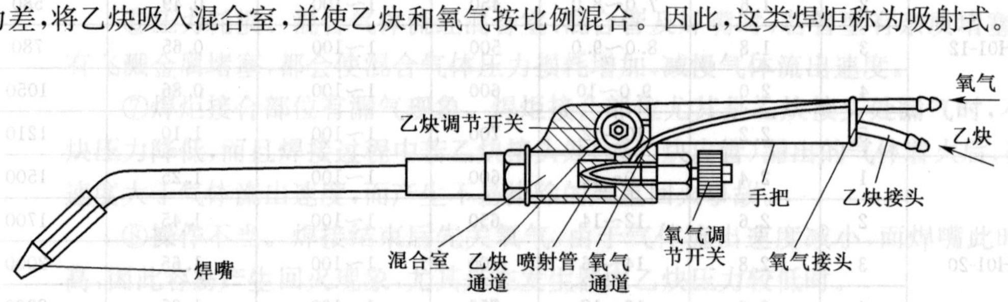


图 2-46　吸射式焊炬

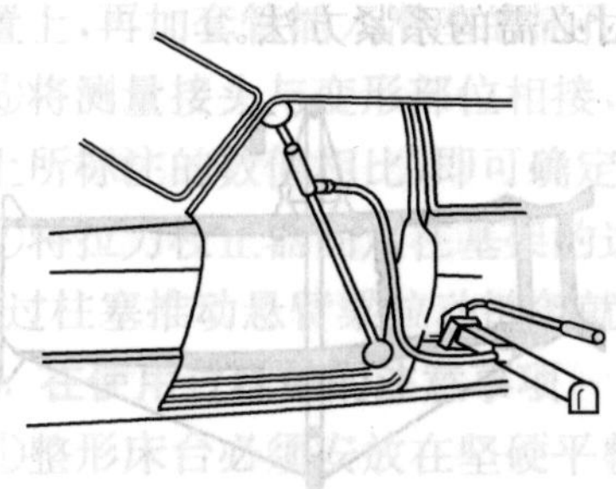

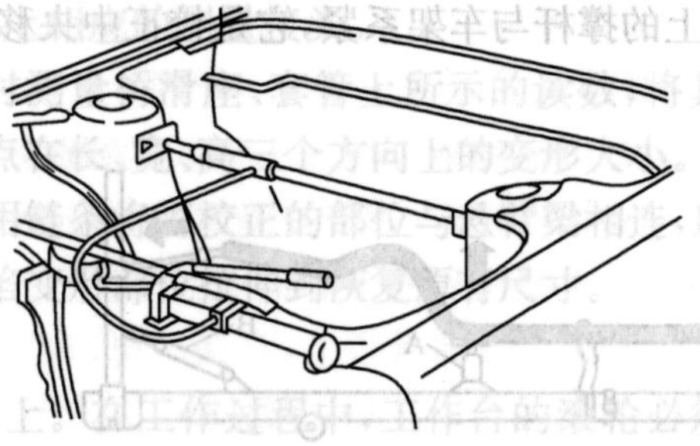

(a) 压出作业　　(b) 推扩作业

图 3-10 车身液压千斤顶的使用范例

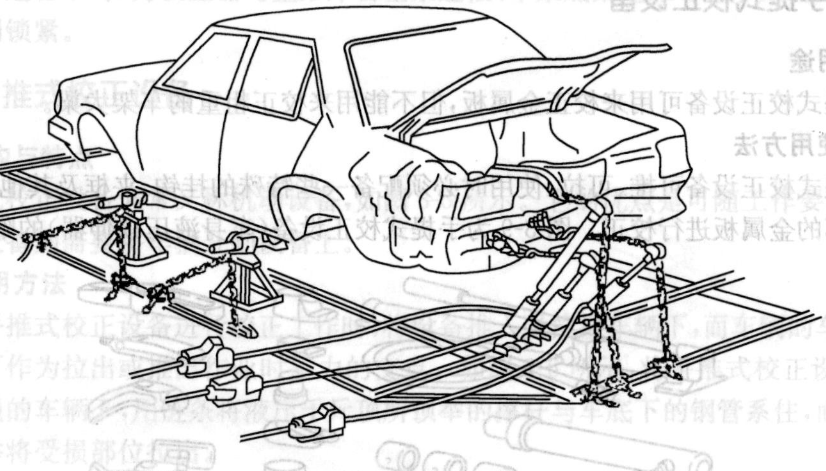

图 3-11 地锚式车身固定设备

与地面位置相对移动的滑动式地锚。前者施工简便、易行,但灵活性较差;后者虽然施工复杂些,但车身固定点的可选范围较大,灵活性好。

**3. 使用方法**

地锚式车身固定设备使用时,车身固定器夹持车身某一部位,其底座用螺栓固定在地板导轨上,使整个车身处于固定位置,其安装示意如图 3-12 所示。

安装时先用千斤顶将车身支起使轮胎脱离地面,然后在车身特定的位置安装固定支架并将此处夹紧;再将支架底部移动到底盘系统适当位置,初步安放地脚螺栓;最后在车身的四个支点均已夹紧且高度调节合适之后,将所有地脚螺栓拧紧。这样,整个车身就被固定夹持住了。汽车固定好后,就可以沿任意方向、绕车身 360°进行牵拉。

应用这种方式固定车身时,应注意分力对校正作业的影响。由于固定点与地面存在着高度差,所以在进行水平方向的校正时,拉链受力后将产生一个向下垂直分力。拉链与地面的夹角越大(拉链短),则垂直分力也越大;反之,拉链与地面的夹角越小(拉链长),则垂直分力变小。因此,除非是较小的车身变形,否则都要拆除汽车底盘的悬挂装置,改用可靠的刚性支撑。

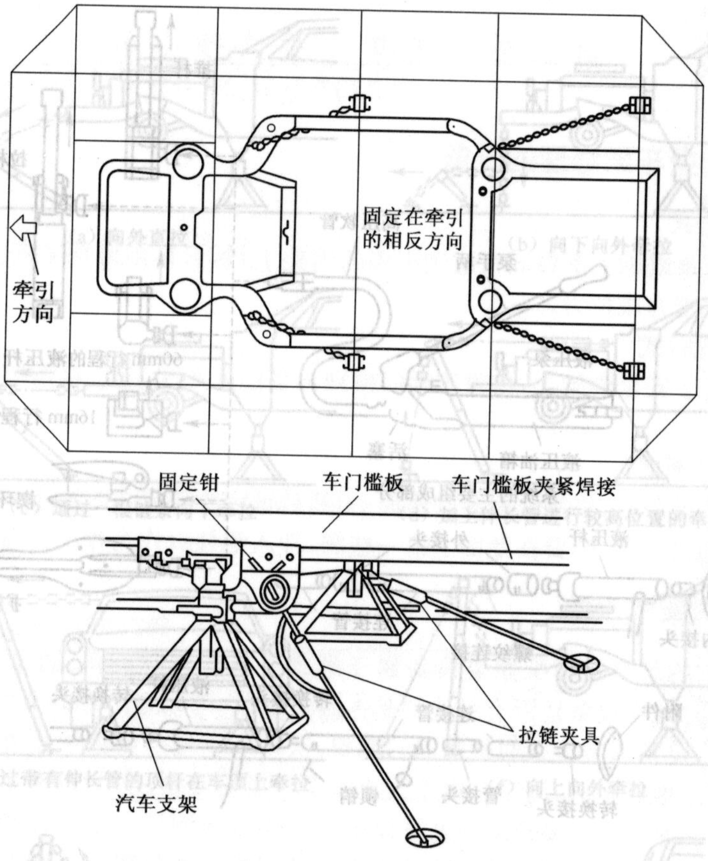


图 3-12 地锚式车身固定设备安装示意图

## 六、液压校正设备

**1. 用途**

液压校正系统可以对固定好的车身进行拉伸、推压、扩张等校正工作。

**2. 使用举例**

图 3-13 所示是一种轻便液压杆系统，它利用手摇液压泵提供压力能，通过液压驱动各种用途的液压缸，实现推、拉、顶、扩等动作。在液杆两端装上适当的端头，可以满足车身内部两点间校正尺寸的需要。用于推压、展宽、夹紧、拉拔、延伸各种情形的端头形状是不相同的。

**3. 常用的单一牵拉装置使用方法**

图 3-14 是几种最常用的单一牵拉装置示意情况，可根据实际情况灵活运用。

图 3-14a 所示为液压缸安置在与地面近似成 45°角的位置，并且与固定点的高度相同，就形成一个垂直向外的拉力。

图 3-14b 使液压缸低于固定点并且接近地面就形成向下和向外的拉力装置。

需要汽车车架前端的向下拉力可以用链条把车架向下拉向基座，如图 3-14c，并且应用千斤顶在前框架上向上施加推力而制成的。

对于在发动机罩上的水平拉力装置，是在液压缸上安装足够长的加长杆，并置于如图打角材弯角处。锤击时，材料可能会产生冷作硬化现象，应及时退火。另外，应随时用样板或量具检查外形，防止弯曲过大。

(2)拉薄放边

拉薄放边是用木锤或铁锤将板料一边在木墩上锤放，利用木墩的弹性，使材料伸展拉长。这种方法一般在制作凹曲线弯边零件时采用。为防止裂纹，可事先用此法放展毛料，后弯制弯边，这样交替进行，完成制作。

(3)在型胎上放边

用木锤通过顶木在型胎上锤放板料，使毛料伸展，如图5-9所示。

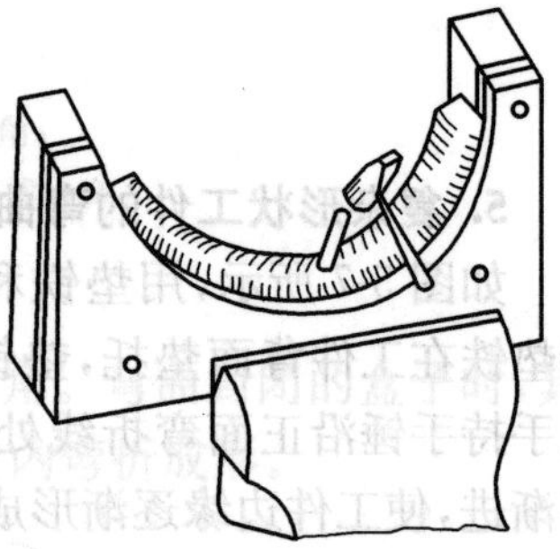

图 5-9　在型胎上放边

下面简单介绍一下半圆形制件展开尺寸的估算方法。

材料宽度 $\beta$ 的计算公式如下：

$$\beta = a + b - \left(\frac{r}{2} + \delta\right) \quad (\mathrm{mm})$$

式中　$a$、$b$ ——弯边宽度(mm)；

$r$ ——圆角半径(mm)；

$\delta$ ——材料厚度(mm)。

展开料长度 $L$ 的计算公式如下：

$$L = \pi\left(R + \frac{b}{2}\right) \quad (\mathrm{mm})$$

式中　$R$ ——制件弯曲半径(mm)；

$b$ ——放边一边的宽度(mm)。

具体尺寸标注如图5-10所示。

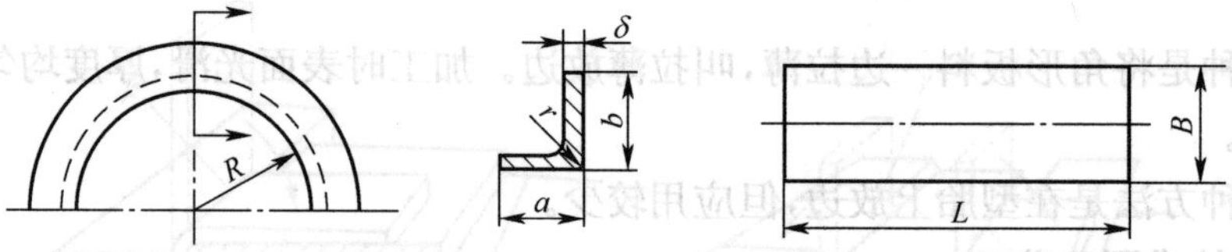


图 5-10　半圆形制件

## 三、收边

**1. 收边定义**

对长直角形零件单边起皱收缩而弯曲成型的方法叫收边。此法主要制作凸曲线弯边的零件。

**2. 收边常用方法**

收边的常用方法有如下两种：用折皱钳起皱和搂弯收边。

**3. 收边的成型工艺**

(1)用折皱钳起皱

如图5-11所示，用折皱钳将角形板料一边边缘起皱收缩，从而迫使另一边弯曲成型。板料在弯曲过程中，起皱一边应随时用木锤锤击皱纹，使材料皱折消失，厚度增大。在敲平过程中，如发现加工硬化现象，应及时退火处理。

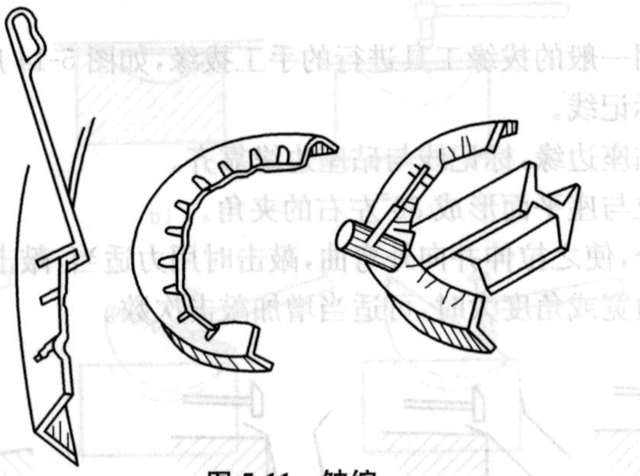

图 5-11　皱缩

(2)搂弯收边

如图 5-12 所示，将坯料夹在型胎上，用铝棒顶住毛坯，用木锤敲打顶住部分，使板料弯曲，逐渐被收缩贴靠胎模。

制作凸曲线弯边的零件，如其强度要求不高，可根据要求的弯度在应该收缩的一面用剪刀剪出若干豁口，然后弯曲板料，再将剪口焊接。

图 5-12　搂边

## 四、拔缘

### 1. 拔缘定义

利用收边和放边的方法把板料的边缘弯曲成弯边的方法叫拔缘。

### 2. 拔缘常用的形式和方法

(1)拔缘常用的形式

①外拔缘，即把圆筒形制件的边缘向外延展折弯，其目的是增加刚性。一般在无配合要求的情况下多采用外拔缘。

②内拔缘，也叫孔拔缘，即将制件上孔洞的边缘延展弯折，其目的是增加刚性，减轻重量，美观光滑。如大客车框板、肋骨等板件上常有拔缘孔。如图 5-13 所示为部分板料构件的拔缘情况。

图 5-13　部分拔缘加工件图例

(2)拔缘常用的方法

金属板件拔缘时，部分材料被拉长形成凸缘，因此，应根据材料厚度和其延展性能确定拔缘角度和宽度。拔缘的方法可分为自由拔缘和型胎拔缘两种。

# 第六章　钣金件的整形与校正

## 第一节　钣金件的整形

### 一、铁锤垫铁(抵铁)敲击整形工艺

**1. 小范围局部凸起的整形**

图 6-1 所示为小范围局部凸起变形整平的示意图。用垫铁贴紧凸起的反面，手锤敲击凸起部位，使凸起部分被压缩到原来形状。操作时要求捶击力量要轻巧，以 2 次/s 的频率连续冲击，并做到捶击点均匀分布。

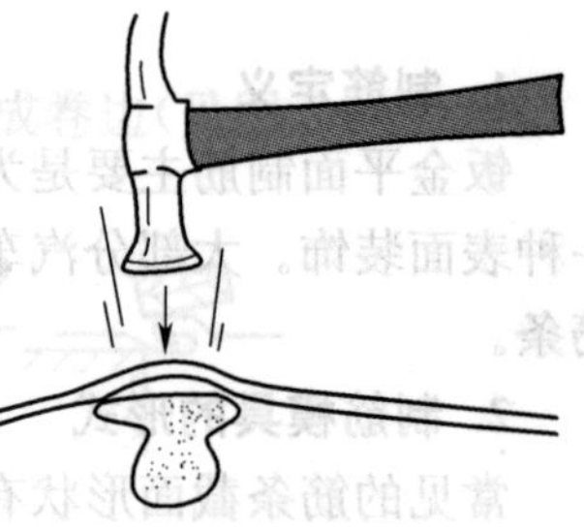

**图 6-1　小范围局部凸起变形整平示意图**

垫铁的形状要与曲面的曲率相一致，否则，将会产生严重的后果，使金属板的损坏更严重。图 6-2 所示为使用不符合底板形状的垫铁。

**2. 局部凹陷的整形**

图 6-3 为凹陷修整的示意图。与凸起修整不同的是，捶击点不在垫铁顶面上方，而是在蒙皮的凸起部位。将垫铁贴紧最低处，用铁锤敲击附近凸起处即可。

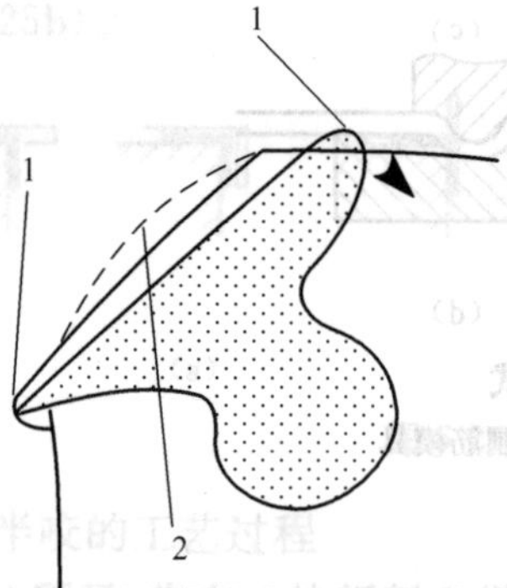


**图 6-2　使用不符合底板形状的垫铁**

1. 凹陷　2. 原来的形状

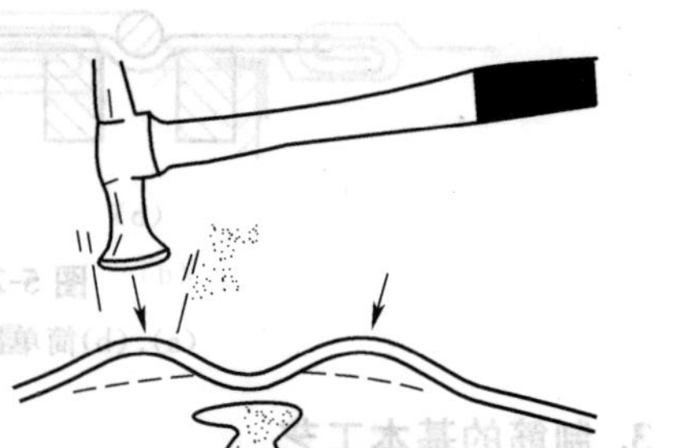

**图 6-3　凹陷修整示意图**

采用垫铁捶击时，捶击点都应落在表面凸起部位，垫铁则处于低的部位，否则，不但原有的凹凸现象不能消除，反而会增加新的缺陷。修整凹陷时，捶击应从凹陷的外围逐渐向中心区域过渡的顺序进行，才能收到预期的效果。

**3. 大范围凹陷的整形**

图 6-4 所示为大范围凹陷修复过程示意图。图 6-4a 中，粗黑线表示金属表面被撞击凹陷，周围凸起部位以细线表示。修整时，将垫铁紧压在凹陷槽最外边(此处弯曲程度最低)，

如图 6-4b 中虚线圆圈所示。用一平面冲击锤在凸起处进行轻度敲击(敲击点不能落在垫铁顶面之上)。利用每一次敲击时垫铁的压力迫使槽向上抬起。敲击顺序如图 6-4b 箭头所示。外围金属基本复位后,可将垫铁移置中心区,敲击附近金属表面使凹陷槽逐步消失,如图 6-4c～图 6-4e 所示。

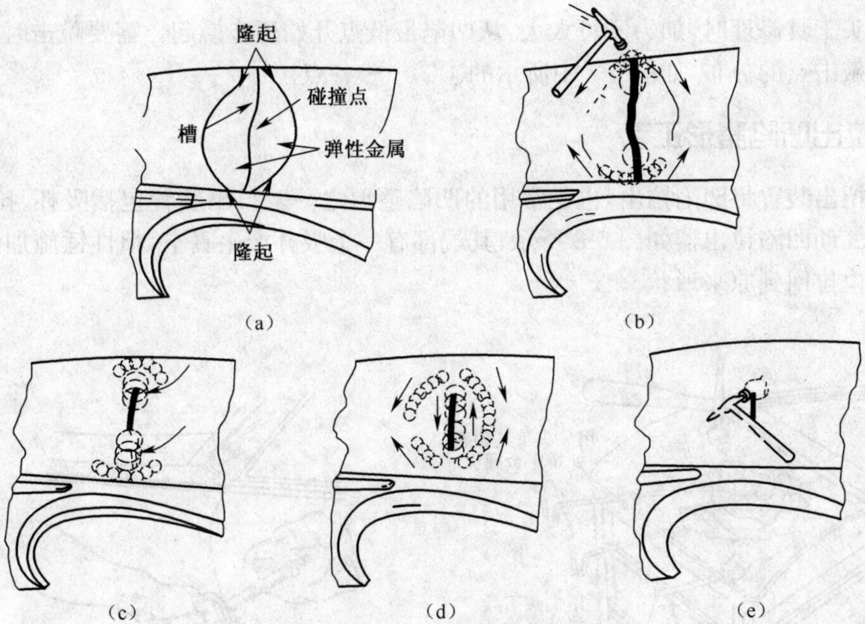


**图 6-4　大范围凹陷修复过程示意图**

## 二、利用修平刀修整凹陷整形工艺

**1. 利用修平刀修整凹陷**

利用修平刀修整凹陷如图 6-5 所示。图中车门表面某处有凹陷,将修平刀作垫铁用,采用捶击表面凸起部位的办法,可将凹陷修复。

**2. 用修平刀作撬棍修整车门板面凹陷**

图 6-6 是用修平刀作撬棍修整车门板面凹陷的情形,经过修平刀修整之后还应用车身锤加以精修。

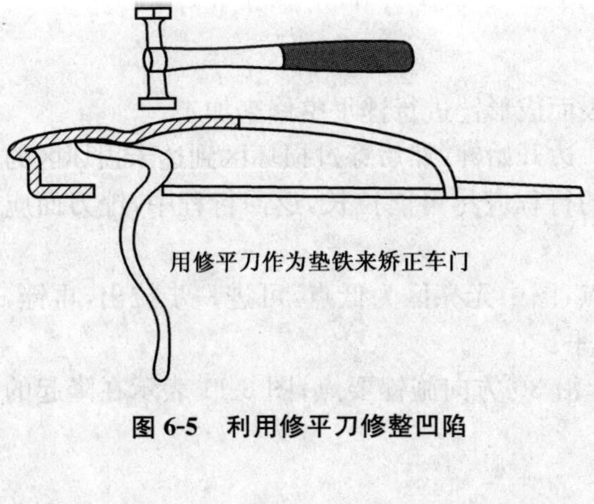


**图 6-5　利用修平刀修整凹陷**

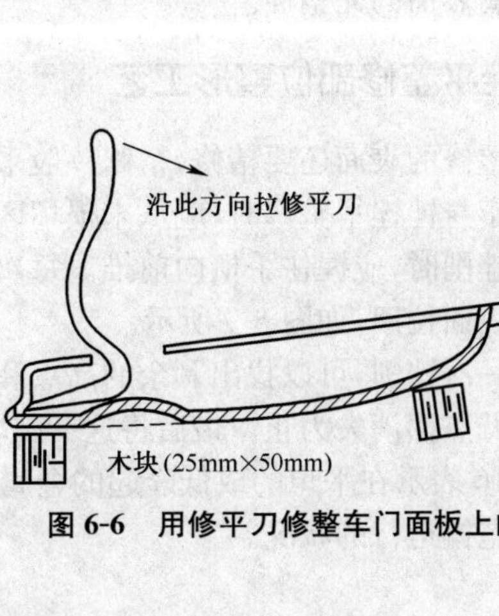


**图 6-6　用修平刀修整车门面板上的凹陷**

**3. 用尖头工具(各种撬镐)撬起修复凹陷**

修平刀或垫铁无法到达处的凹陷,则应采用尖头工具(各种撬镐)撬起修复,如图 6-7 所示。将尖锤插入一个排水孔或门背后的孔内就可以撬凹陷处,既不需拆下车门内的装饰物,也不需要在外表面钻孔拉出凹陷。

用尖头工具修理时,加力不可太大,从凹陷最低点开始逐步撬起。需要敲击时应注意敲击顺序和敲击点的分布,如图 6-7 中所示的①②……各点。

## 三、拉出凹陷整形工艺

采用拉出装置将凹陷拉出,也是常用的凹陷整形之一。拉出装置包括吸杯、拉杆、专用拉出器。气动凹陷拉出器如图 6-8 所示,其端部有一个吸杯产生真空,惯性锤施加的力将金属凹陷部位拉回到原来形状。

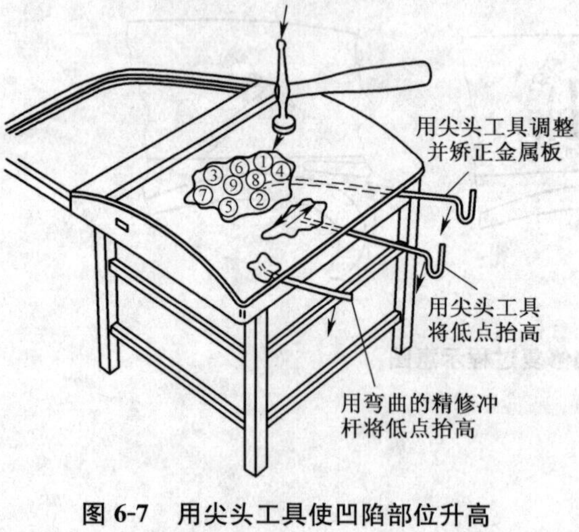


**图 6-7 用尖头工具使凹陷部位升高**

①~⑨为敲击顺序和敲击点的分布

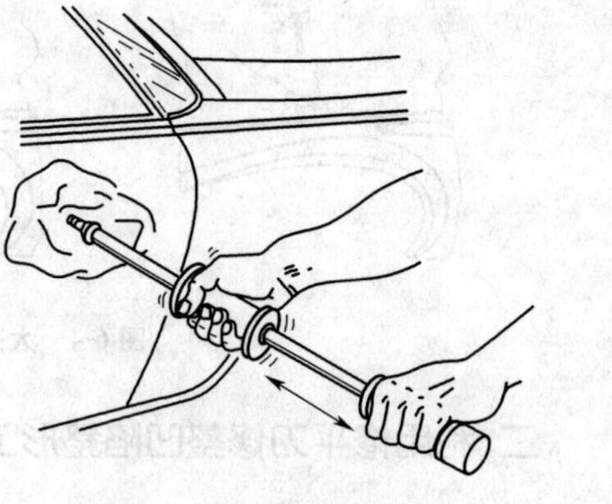

**图 6-8 气动凹陷拉出器**

拉杆式拉出器一端的螺钉拧入凹陷部位事先打通的孔中,一手握住手柄,另一手用力将重物向手柄方向反复拉动即可将凹陷消除,然后再用填料将通孔堵住。为了避免打孔带来的不便,也可以在凹陷部位点焊上销钉代替拧入螺钉,待拉出之后再用刀具切除焊点,从而保持原金属表面的完整性。

## 四、锉平整修部位整形工艺

经过整修的表面还要精修,精修一般采用表面成形锉进行锉平整修来加工。

利用车身锉锉平整修时,应从未损坏区的一边开始锉,然后穿过损坏区到达未损坏区的另一边。锉削时,应握住手柄向前推。每次锉的行程应尽可能拉长,返回行程中,锉刀面应脱离金属表面拉回,如图 6-9 所示。

经过一次锉削,可以找出剩余的高点和低点,图中光亮区为低点,可进一步拉出,再锉,直至所有低点都消失为止。最后将这一区域锉平。

图 6-10 表示在平坦的或低隆起的金属板上沿 30°方向施锉要点;图 6-11 表示在隆起的金属板上施锉运行的状况。

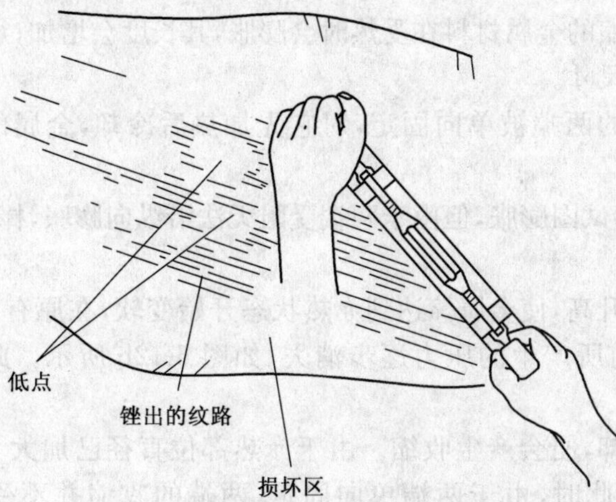


图 6-9　修理过的金属板经锉削后露出低点

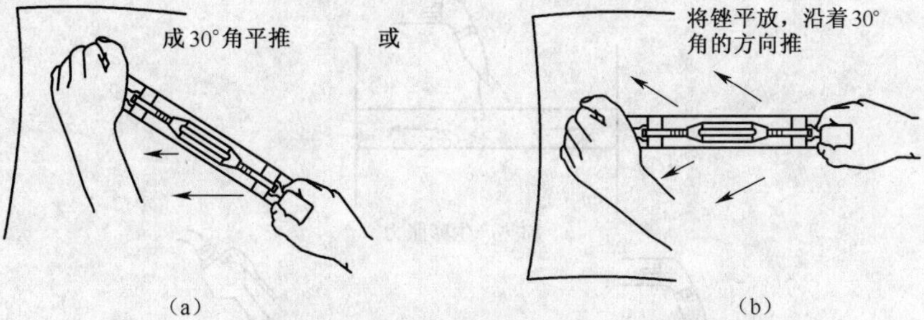


图 6-10　在平坦的或低隆起的金属板上沿 30°方向施锉要点

(a)、(b)施锉的不同方向

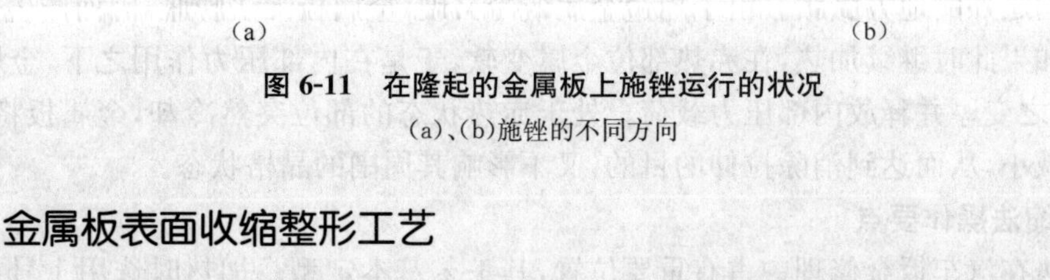


图 6-11　在隆起的金属板上施锉运行的状况

(a)、(b)施锉的不同方向

## 五、金属板表面收缩整形工艺

金属板受到碰撞而产生严重变形时，在折损处通常受到拉伸作用，如隆起处、凹槽等均是拉伸的典型。金属某处受拉伸时，其晶粒将互相远离，金属板变薄且发生加工硬化现象。利用收缩法可将金属晶粒拉回到原来的位置上，使之恢复原有形状和厚度。收缩法的目的是移动受拉伸的晶体回位，但又不影响周围未受损伤的金属晶粒。

### 1. 收缩的原理

一段能够自由伸缩的金属材料在受热时会膨胀，其长度会增加；加热完毕，冷却之后，其长度又恢复到原来的尺寸。

如果一段金属棒的两端被单向固定，对它先加热后冷却，金属的长度会缩短，现分述如下：

①加热时，金属棒试图膨胀，但由于两端受阻无法沿纵向膨胀，棒内部产生很大压力，如图 6-12a 所示。

②当温度进一步升高，使金属棒达到赤热状态开始变软，在原有压力作用之下，赤热部位直径增大，随后先前所产生的压力逐步消失，如图 6-12b 所示。此时，金属棒内已无压力了。

③加热后突然冷却，便会产生收缩。由于赤热部位直径已加大了，只能使钢棒长度缩短，如图 6-12c 所示。此时，由于两端单向固定，两端的收缩并不受阻，从而达到收缩的目的。

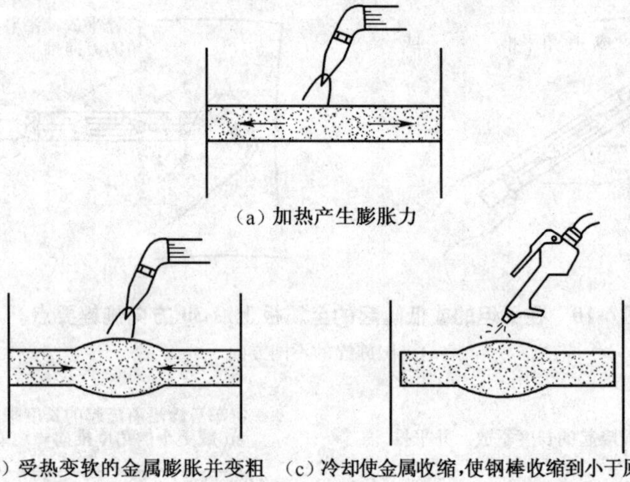

(a) 加热产生膨胀力

(b) 受热变软的金属膨胀并变粗　(c) 冷却使金属收缩，使钢棒收缩到小于原先的尺寸

图 6-12　金属收缩原理

### 2. 金属板上变形部位的收缩

将变形区中心的一小块地方加热至暗红色，随着温度升高，金属板受热开始隆起并试图向受热范围之外的地方膨胀。由于周边金属既冷又硬，金属板无法膨胀，因而产生很大的压力载荷。如果此时继续加热，在赤热部位金属变软，于是在内部压力作用之下，金属被向表面推出，使之变厚并释放内部压力载荷。处于赤热状态的部位突然冷却，金属板将会收缩，面积将会减小，从而达到消除拉伸的目的，又不影响其周围的晶格状态。

### 3. 收缩法操作要点

收缩法在汽车钣金修理中占有重要位置，其工艺基本定型。加热时选用 1 号或 2 号焊嘴的乙炔中性焰。操作要点如下：

①用焊炬火焰将最凸或最凹点（伸张中心）加热至樱红色。加热范围的大小与伸张程度有关。伸张程度严重、面积较大时，加热范围直径在 15～30mm 之间；一般在 7～15mm 即可。

②加热后急速敲击红晕区域的周围，并逐渐向加热点的中心包围，迫使金属组织紧缩。敲击时，要用垫铁垫在部件背部，用木锤敲击，冷却后再用铁锤轻轻敲击整平。要注意敲击力量不宜太大，否则已收缩部分会重新变松弛。显然，这一工步，应由两个人分工合作完成。

③如果收缩一点不能达到整平的目的，可用同样的方法，在该点周围适当位置进行多点收缩，但此时加热范围要小一些。

④所有收缩点冷却之后，进行一次全面敲平，敲击力要轻。

对于轻度的伸张，加热后可以不敲击，用棉纱蘸冷水冷却加热区域即可，轻微伸张区，加热后自然冷却也可达到收缩目的。

图 6-13 表示为多点收缩的顺序示意图。适当选择加热收缩区和收缩的顺序，可将多点伸张表面收缩到原来的形状。

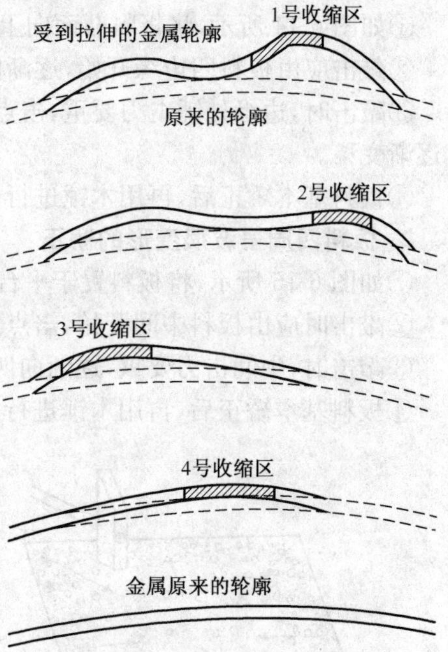

图 6-13　多点收缩顺序示意图

## 六、皱褶的展开整形工艺

汽车车身某处被撞击后，钣金件表面会形成不规则的皱褶。钣金修理时必须将这些皱褶展开整形。首先，设法将死褶由里边撬开，缓解成活褶，然后加热，用锤敲击活褶的凸脊部位，逐渐将其展平，恢复原状。

皱褶的展开修整，可以直接在车上用撑拉法解皱敲平整形，也可以将钣金拆下来，在车下展开皱褶整平修复。前者需在专门的车身、车架矫正机上进行，后者主要借助一些简单器具和手工开褶方法。下述为后一种方法。

假定某小轿车的右翼板正面被撞击形成了皱褶，由于修理设备所限，不能在矫正机上展开皱褶。采用简易办法使其开褶，大致按如下顺序进行：

①将右翼板上的大灯圈及灯座拆下，用一段长度合适（稍大于灯孔）的扁钢垫于大灯孔内，扁钢两端卡住灯孔的弯边。用一段钢丝绳，一端拴在扁钢中部，另一端系在树桩上。然后开倒车自行拖拉，逐渐使皱褶打开，倒车拖拉时宜缓慢进行，切勿猛冲。拖拉后，总体情况好转，只有个别小的死褶没有缓解。

②经过拖拉后，卸下翼板，在平台上修整。一段段地用焊炬加热死褶部位，用撬具撬开死褶使其缓解。

③将翼板凹面向上置于平台上，从翼板里侧敲平活褶。每敲一处，都要注意让平台起到垫托作用，不能脱空。里侧的皱褶基本敲平后，翻转翼板，用垫铁抵住里侧，从外侧敲击，使皱褶完全解开。

④将整修过的翼板装在车上，再用手锤和垫铁进行一次全面修整。此时，大灯孔应先修圆，再修边。最后，对比两翼，将伸张的那部分用加热法收缩，使造型达到要求。

汽车车身其他部位的钣金皱褶展开可仿照上述步骤进行。

# 第二节 钣金件的校正

## 一、薄板板料手工矫正工艺

手工矫正是以手工操作手锤、抵铁、拍板等工具，对变形的钢材施加外力，来达到矫正变形的目的。手工矫正简便灵活，一般用于薄钢板、小型型钢和小型结构件局部变形的矫正。目前在我国汽车钣金修理作业中，手工矫正仍然是主要方法。

**1. 板料中间凸起变形的矫正**

①如图 6-14 所示，将板料凸面向上放在平台上，一手按住板料，一手持锤击。

②敲击应由板料四边缘开始，逐渐向凸起中心靠拢。

③敲击时，边缘处锤击力要重，击点密度要大，越向凸起中心，锤击力逐渐减小，击点密度逐渐变稀。

④板料基本矫正后，再用木锤进行一次调整性敲击，以使整个组织舒展均匀。

**2. 板料四周呈波浪变形的矫正**

①如图 6-15 所示，将板料置于平台上，一手按住板料，一手持锤敲击。

②敲击时应由板料中间开始，击点逐渐向四周边缘扩散，由密变疏。

③敲击时，中间击力要重，逐渐向四周变轻。

④板料基本矫正后，再用木锤进行一次调整性敲击，以使整个组织舒展均匀。

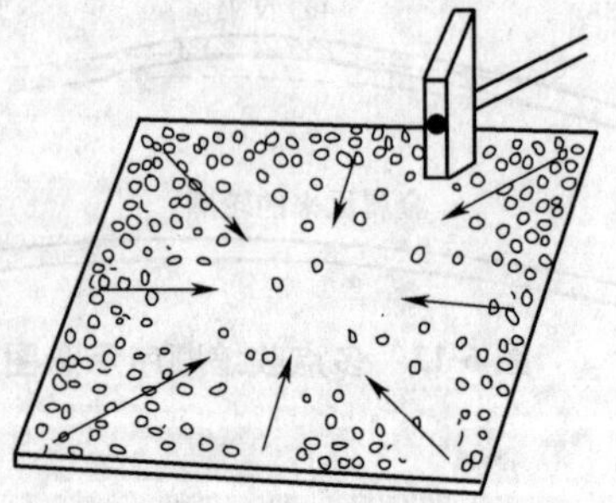

图 6-14 薄板中间凸起变形的矫正

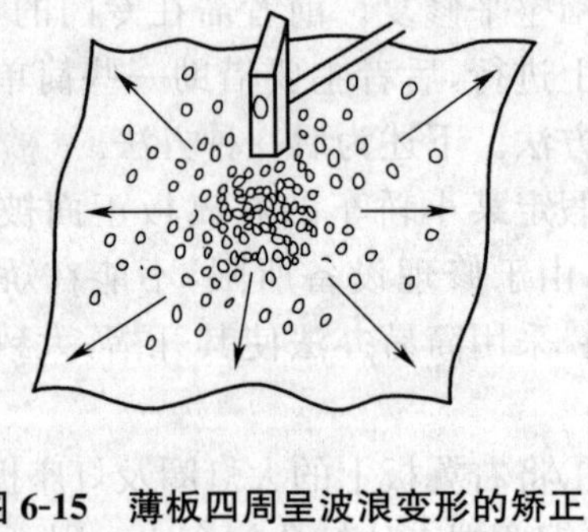

图 6-15 薄板四周呈波浪变形的矫正

**3. 板料对角翘曲的矫正**

如图 6-16 所示，矫正敲击应先沿着没有翘曲的对角线开始，依次向两侧伸展，使其延伸而趋于平整。

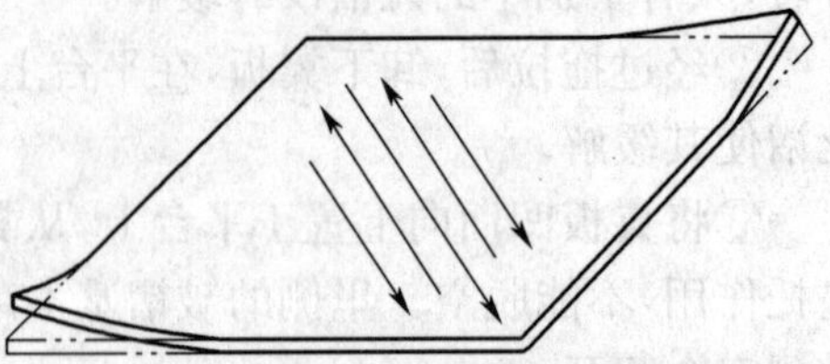

图 6-16 薄板对角翘曲的矫正

**4. 板料曲面凸鼓变形的矫正**

如图 6-17 所示，首先使锤与抵座中心对正，然后进行敲击修整。握锤的手不宜过于紧握，以手腕的力量敲击。敲击的速度以(80～100)次/min 左右为宜。

**5. 板料曲面凹陷变形的矫正**

如图 6-18 所示，抵座应放在稍偏于锤击处，锤击点为凹凸不平表面的较高部位，抵座位于较低部位。锤子的敲击逐渐将凸起部分的端部向下压，抵座的压力使凹陷部分趋于平整。

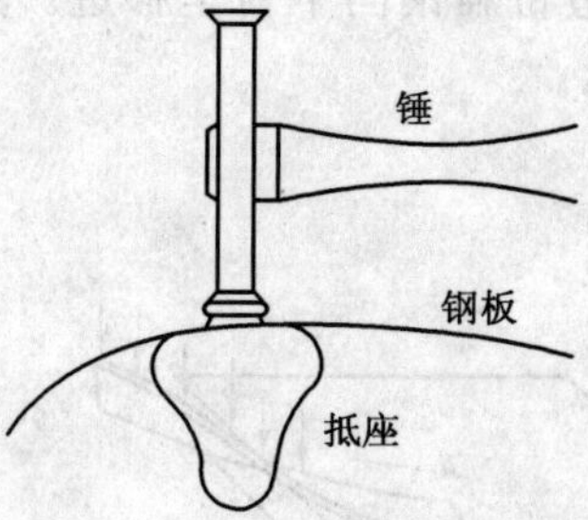


图 6-17　曲面凸鼓变形的矫正

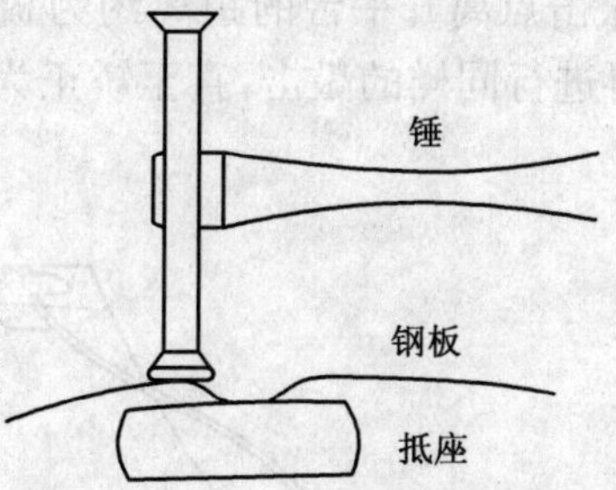


图 6-18　曲面凹陷变形的矫正

**6. 板料的拍打矫正**

如图 6-19 所示，若板料有微小扭曲时，可采用拍板拍打矫正。取一长度不小于 400mm，宽度不小于 40mm，厚度为 3～5mm 的拍板，在板料上拍打，使板料凸起部分受压缩短，张紧部分受拉伸长，从而达到矫正的目的。

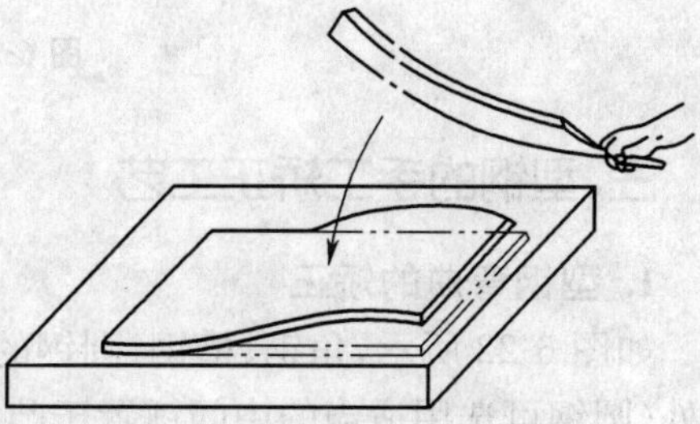

图 6-19　薄板料的拍打矫正

薄板的矫正难度较大。矫正前，要分析并判明薄板的纤维伸长或缩短部位。矫正中，要随时观察板料的形状变化，有针对性地改变锤击点和力度。当板料基本敲平后，再用木锤作一次调整性敲击，使整个板面纤维舒展均匀。矫正后，用手按揿板料各处，若不发生弹动，说明板料已与平台贴紧、矫平。

## 二、条料的手工矫正工艺

**1. 条料弯曲的矫正**

若条料在厚度方向弯曲时，只需将条料放在铁砧或平台上，凸起向上，直接锤击凸起部位即可矫正。

若条料在宽度方向上弯曲时，可以用锤从中间开始依箭头方向向两侧锤击扁钢的内层；或者按内层三角形内进行锤击，使其延展而矫正，如图 6-20 所示为条料弯曲的矫正。

图 6-20　条料弯曲的矫正

**2. 条料扭曲的矫正**

①将扁钢夹持在台钳上，用呆扳手或活动扳手夹持住另一端，用力向扁钢扭曲的反方向

扭转，如图 6-21a 所示。

②待扭转变形基本消除后，再用锤击法将其矫正。锤击时，将扁钢斜置于平面上，平整部分在平面内，而扭转翘曲的部分伸出在平面外，用锤子敲击稍离平台边外向上翘起的部分，其敲击点离开平台的距离约为板厚的 2 倍，边敲击边将扁钢向平台里移进。然后翻转 180°，再进行同样的敲击，直至矫正为止，如图 6-21b 所示。

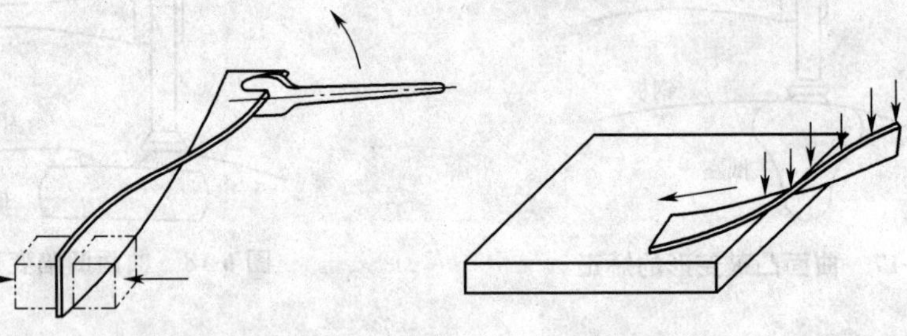

(a) 扭曲的台虎钳矫正　　(b) 扭曲的锤击矫正

图 6-21　条料扭曲的矫正

## 三、型钢的手工矫正工艺

### 1. 型钢弯曲的矫正

如图 6-22 所示，角钢、槽钢、圆钢的弯曲变形，其矫正只需将其放置于平台上，锤击其凸起处(圆钢可选用适当的中间锤置于凸起部)然后敲击中间锤的顶部进行矫正。

图 6-22　型钢弯曲的矫正

### 2. 型钢扭曲的矫正

见如图 6-23 所示，当型钢产生扭曲变形时，可对扭曲部分施加反扭矩，从而消除变形。当扭转变形基本消除后，再用锤击法将其矫正。

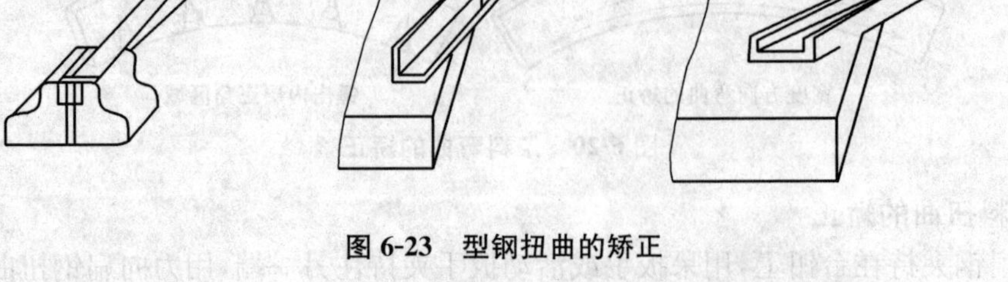

图 6-23　型钢扭曲的矫正

## 四、火焰矫正工艺

**1. 火焰矫正原理**

火焰矫正就是对变形的钢材用火焰局部加热的方法进行矫正。

火焰矫正的原理是：采用火焰对钢材的变形部位进行局部加热，利用钢材热胀冷缩的特点，使加热部分的纤维膨胀，而周围未加热部分温度低，使膨胀受到阻碍，产生压缩塑性变形，冷却后纤维缩短，使纤维长度趋于一致，从而使变形得以矫正。

**2. 决定火焰矫正效果的因素**

(1)火焰加热的方式

①点状加热。加热区域为一定直径范围的圆圈状点，称为点状加热。矫正时可根据工件变形情况，加热一点或多点，多点加热常用梅花式，加热点直径一般不小于15mm(厚板适当大些)。变形量大时，加热点距要小(一般50～100mm)，如图6-24a所示。

②线状加热。加热时火焰沿直线方向移动，也可同时作适当的横向摆动，称为线状加热。加热线的横向收缩大于纵向收缩，收缩量随加热线宽度的增加而增加。加热线的宽度一般为钢材厚度的0.5倍～2倍。线状加热一般用于变形较大的工件。它有直线加热、链状加热、带状加热三种，如图6-24b所示。

③三角形加热。加热区域呈三角形的称为三角形加热，如图6-24c所示。

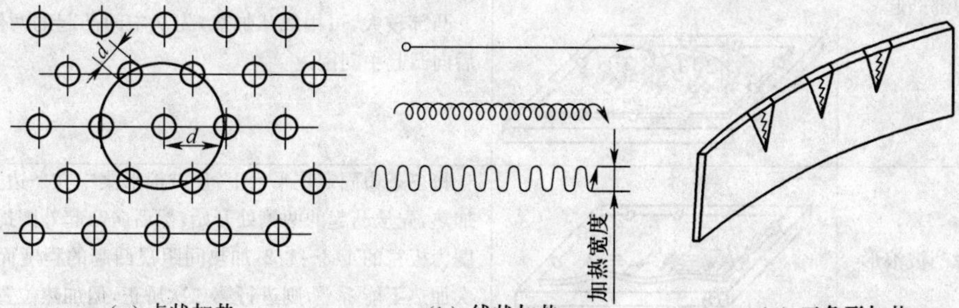

(a) 点状加热　(b) 线状加热　(c) 三角形加热

**图6-24　火焰加热的方式**

火焰加热方式、适用范围及加热要点见表6-1。

**表6-1　火焰加热方式、适用范围及加热要点**

| 加热方式 | 适用范围 | 加热要点 |
|---|---|---|
| ①点状加热 | 薄板凹凸不平、钢管弯曲的矫正 | ①变形大：加热点距小些，加热点直径适当大些；板薄、加热温度低些；<br>②反之，则点距大些，点直径小些，板厚温度高些 |
| ②线状加热 | 中厚板的弯曲、T字梁、工字梁焊后角变形等的矫正 | ①一般加热线宽度为板厚的(0.5～2)倍，加热深度(1.2～1.3)倍的板焊；<br>②变形较大，加热宽度和加热深度应大些 |
| ③三角形加热 | 变形较严重，刚性较大的构件变形的矫正 | 一般加热三角形高度约为材料宽度的0.2倍，加热三角形底部宽度应以变形程度而定，加热区域大，收缩量也较大 |

(2)火焰加热的位置(图6-25)

应选择在金属纤维较长的部位或凸出部位。

(3)火焰加热的温度

矫正时加热温度应控制在600℃～800℃之间。低碳钢不大于850℃；厚钢板和变形较大的工件，加热温度为700℃～850℃，加热速度要缓慢；薄钢板和变形小的工件，加热温度为600℃～700℃，加热速度要快。

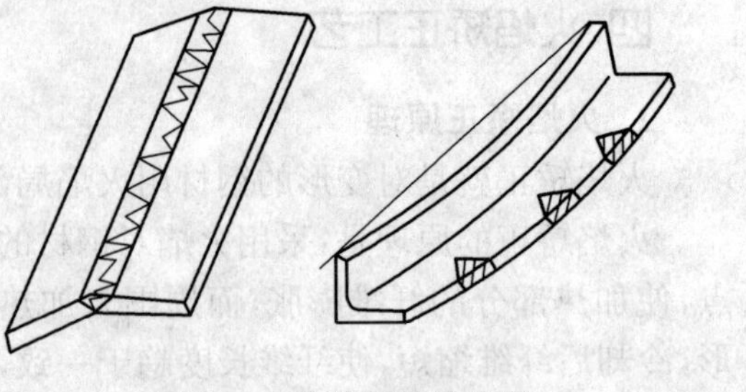

图 6-25 火焰加热的位置

为了提高矫正效率和质量，还可以施加外力或在加热后用水急冷加热区，以加速金属的收缩，提高矫正效率。但对钢板（8mm以上），不能用水急冷，以防止较大的内应力产生裂纹；对具有淬硬倾向的材料也不宜采用。

**3. 薄钢板及型钢变形的火焰矫正要点**

薄钢板及型钢变形的火焰矫正要点见表6-2。

表 6-2 薄钢板及型钢变形的火焰矫正要点

| 变形情况 | | 简图 | 矫正要点 |
|---|---|---|---|
| 薄钢板 | 中部凸起 | 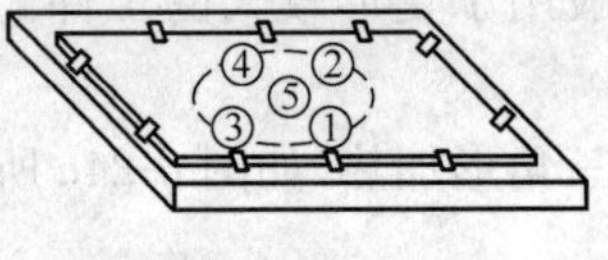 | 中间凸部较小，将钢板四周固定在平台上，点状加热在凸起四周，加热顺序如图中数字；<br>凸部较大，可用线状加热，先从中间凸起的两侧开始，然后向凸起中间围拢 |
| | 边缘凸波浪形 |  | 将三条边固定在平台上，使波浪形集中在一边上，用线状加热，先从凸起的两侧处开始，然后向凸起外围拢。加热长度为板宽的1/3～1/2，加热间距视凸起的程度而定。如一次加热不能矫平，则进行第二次矫正，但加热位置应与第一次错开，必要时，可用水冷却，以提高矫正的效率 |
| 型钢 | 局部弯曲变形 | 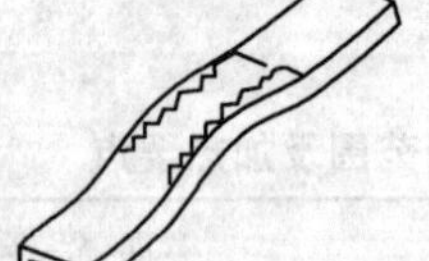 | 矫正时，在槽钢的两翼边外同时向一方向作线状加热。加热宽度按变形程度的大小确定，变形大，加热宽度大些 |
| | 旁弯 | 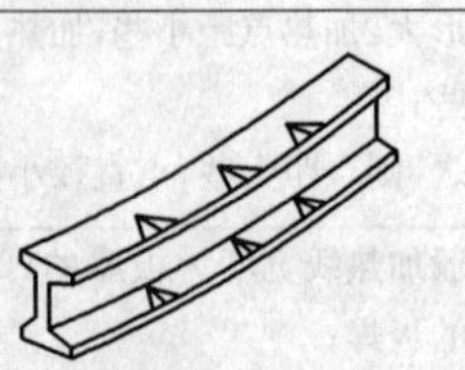 | 在旁弯翼边凸起外，进行若干三角形状加热矫正 |
| | 上拱 | 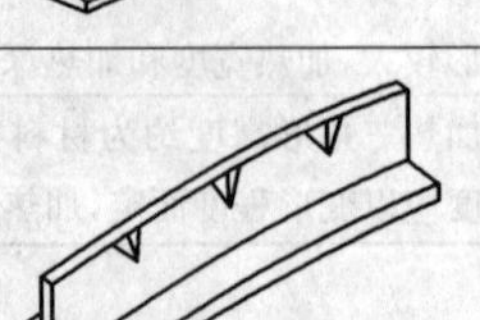 | 在垂直立筋凸起处，进行三角形加热矫正 |

**续表 6-2**

| 变形情况 | | 简　图 | 矫 正 要 点 |
|---|---|---|---|
| 钢管局部弯曲 | | 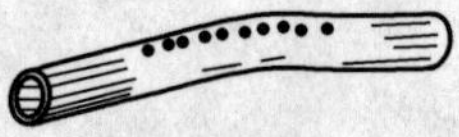 | 采用点状加热在管子凸起处，加热速度要快，每加热一点后迅速移至另一点，一排加热后再取另一排 |
| 焊接梁 | 旁弯 | 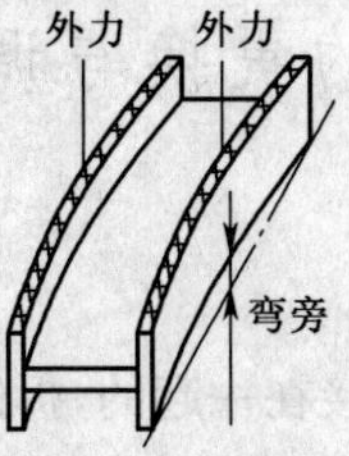 | 在上下两侧板的凸起处，同时采用线状加热，并附加外力矫正 |
| 焊接梁 | 角变形 |  | 在焊接位置的凸起处，进行线状加热。如板较厚，可在两条焊缝背面同时加热矫正 |
| 焊接梁 | 上拱 | 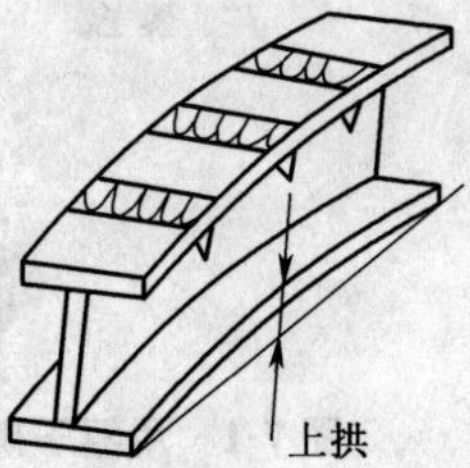 | 在上拱面板上用线状加热，在立板上部用三角形加热矫正 |

# 第七章　钣金结构件的更换与修复

## 第一节　钣金结构件的更换与调整

### 一、钣金结构件的拆卸方法

车身结构性钣金件在制造时是用点焊的方法连接在一起的，拆卸钣件时，主要是将焊点分离。分离焊点的方法很多，主要有钻去焊点法、等离子焊枪切除焊点法、錾去焊点或磨削焊点法。在拆卸点焊钣件时，事先应弄清点焊的数目和排列方法，做到心中有数，避免盲目操作。

**1. 确定点焊位置**

为了找到点焊位置，首先要去除底漆、保护层和其他覆盖物。用氧乙炔焰（气焊）将底漆烧焦，然后用钢丝刷清除，即可显示出点焊轮廓。若清除油漆后仍无法看清点焊区域，则用錾子楔入两板之间即可发现点焊轮廓，如图 7-1 所示。

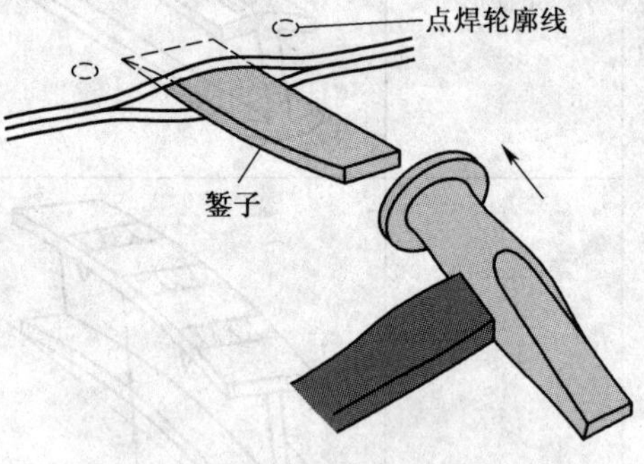


**图 7-1　用錾子确定点焊的位置**

**2. 焊点的分离**

确定点焊位置以后，可用点焊切割器钻掉焊接点。点焊切割器有两种，一种是钻头式，另一种是孔锯式，形状与使用方法如图 7-2 所示。无论使用哪种切割器都应注意切割深度，切勿将焊缝下面的钣件切去。

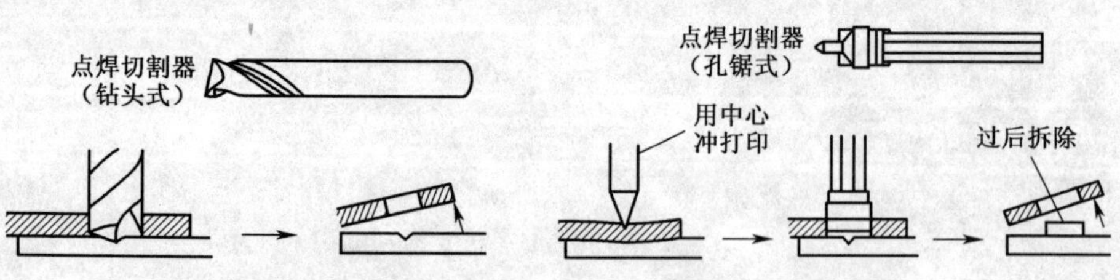


**图 7-2　点焊切割器**

采用等离子焊炬切割器清除焊点速度快得多。这种设备有点类似乙炔焊炬（气焊枪），它可以同时在各种厚度的金属中吹洞以清除焊点。操作时，需注意保护最下一层金属板不被烧穿。

用高速砂轮也可以分离钣件焊点。对于那些钻头够不着的焊点或是柱形焊点，可采用砂轮磨削，如图 7-3 所示。

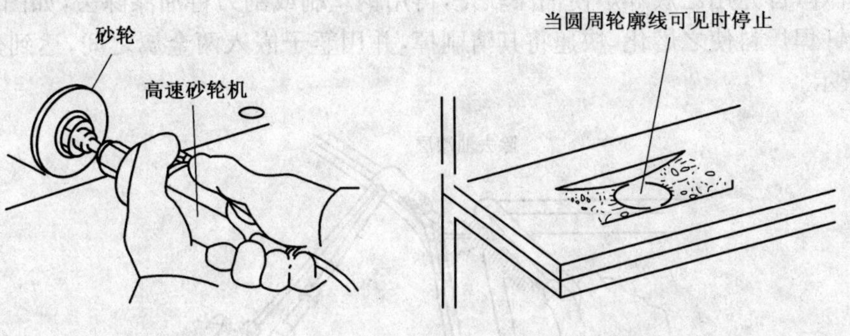


（a）高速砂轮　（b）砂轮停止标记

图 7-3　用砂轮清除焊接点

**3. 焊缝的分离**

在某些汽车车身中，钣件是用连续的气体保护焊焊缝连接的。由于焊缝较长，只能用砂轮或高速砂轮机来清除焊缝，分离钣件，如图 7-4、图 7-5 所示。

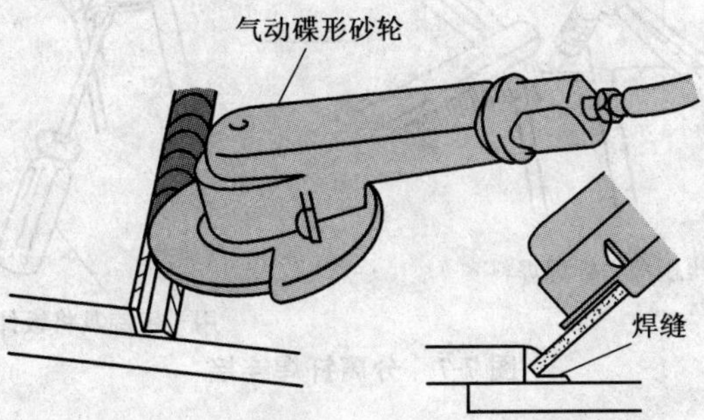


图 7-4　用碟形砂轮清除连续焊缝

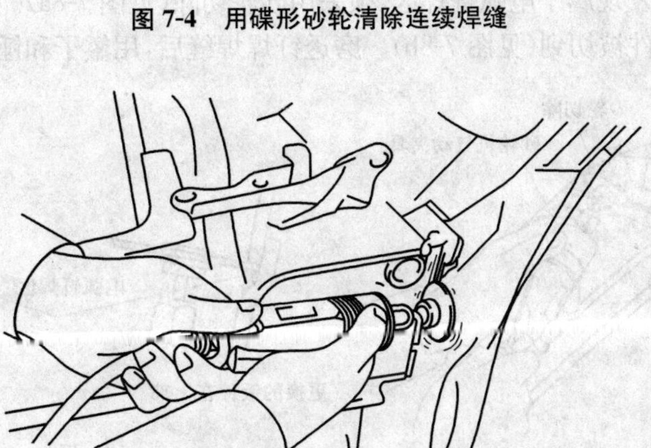

图 7-5　高速砂轮机清除连续焊缝

**4. 钎焊的分离**

钎焊多用于外盖板边缘处或车顶与车身立柱连接处，通常是用氧乙炔焊炬熔化钎焊金属来分离钎焊区域。在用电弧钎焊的区域，由于电弧钎焊金属熔化温度比较高，可能导致下面的金属钣件被损坏，一般采用磨削分离的办法使之分离。区别普通钎焊和电弧钎焊主要根据焊缝的颜色。普通钎焊区域是黄铜色的，电弧钎焊区域是淡紫铜色的。

分离钎焊，首先用乙炔焊炬使油漆软化，再用钢丝刷或刮刀将油漆除去，如图 7-6 所示。然后，加热钎焊焊料使之熔化，快速将其清刷掉，并用錾子嵌入两金属之间，达到分离目的，如图 7-7 所示。

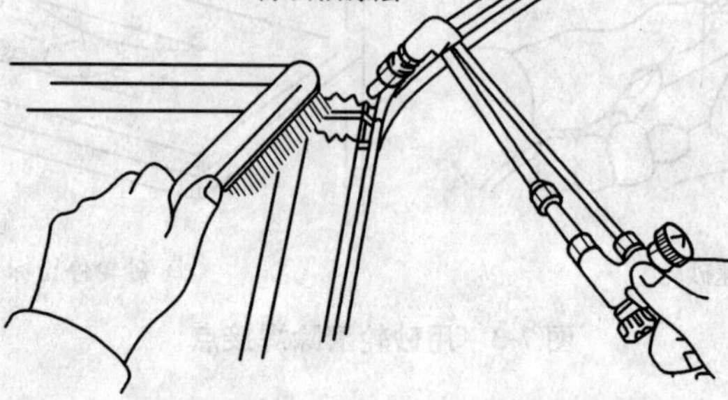


**图 7-6　从钎焊区域清除油漆**

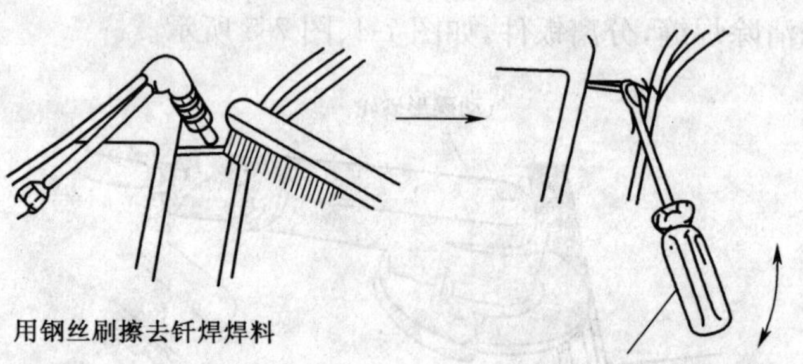


**图 7-7　分离钎焊连接**

除去油漆后，若发现属于电弧钎焊区，须采用砂轮切除（见图 7-8a）。若仅要更换上面的钣件，则应防止下面钣件被切到（见图 7-8b）。磨透钎焊焊缝后，用錾子和锤子分离钣件即可。

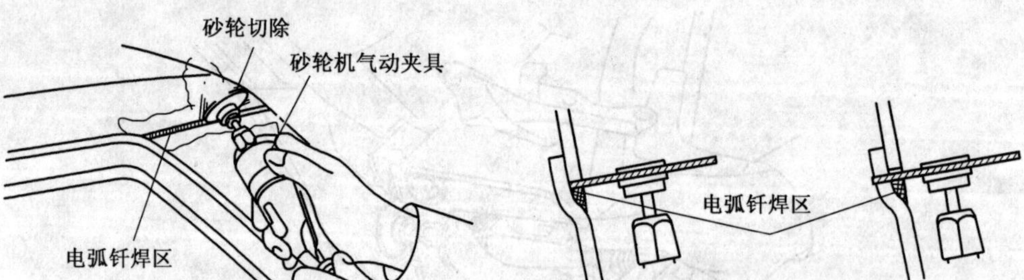


（a）电弧焊区域的分离　　　　（b）切割的深度

**图 7-8　分离用电弧焊连接的钣件**

## 二、钣金结构件的更换

**1. 车门槛外板的更换**

(1)损伤件的拆卸

①把损坏的部分切掉，以方便拆卸，如图 7-9 所示。

②用气动砂轮机打磨掉图 7-10 中标有字母“N”处的焊缝。

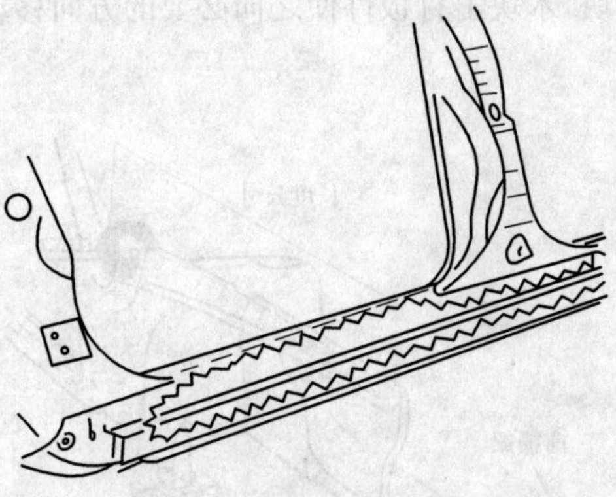

图 7-9　切掉门槛损坏的部位

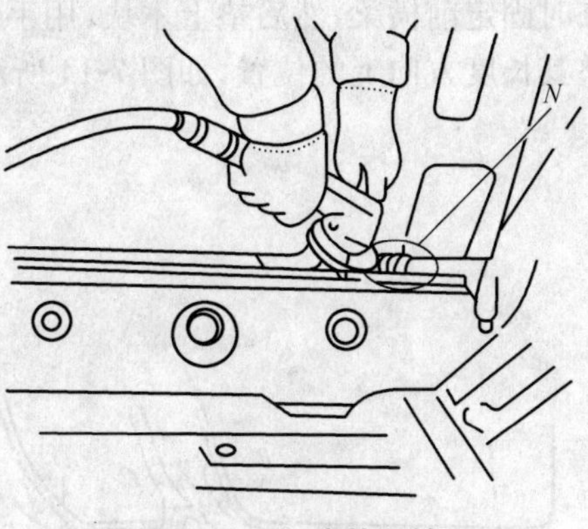


图 7-10　打磨掉焊缝

③用小型带式打磨器从内侧打磨焊接部位。也可用焊点剔除器剔除焊点。

④用电钻逐点钻除图 7-11 中用字母“B”标出部位的焊点，这些孔在安装新件时将用来作塞焊孔。至此即可拆下门槛外板。

(2)新件的安装

①安装新门槛板前应先做一些准备工作。首先在塞焊孔处涂上透焊防蚀涂料。

②在后轮罩上与门槛外板的接合部位涂上密封胶。

③在门槛接合面上涂敷适当的环氧树脂焊缝粘接剂。注意一定不要将粘接剂直接涂到塞焊孔处。

④对好定位孔，将新板放到位，并按如图 7-12 所示夹紧。

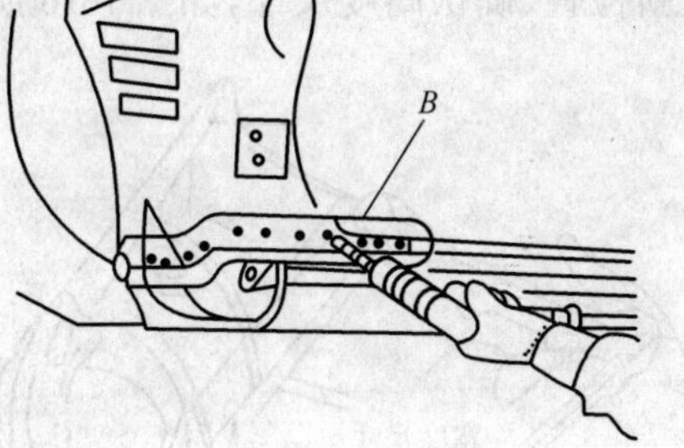


图 7-11　钻除焊点

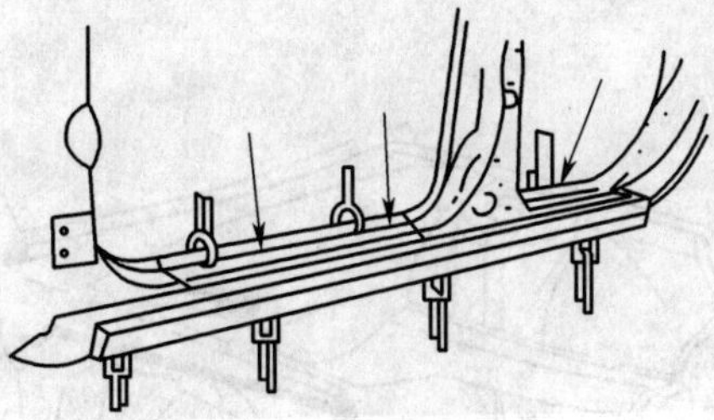

图 7-12　新板的夹紧

⑤对图 7-13 中的 A～E 表示的部位进行钎焊，然后在孔内用熔极惰性气体保护焊进行塞焊。

⑥用气动砂轮机磨平塞焊和钎焊焊迹，然后用砂纸打磨机进行打光，最后再涂上接缝密封胶。

⑦按照正确的方法在新安装的门槛内表面涂防蚀剂，完成安装。

**2. 轿车前翼子板内加强板总成、前横梁和散热器支座的安装**

①检查前翼子板内加强板与纵梁安装面的装配标号是否一致，确认并匹配好之后用夹钳将它们夹紧。没有装配标记的零件，则放在旧零件的位置上。

②利用杆规检测基准点间的距离来确定零件的位置，把零件定位。在一个位置用定位焊临时固定前横梁，然后垫上木块，用手锤击打木块，木块击打板件使之向必要的方向移动，调整其长度方向上的位置，如图 7-14 所示。

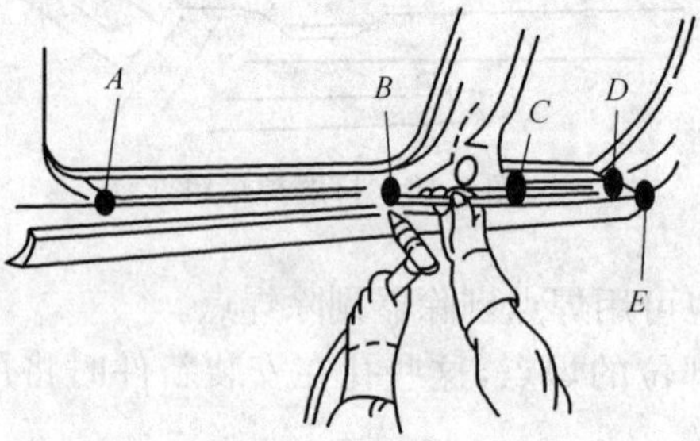


图 7-13 钎焊的位置

A～E. 钎焊的部位

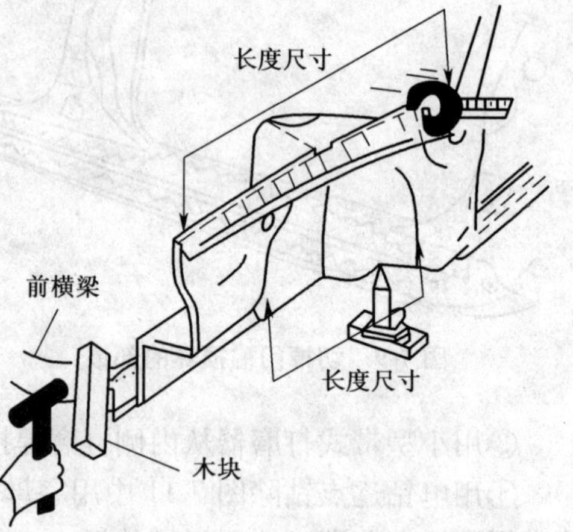


图 7-14 长度方向位置的调整

③在未焊接的板件端部划上定位线，然后钻孔，并用钢板螺钉将零件固定在一起，在内加强板部位上画一条线，但不要把它们焊接起来。

④用自定心规检测车辆两侧的新旧内加强板的相对高度，使之一致，然后用千斤顶支撑住新的内加强板，以确保其高度位置不发生变化，如图 7-15 所示。

⑤测量宽度和下对角线长度，仍用千斤顶支撑住新板件，以免高度位置发生变化。然后，根据需要调整纵梁位置，得到正确的尺寸，再重新检查、确认高度尺寸，如图 7-16 所示。

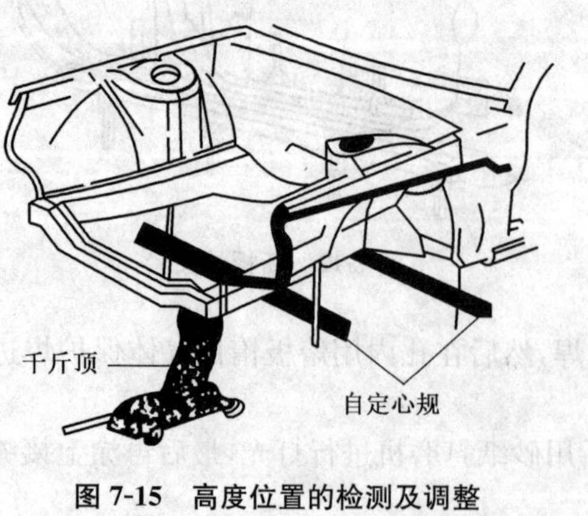


图 7-15 高度位置的检测及调整

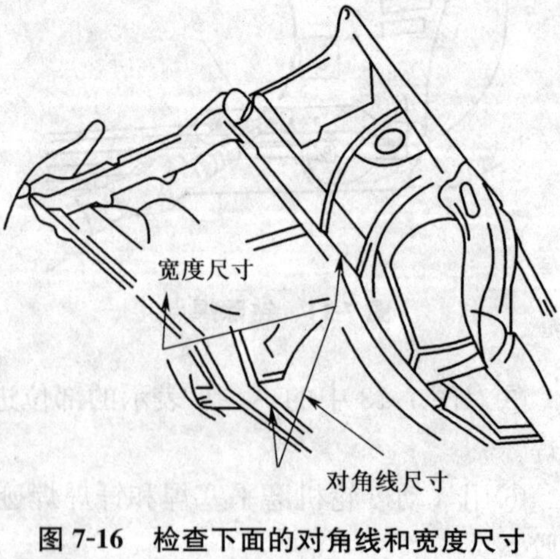


图 7-16 检查下面的对角线和宽度尺寸

⑥仔细确定前横梁的位置，使其左右两端均匀一致。

⑦纵梁的位置尺寸与尺寸图表中所注尺寸确认一致后将它固定。悬架横梁也可用夹具来安装。以足够数量的塞焊点把前横梁与纵梁的连接部位固定好。

⑧确保内加强板的上部尺寸不发生变化，可通过检查所画标线是否产生了移位来确认。

⑨检测翼子板后安装孔与悬架座孔或翼子板前安装孔之间的对角线长度。

⑩测量在宽度方向上悬架座和前翼子板螺栓孔之间的尺寸，然后把它们固定在一起。

如果其宽度方向上的尺寸与车身尺寸手册中所标注的尺寸不一致，则需进行微量调整，同时要注意对角线的变化。临时性安装并固定散热器下支座，如图 7-17 所示。

⑪测量纵梁在宽度方向的尺寸，如图 7-18 所示。将杆规调至适当尺寸，并根据需要调整内加强板。用夹钳较松地固定住下支座，如图 7-19 所示，然后用手轻轻拍打使其到位。

⑫测量散热器支座的对角线长度，确保这两个尺寸一致，如图 7-20 所示。

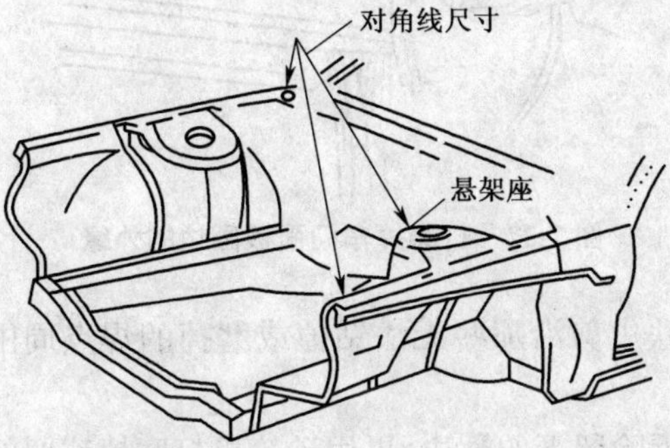


图 7-17　安装散热器的上、下支座

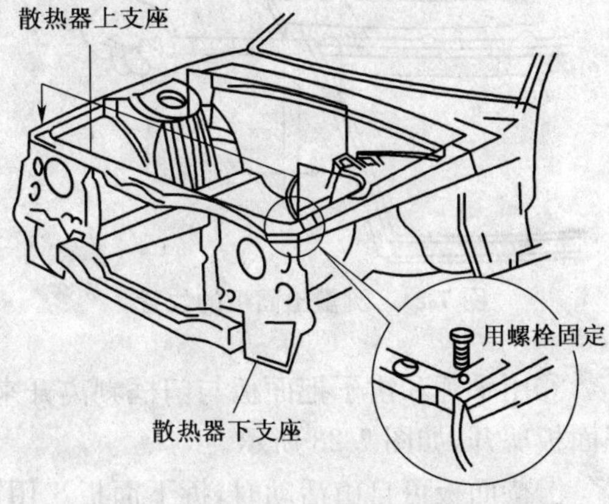


图 7-18　测量纵梁在宽度方向的尺寸

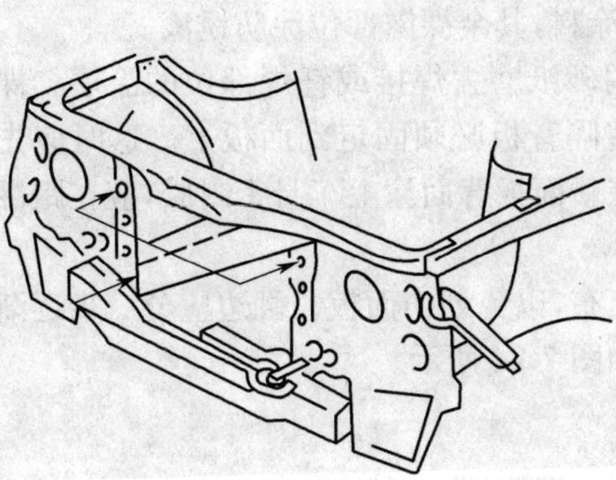

图 7-19　用夹钳固定住下支座

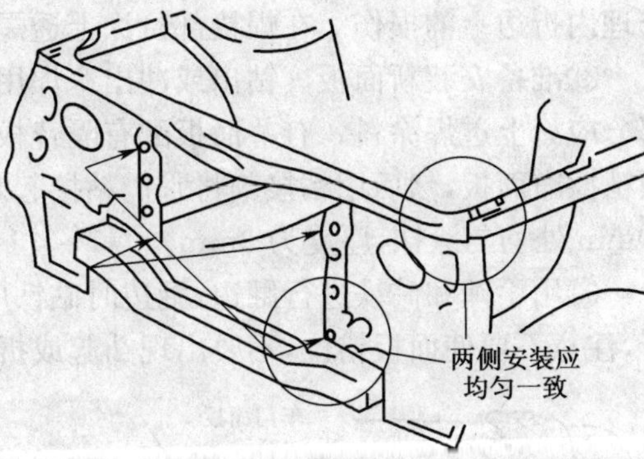


图 7-20　测量散热器支座的对角线长度

⑬临时性安装前翼子板，然后检查它与车门间的位置关系。如果缝隙不合适，则原因可能是内加强板或纵梁高度位置不准确。

⑭焊接之前再按上述方法检测一遍，再次验证所有的尺寸。

**3. 车门面板的更换**

①在拆卸车门之前，应检查车门铰链是否弯曲，观察车门与门洞的位置关系。查看面板的固定方式，以确定需要拆卸内部的哪些构件。拆下车门玻璃，以免在修理车门时破裂。拆下车门，放到合适的工作场所。

②用氧乙炔焰炬和钢丝刷除掉面板边缘焊点部位的油漆，用钻和焊点剔除工具除掉

焊点。

③在门框上贴上标记条，分别测出面板边缘到标记条下边线的距离和面板边缘到门框的距离，如图 7-21 所示。

④用等离子弧切割机或砂轮机把面板与门框之间的钎焊缝剔除。

⑤打磨面板边缘的翻边，只需磨掉边缘而使其断开即可，不要打磨到门框上，如图 7-22 所示。不要用割炬或电凿来拆卸，以免造成门框变形或被意外割坏。

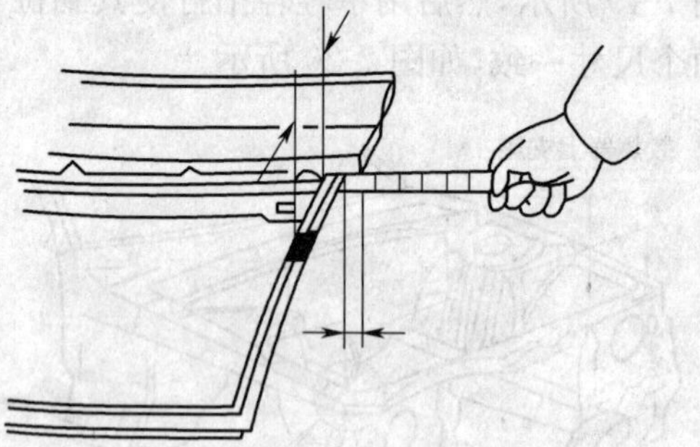
图 7-21 测量出面板的位置

图 7-22 打磨掉车门面板翻边的外缘

⑥用手锤和凿子把面板与门框剥离开来，用铁皮剪沿那些无法钻掉或磨掉的焊点周围把面板剪开，如图 7-23 所示。

⑦待面板可自由活动时，拆下面板。用钳子拆除留下的翻边，再用砂轮机打磨掉残留的焊点、钎料和锈斑。

⑧拆下面板后检查门框的损坏情况，同时对内部损伤进行修理。必要时，用手锤和砧铁修理内折边上的损伤。在焊接部位涂上透焊防蚀涂料，其余裸露部位涂防锈漆。

⑨准备安装新面板。钻出或冲出塞焊用孔，用砂纸磨去焊接或钎焊部位的涂层。裸露部分应涂上透焊涂料。有些面板配有隔音板，这些隔音板必须固定到面板上。这时应先用酒精擦净面板，然后用粘接剂将它们粘接起来。在新面板背面涂上车身密封胶，应在距翻边 10mm 处均匀涂抹，厚度为 3mm。

⑩用手锤和砧铁进行翻边，翻边时砧铁应包上布，以免划伤面板。翻边应分三步逐渐进行，注意不要使面板错位，不要出现凸起或折痕，如图 7-24 所示。

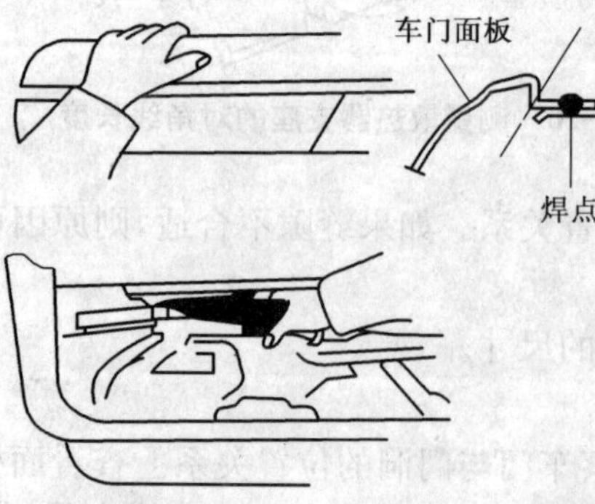

图 7-23 用剪刀沿焊点周围剪开

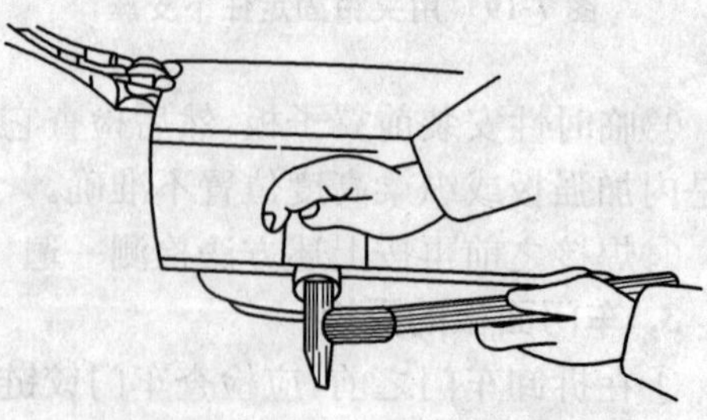
图 7-24 敲出面板边缘的翻边

⑪边翻至 30°后，用翻边钳收尾。收尾也应分三步进行，同时注意不要造成面板变形，

如图 7-25 所示。

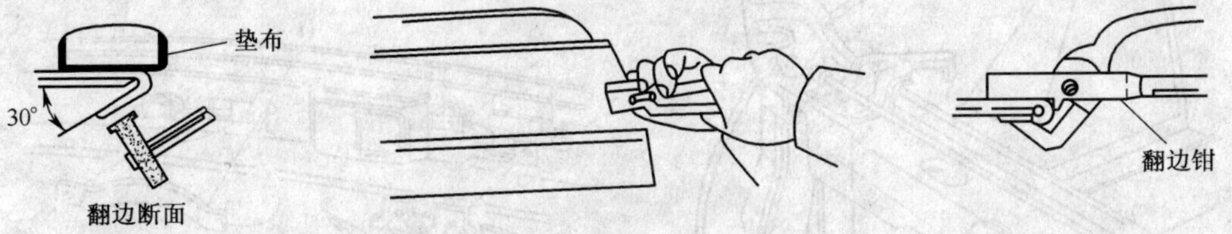


图 7-25　用翻边钳进行翻边

⑫用点焊或塞焊焊接车门玻璃框，然后再对翻边进行定位点焊，如图 7-26 所示。

⑬在翻边处涂上接缝密封胶，在焊接和钎缝部位的内侧涂上防蚀剂。在新面板上钻出用于安装嵌条和装饰条的孔。在安装任何零件前，所有的棱边都应修整好。然后将车门放入门洞内，检查定位状况，为表面修饰做好准备后，把车门装好。

⑭调准车门与相邻板件间的位置关系，检查其转动是否灵活。

## 三、钣金结构件的调整

### 1. 发动机舱罩的调整

如图 7-27 所示，当出现图中的情形时，说明发动机舱罩的位置需要进行调整。

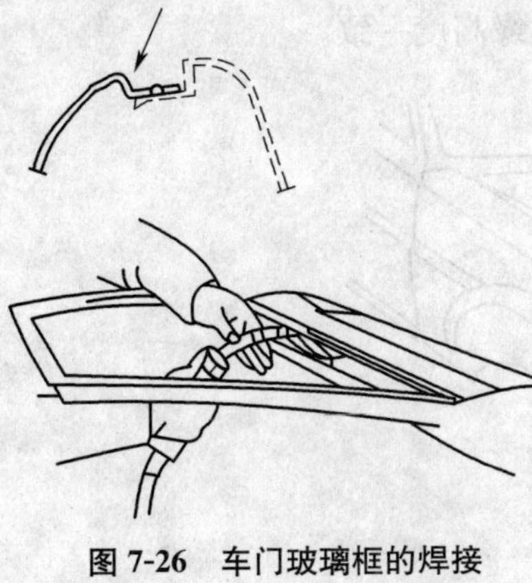

图 7-26　车门玻璃框的焊接

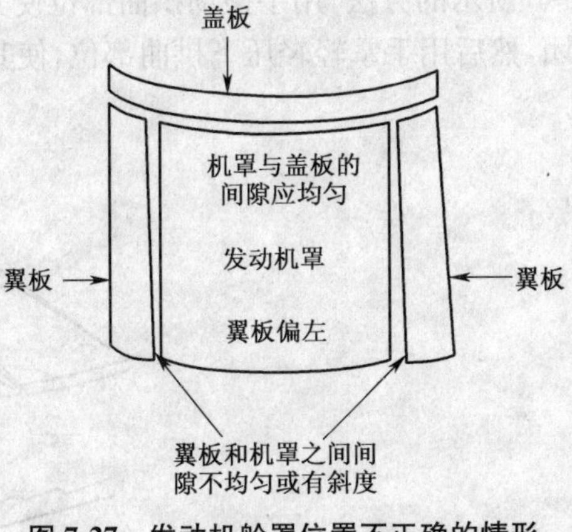


图 7-27　发动机舱罩位置不正确的情形

实际操作时，调整的方法如下：

①发动机舱罩与翼子板及前围之间的调整。首先调整发动机舱罩的前后位置。稍松开固定发动机舱罩与铰链的螺栓，再扣上发动机舱罩。将其位置调整后，轻轻揭开罩，开到合适位置时，让他人将螺栓紧固，发动机舱罩的前缘必须与翼子板前缘对齐，同时其后缘与前围之间保留足够的缝隙，以避免开启时相互干扰。

②发动机舱罩高度的调整。首先稍微松开铰链与翼子板及前围连接处的螺栓，然后轻轻盖上发动机舱罩，根据情况将它的后缘抬起或压下。当它的后部与相邻的翼子板前围高度一致时，再轻轻揭开，将螺栓紧固。

③调节发动机舱罩拉钩，调节对中位置。拉钩的位置恰好在前端的中心位置，如图7-28所示。

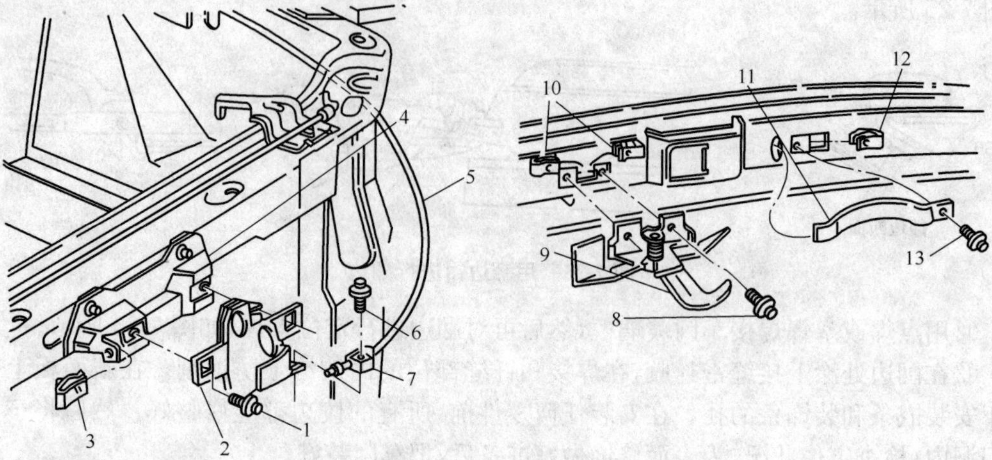


**图 7-28 发动机舱罩拉钩位置**

1、6、8、13. 螺钉和垫圈 2. 机罩拉钩 3、10、12. 螺母 4. 机罩锁支座 5. 机罩拉钩钢索 7. 钢索组件 9. 辅助拉钩 11. 机罩辅助弹簧

④对于新换装的发动机舱罩，容易出现图 7-29a 所示的现象。对此，仅仅通过对铰链等的简单调整不能将发动机舱罩的变形消除，而需要调整发动机舱罩边缘的曲线。可参照图 7-29b 所示的方法，用手搬动拱曲部位使其复位；也可参照图 7-29c 所示的方法，在前端垫上布团，然后用手掌轻轻压下拱曲部位，使其与翼子板边缘高度一致。

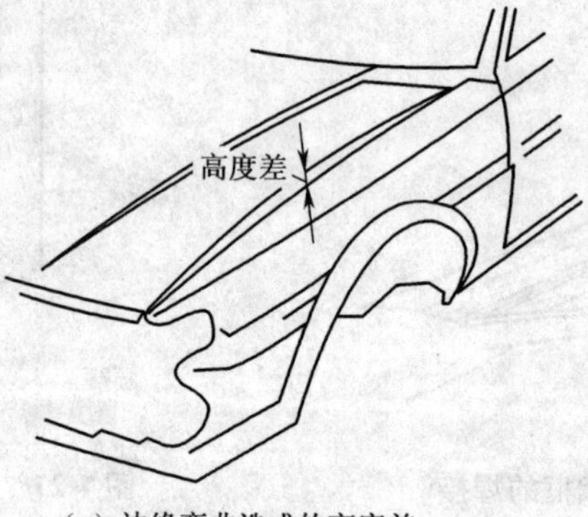


(a) 边缘弯曲造成的高度差

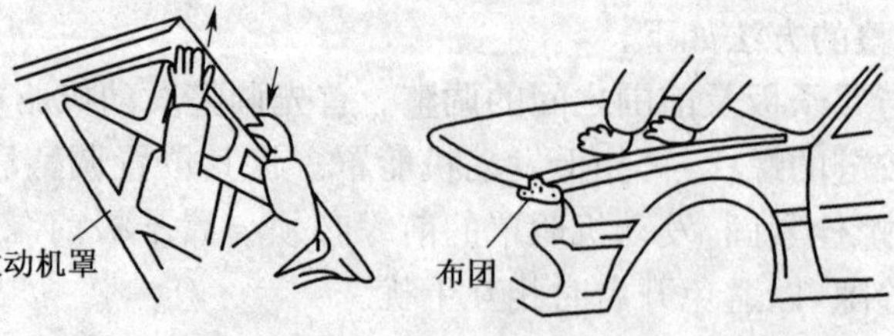


(b) 用手将弯曲调平 (c) 垫上布团往下压

**图 7-29 发动机舱罩高度的调整**

**2. 后备箱盖和翼子板的调整**

(1)后备箱盖的调整

如图 7-30 所示，后备箱盖与发动机舱罩极为相似，也是以两个铰链连接到后部车身板

上的(图中所示为后备箱盖已向上开启的状况)。铰链的连接板上的孔是槽型的,便于松开螺栓后,作适当的位置调整。为了密封性能良好,后备箱盖必须有密封装置。

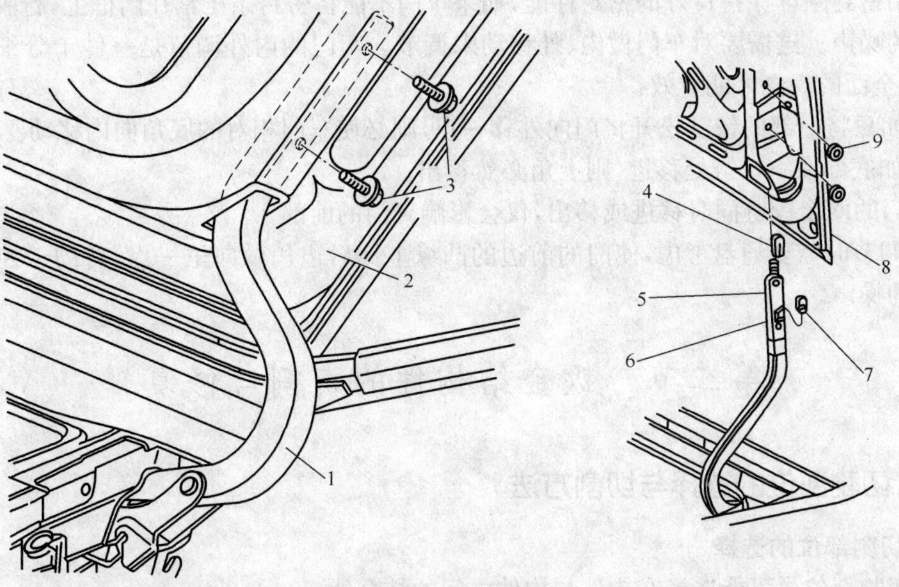


**图 7-30　后备箱盖铰链位置**

1. 铰链组件　2. 盖组件　3、9. 螺钉和垫圈　4. 调整垫片　5、7. 螺母　6. 铰链　8. 后备箱盖

后备箱盖调整方法如下:

①在调整后备箱盖时,先松开铰链连接板上的螺栓。

②左右或前后移动后备箱盖,使螺栓在槽型孔中改变位置。

③调整过程中,后备箱盖与毗邻钣件的间隙应尽量均匀一致。

④调节好后备箱盖位置后,再将铰链连接板上的螺栓锁紧。

(2)翼子板的调整

翼子板是用螺栓连接到散热器支架、发动机室内部防护钣件以及门后和汽车底部的盖板上,松开这些螺栓,即可调节翼子板前后、左右位置。

(3)车门的调整

车门必须与门框配合。车门通过铰链悬挂在门框上,且与车身面板对齐。调节车门时,一般应从后门开始。由于后顶侧板是不能移动的,只能将后门调节到与后顶侧板轮廓线相一致。后门调好之后,再以后门为基础调节前门。

调节车门的方法是将门铰链连接螺栓松开,视需要移动门板到适当位置,然后再紧固螺栓。

门铰链连接板上的孔径均比螺栓直径大一些,松开螺栓后,车门是可以作适量移动的。

车门的调节步骤如下:

①根据门与门框偏离的情况,确定调节方向,并由此判断松开铰链上哪个螺栓。

②松开螺栓后,用撬棍或千斤顶移动车门。

③移动车门到所需位置,将螺栓固定,检查门与门框配合位置是否理想。否则应重新调整,直至合适为止。

④移动车门的撞板螺栓，并检查车门相对于门框位置，确保车门关闭可靠。

⑤车门的调节有时还要考虑向里或向外调节，以保持车门与车身面板相平齐。车门上必须使用密封条以保持良好的密封性能，如果车门不能将密封条压紧在门框上，行驶时将产生明显的噪声。这需要对车门做内、外移动来调节。车门的内外调节是一件十分细致的操作，要有全面的观念才能奏效：

a. 如只将上部的铰链松开将门向外移一点，则必使车门相对的底角向内移动。

b. 如底部在下铰链处移进，则上角必然移出。

c. 门的两个铰链同时移进或移出，仅会影响到门的前部。

d. 调节时需要通盘考虑，使门的前边的凸缘上比后边稍微向里一点，有助于控制因风而产生的噪声。

## 第二节　钣金结构件的切割与修复

### 一、切割部位的选择与切割方法

**1. 切割部位的选择**

①切割部位尽可能选择在构件与构件之间的结合处。

②对全承载式轿车而言，切割部位须避开车身设置的挤压区（如发动机舱、行李舱等）、悬架安装位置、尺寸参照基准孔、发动机和传动安装位置等。

③切割部位避开构件加强板的支撑点，如加强腹板、加强盘等。

④切割部位避开应力集中部位，并使构件切换后不造成新的附加内应力，如切割线不能选在两构件垂直交接处等。

⑤切割部位应兼顾到切换作业的难易程度，如是否便于切割，需拆装的相关零件多少与难易程度等。

**2. 车身钣金件的切割方法**

①对接缝质量无严格要求的部位，如车身底板横梁、车架、骨架等，可选用氧-乙炔火焰进行切割。

②由于车身钣金件厚度较薄，为使割缝小一些，应选用小号割嘴。

③在接缝质量要求较高的部位，为保证组装尺寸的准确性，可使用钢锯或风动锯切割，尤其是断面尺寸不大的钣金件切割，如挡风窗窗框、车门立柱、门槛等，如图 7-31 所示为用风动锯粗切割；当断面尺寸较大的钣金件，如车身蒙皮、底板等，则用风动錾配合切割錾刀进行切割（图 7-32）。

**3. 钣金件拆卸后处理**

①当钣金件采用焊点或铜焊方法连接时，用角向砂轮磨光机磨去接口部位残留的焊接斑点。若用气割方法切割，对薄板件（如外蒙皮），切割后用钣金剪沿切口剪切，再用锉刀或角向磨光机去掉切口边缘的毛刺；对骨架、立柱、车架等较厚的钣金件，则直接用角向磨光机打磨修整。

②用钢丝刷、砂布等清除接口周围的铁锈、油漆保护层等。

③用手锤和抵铁配合，矫正接口边缘的弯曲、翘曲、皱叠等缺陷。

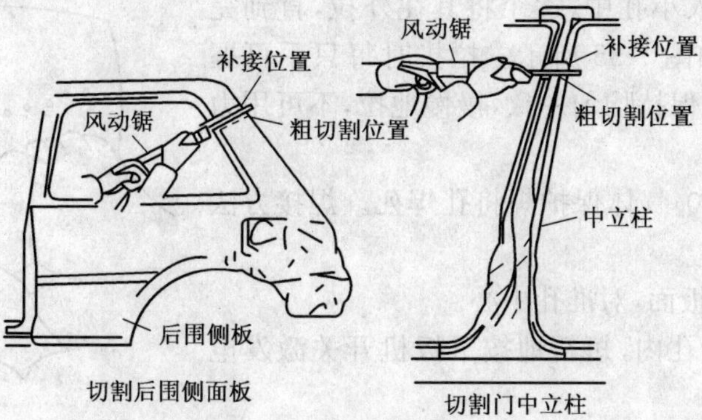


**图 7-31　用风动锯粗切割**

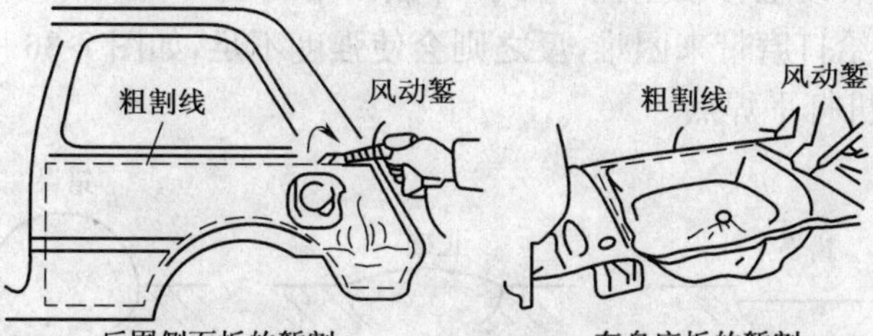


**图 7-32　用风动錾粗切割**

④对车身一侧钣金件同样进行上述处理，并进行检测、矫正、防锈处理。

## 二、钣金结构件的修复

### 1. 车门的就车修复

如果汽车车门外板被撞，就会出现一局部凹陷（如图 7-33 所示），可按下述方法对其进行就车修复。

（1）钻孔拉拔法

①在撞后出现的凹陷处或褶皱处用手电钻钻出一排小孔，如图 7-34 所示。孔径为 3.0～3.2mm，孔距可在 10～15mm 之间。一般情况下孔距要根据车身外板变形处的情况而定。

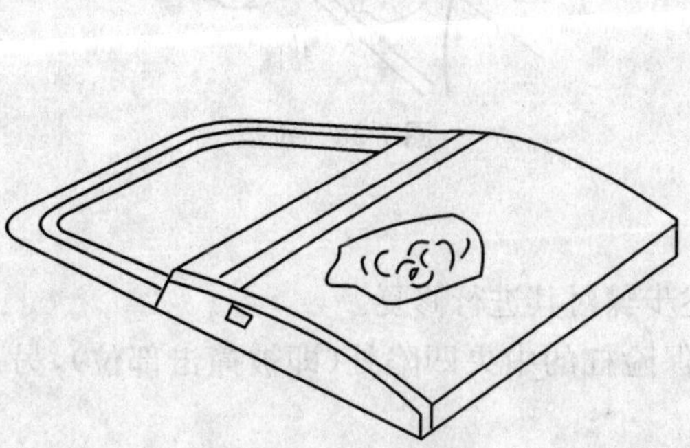

**图 7-33　车门凹陷**

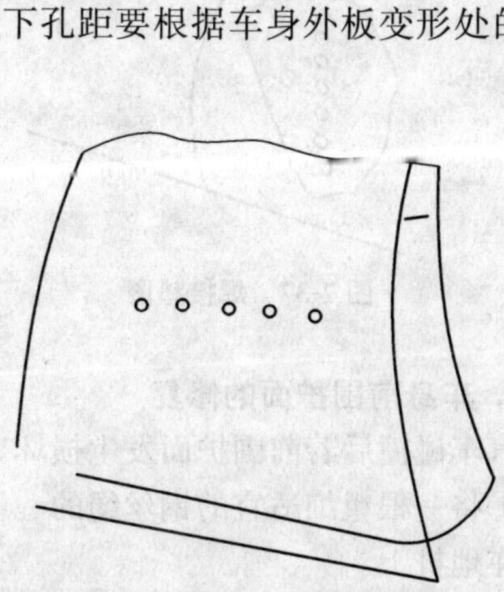

**图 7-34　在门板上钻出一排小孔**

②将牵引钩伸入小孔中，逐个将其往外拉，直到完全恢复原状为止，如图 7-35 所示。拉拔时每只手可握两个拉杆，两手用力保持均匀一致，慢慢地拉，不可用力过大。

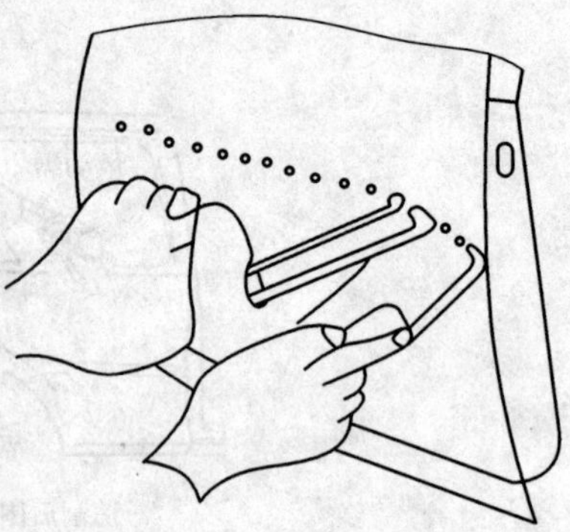

图 7-35　牵引拉出复位

③拉平后，用 $CO_2$ 气体保护焊将孔焊死。焊接方法如下：

a. 焊枪垂直于板面，对准孔中心。

b. 将焊丝插入孔内，短暂地按下扳机开关激发电弧，然后松开扳机。

c. 焊丝在孔内形成熔池，而后冷却凝固。若孔径较大时，焊枪沿孔周边缓慢地移动至孔中心。焊点以略高出板面为宜，过高将给打磨带来困难，反之则会使强度不足，如图 7-36 所示。

d. 用电动砂轮机打平焊点。

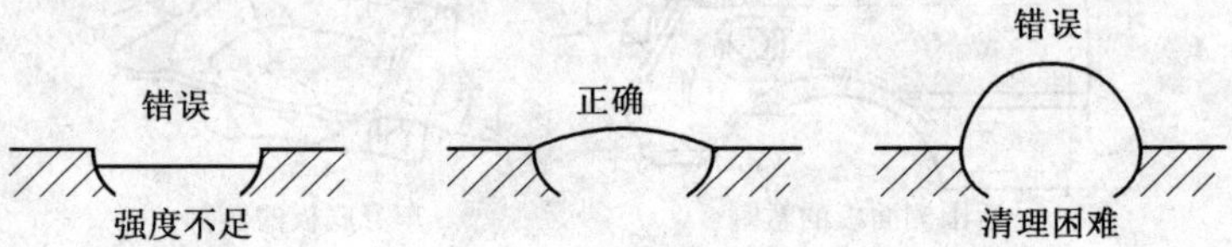


图 7-36　焊点样式

(2)撞锤拉拔法

①在钣金表面凹陷最严重的部位焊接一定数量的垫圈，如图 7-37 所示。

②用撞锤(拉杆)钩住垫圈进行拉伸，如图 7-38 所示。

③除掉垫圈，用砂轮机打磨平整。

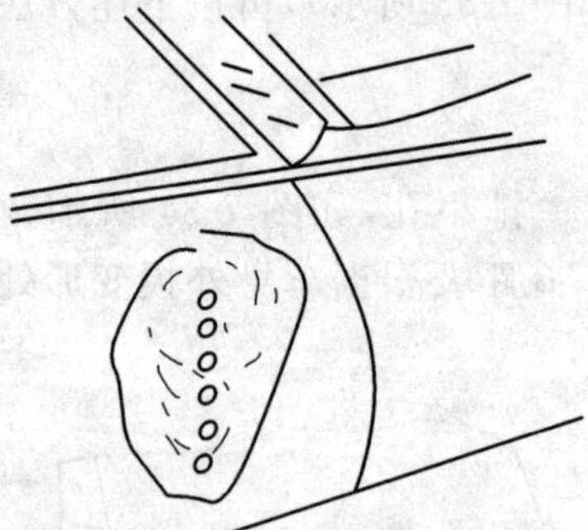

图 7-37　焊接垫圈

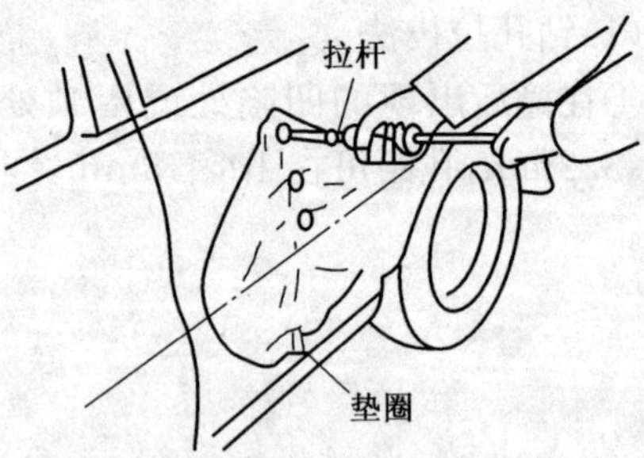


图 7-38　拉拔

**2. 车身前围护面的修复**

汽车碰撞后若前围护面发生损坏，可按下述步骤对其进行修复。

①将一根粗细适宜的钢丝绳的一端系在前保险杠的中央凹陷处(即被撞击部位)，另一端系在地桩上。

②发动汽车，缓缓倒车。若此车发动机已损坏不能发动，可用其他车辆往后拖。

③随着钢丝绳的牵拉，被撞弯曲的保险杠便可渐渐伸直。在拖拉的同时，用锤子随时敲

击保险杠弯曲部分的四周，以助伸展和定形。如有必要，还应先拆掉散热器、散热器罩及一些电器零部件，以防不必要的损坏。

④大凹陷被拉平之后，对于一些小的凹凸不平部分，可以借助锤子与垫铁进行手工平整。平整时，对一些相对凹陷较大的部位，可用垫铁顶在里边凹坑处，用铁锤敲击外边的凸起处，将其顶出。若顶出困难，可用氧-乙炔焊炬以碳化火焰加热，将凹坑顶出。

⑤当稍大些的凹坑被顶出后，尚会存在一些小的凸出点，这时可改用小号铁锤与垫铁配合，仍用上述方法进行敲击，便可将稍小的凸出部分敲平，如图 7-39a 所示。

⑥最后将垫铁与铁锤分别从里外对准一个点，对尚存的一些凹凸点很小的部分进行敲击，矫平，使整个工件全部平整，达到理想的修复状态，如图 7-39b 所示。

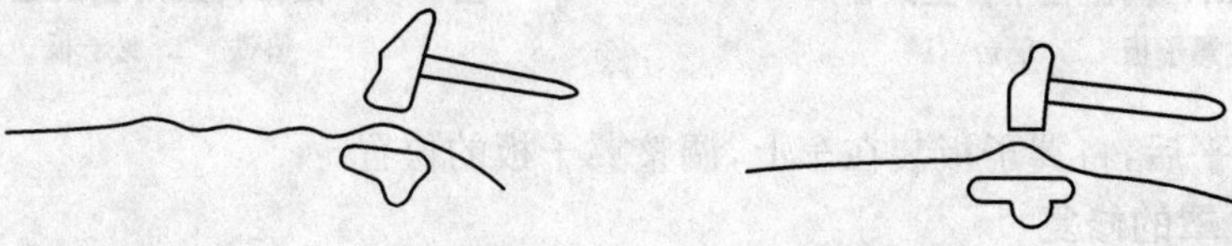

（a）对尚存在的小凸点进行敲击　（b）对最后的凸点进行敲击

**图 7-39　对工件进行最后的平整**

### 3. 翼子板的修复

翼子板正面严重碰撞，碰撞后塌陷与褶皱同时出现，可按下述步骤对其进行修复。

①拆下前照灯圈及灯座，将扁铁垫于前照灯孔内，使扁铁两端卡住灯孔的弯边。

②把钢丝绳的一端系在扁铁上，另一端系在地桩上。

③倒车自行拖拉，褶皱逐渐打开，仅余个别的小死褶未缓解。

④拆下前保险杠，拆开翼子板固定螺钉，卸下翼子板，如图 7-40 所示。

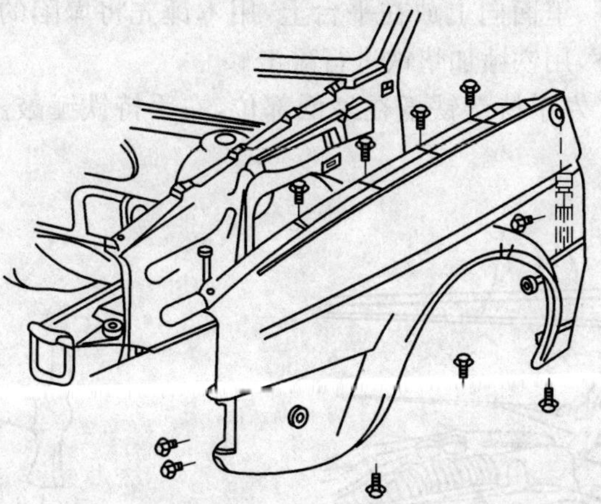

**图 7-40　拆卸翼子板**

⑤将翼子板放在平台上进行修整。

⑥用氧-乙炔火焰对死褶进行加热，并用撬具撬开。

⑦将翼子板凹面向上置于平台上，由翼子板里侧敲平活褶。每敲一处，须使平台起到垫托作用，即随时转动翼子板，如图 7-41 所示。

⑧将里侧基本敲平的翼子板翻转过来，即凸面向上，用垫铁垫在里侧，由外向里继续敲击，最终使褶皱完全展开，如图 7-42 所示。

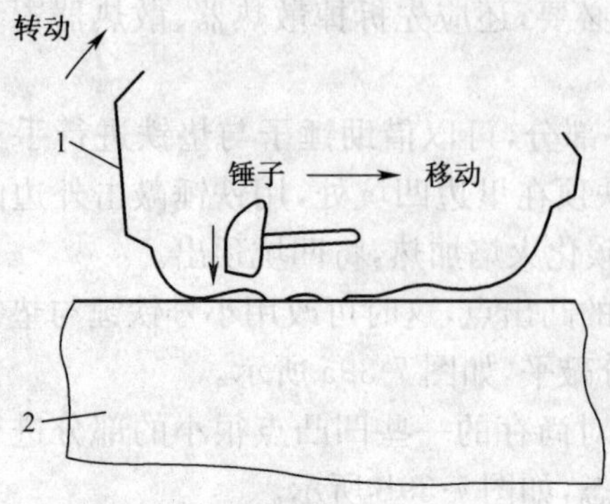


图 7-41　凹面向上在平台上敲击

1. 翼子板　2. 平台

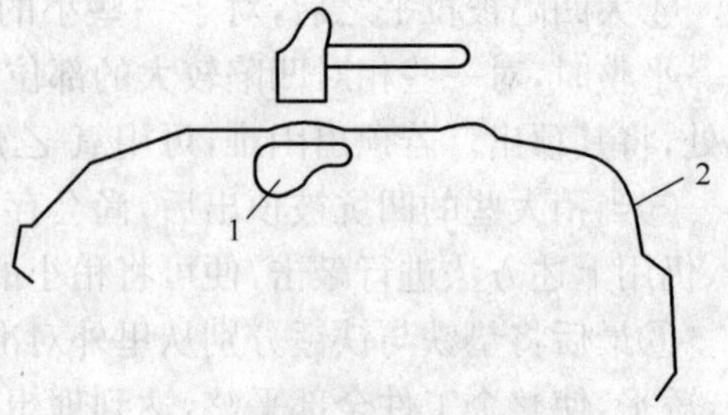


图 7-42　凸面向上用垫铁垫着敲击

1. 垫铁　2. 翼子板

⑨两面均敲平后，将翼子板装在车上，调整翼子板的位置。

**4. 发动机舱罩的修复**

汽车正面发生严重碰撞，使发动机舱罩出现拱曲、塌陷与皱褶等损伤，可按下述步骤对其进行修复。

①将挡风玻璃洗涤器喷嘴及软管拆离发动机舱罩。

②用旋具松开两个铰链上的紧固螺钉，如图 7-43 中的箭头所示，卸下发动机舱罩总成。

③用氧-乙炔火焰加热烘烤，用铲刀配合清除隔热胶。

④将内外板分离。首先用专用撬具将外板的包边撬开，使其与内板边缘逐渐分离一定的角度。然后再用锤与垫铁配合将外板的包边部分全部打开。如果边角外有焊点，可用扁铲剃开或用手提砂轮机磨开，尽量不用火焰切割，以防止变形。

⑤将外板表面向下、里面向上放在平台上，用木锤先将塌陷的大坑顶出。然后再翻过来，表面向上、里面向下，用铁锤加垫铁进行敲击。

⑥矫平整个工件。左手持垫铁抵在最低部位，右手持铁锤敲击附近的凸出部位，如图 7-44 所示。

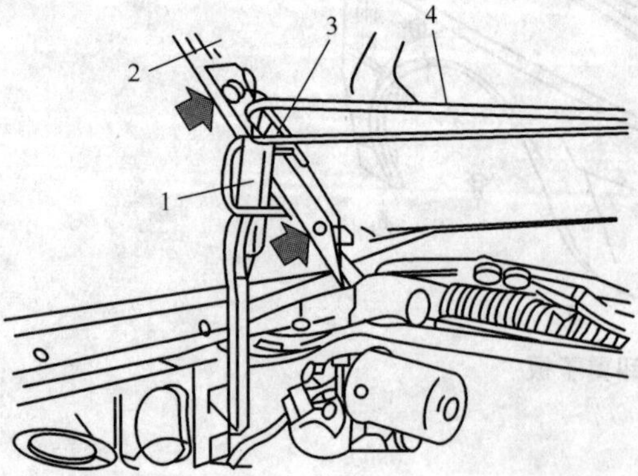


图 7-43　拆除发动机舱罩螺钉

1. 铰链　2. 发动机舱罩　3. 铰链垫片　4. 扭力杆

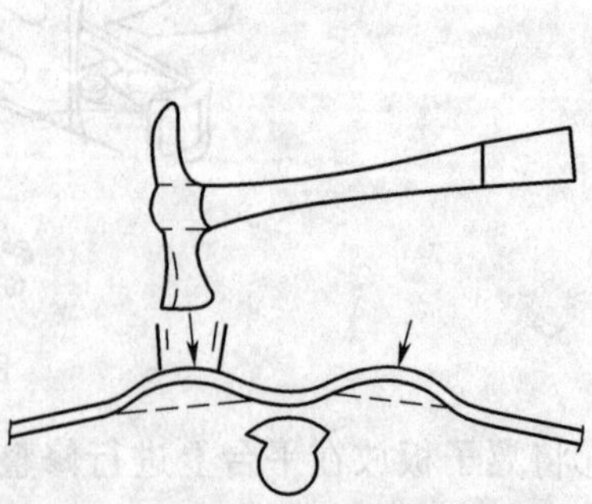

图 7-44　用铁锤和垫铁敲击

⑦对工件表面进行光洁处理。对铁锤与垫铁、撬棍等工具作业留下的凹凸不平的小痕迹，用车身锉刀进行最后的修复。

⑧修复内板。

⑨将内外板合成一体。在内板上涂一层隔热胶，将内板与外板按包边连接方式合成一体，即将外板的包边重新包住内板的边缘，四角处可用 $CO_2$ 保护焊点焊几点，以增加牢固度。最终，应使发动机舱罩达到原始状态。

⑩安装发动机舱罩总成上的各零部件，然后将后侧两个铰链固定，再将发动机舱罩总成放在车身原安装位置，拧好铰链紧固螺钉，将其与车身连接起来。

**5. 车顶的修复**

(1)就车修复

汽车车顶受到降落物撞击，造成车顶塌陷，可按下述方法对其进行修复。

①用旋具等工具卸下车顶压条、加强梁及其他相关零部件。

②逐步割断胶粘剂，并将绝缘材料取下来。

③将残留的胶粘剂清除干净。

④用千斤顶将大凹坑顶出，如图 7-45 所示。注意：千斤顶底部落到车厢地板上时须放平衡，并在千斤顶上端放一块面积较大的木块，以增加顶出面积，使顶出力均匀，避免由于顶出面积小而出现突出的凸包，反而增加修整量。也可采取前面介绍的拉拔法，即在车顶凹陷的中部钻几个小孔，穿上铁丝向上提拉。由于这时维修者是站在车顶上作业，故向上提拉用力不会很大。有时难以将凹坑拉出，这时可以借助于氧-乙炔火焰加热，边加热边提拉就容易多了。加热时应注意掌握火焰加热温度与加热面积，温度不要过高，面积不要太大，要按实际需要来定，否则会增加变形程度。

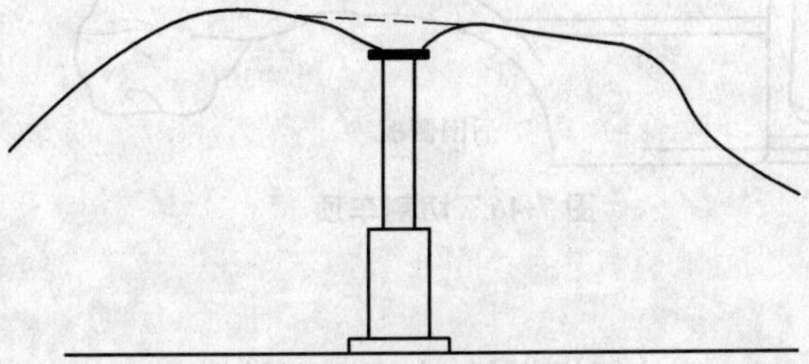

图 7-45　用千斤顶顶出凹坑

⑤经过顶出或拉拔后的车顶，可能会由简单的大面积单一凹陷变成小面积的凹凸不平。这时应用与撞击相反的顺序来进行修复工作。用垫铁与锤子相互配合修整小的凹凸点。

⑥矫平整个车顶。

⑦安装车顶加强梁、压条、车顶板、内饰件等。

(2)拆卸车顶修复

汽车发生严重撞击或翻车，造成车顶塌陷、扭曲或拱曲等不同程度的损伤，可按下述方法对其进行修复。

①拆除车顶板、内饰件及其他相关零部件。

②用风动锯切割车顶，如图 7-46 所示。切割车顶的原则：

a. 避重就轻。要求切口的位置一定要避开构件的强度支撑点，选择那些不起重要作用的位置切割，尽可能躲开一些备板、加强筋等位置。

b. 无应力集中。因应力集中会使构件发生意想不到的损坏，故切口的位置应尽量避开车身构件应力集中的区域。

c. 方便施工。选位还应考虑到切换作业的难易程度，如需要拆装的关联件的多少与难易程度，以及是否便于操作和可选切口的大小等。

d. 易于修整。构件割换后还需要对接口、焊缝等进行修整。若按修整工作量大小选择切口，就可以简化构件更换后的作业。如所选择的切口位于车身内、外装饰的覆盖范围内，其接口或焊缝表面处理就能简化。

③用砂轮机切割焊缝及钎焊区域，拆解构件。一般轿车车顶与车身支柱的连接是钎焊，通常用氧-乙炔焊炬熔化钎焊的金属来分离钎焊区域。

a. 用氧-乙炔焊炬使涂膜软化，用钢丝刷或刮刀将涂膜除掉，如图 7-47 所示。

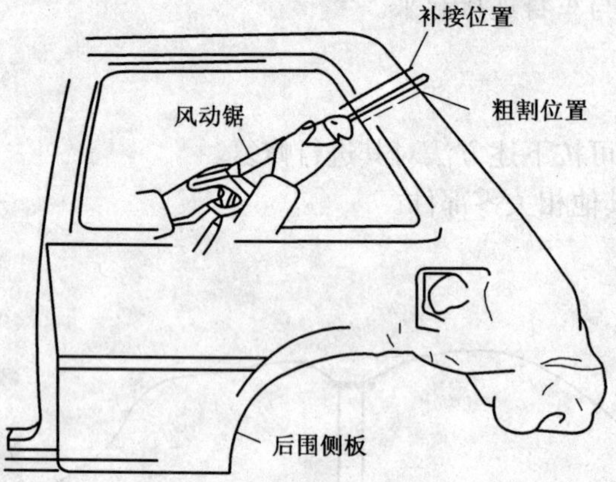


图 7-46　切割车顶

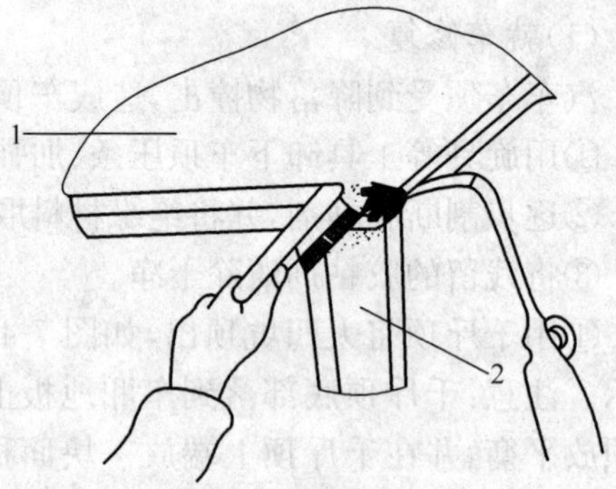


图 7-47　从钎焊区域清除油漆与焊料

1. 车顶　2. 支柱

b. 加热钎焊焊料，直到它开始熔化呈糊状，再快速将它刷掉。注意不要使周围的金属薄板过热。

c. 用一字旋具在两块板件之间插入，将板件分离，如图 7-48 所示。

d. 除去涂膜后，若确定连接是电弧钎焊，便采用砂轮机切除钎焊，如图 7-49 所示。然后将车顶与车围连接处切除，以更换板件。

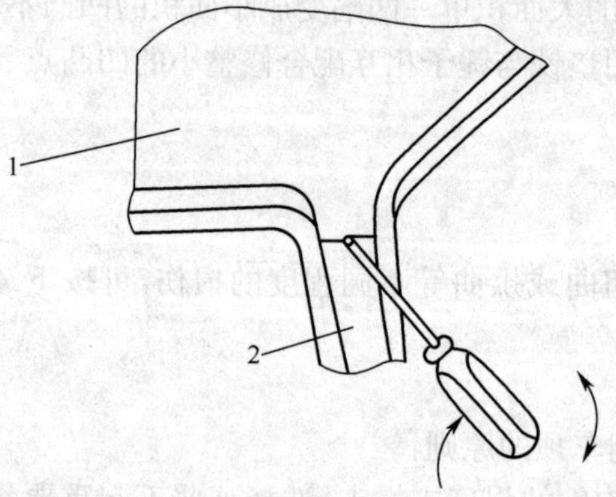


图 7-48　分离板件

1. 车顶　2. 支柱

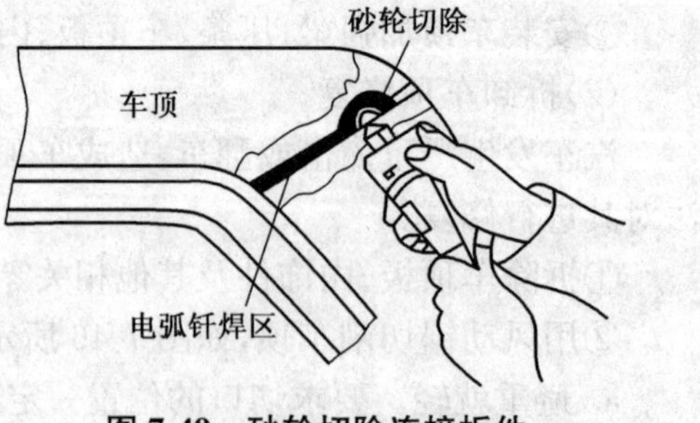


图 7-49　砂轮切除连接板件

④将更换的车顶置于车上并对正位置后，用夹钳固定，然后临时将其点焊在该位置。

⑤检查车身所有框架部位的尺寸和形状。所有尺寸和形状均准确后，将车顶牢固地焊接在该位置上。

⑥安装车顶加强梁、压条、车顶板、内饰件等。

**6. 后围护面的修复**

汽车尾部被撞凹陷,可按下述方法对其进行修复。

①拆卸后车尾部的附件,包括尾灯、牌照及其他电器附件。

②借助氧-乙炔火焰对保险杠凹坑处加热烘烤,趁热用撬具将凹坑顶出,如图 7-50 所示。注意:如果后保险杠为塑料类制件,则应用烤灯烘烤。

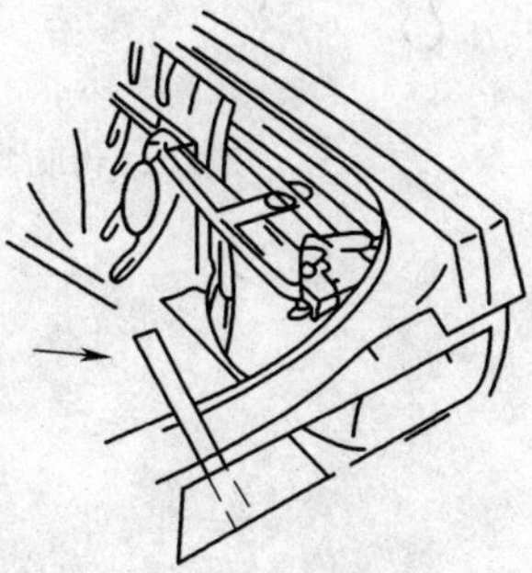

图 7-50　用撬具将凹坑顶出

③凹陷得到初步复位后,再用垫铁和锤子对尚未平整的凹凸变形做进一步的修整。

④用锤子渐渐敲平这些部位,直到恢复为原来的形状。

⑤用前面介绍过的拉拔法将后门框口的凹坑拉出,再借助撬具、修平刀、抵座与锤子,必要时用氧-乙炔火焰加热来配合修平。

⑥如果后门框口出现裂纹,可采用 $CO_2$ 气体焊进行修复。

⑦焊接完毕,用钢锉修平焊缝表面。

⑧修复完毕,进行后围尺寸测量与调整。

**7. 车门支柱的就车修复**

如图 7-51 所示,汽车侧围发生碰撞,造成前支柱、中支柱弯曲,可按下述方法对其进行就车修复。

①将侧围上的前、后两个损坏的车门拆掉,由于前翼子板也被撞击,也应一起拆下。

②用撑拉器从里边撑顶,同时拉拔前支柱,如图 7-52 所示,将前支柱拉回到原来的状态。撑拉器是一种矫正工具,可将压缩过的部位撑开,也可将扩大了的部位拉回。撑拉器一般有四种结构形式,如图 7-53 所示。撑拉器的中部通常是一根直径为 50～60mm、长度为 500～1100mm 的铁管,两端为正反螺母,丝杆直径为 30mm 左右。

③用撑拉器挂于中支柱和其他建筑物体上,如图 7-54 所示,将中支柱拉回原来的状态。

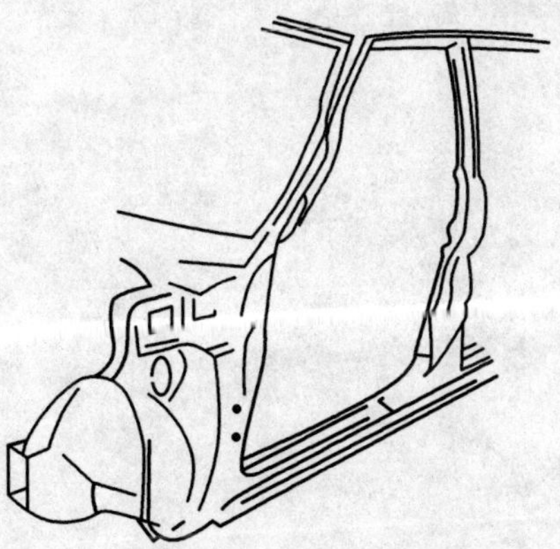

图 7-51　前、中支柱弯曲

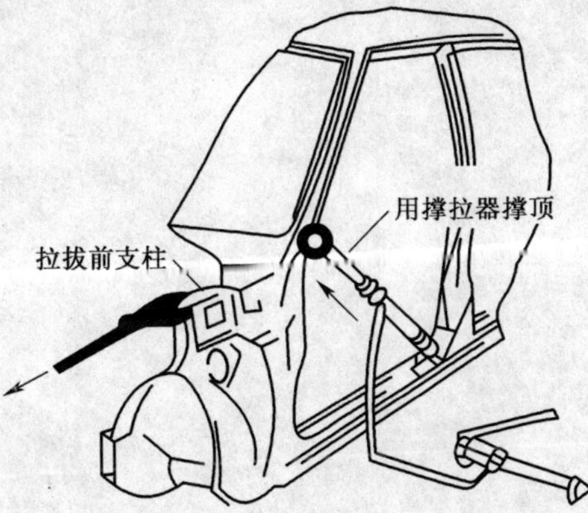


图 7-52　前支柱的撑顶修复

（a）钩顶式

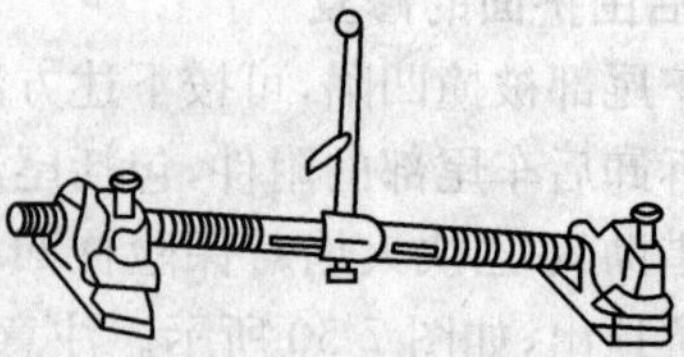

（b）夹挂式

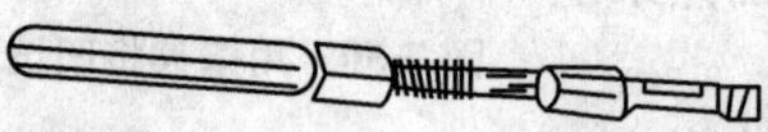

（c）螺旋千斤顶式

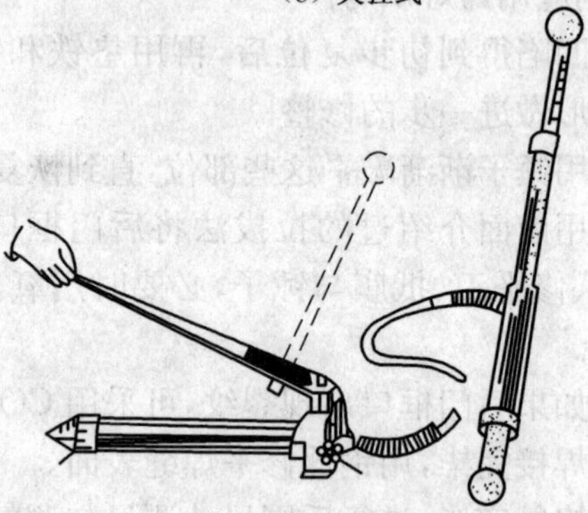

（d）液压千斤顶式

图 7-53 撑拉器

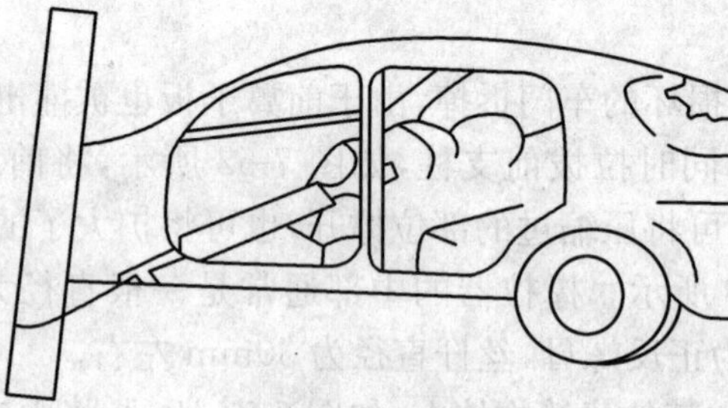

图 7-54 撑拉中支柱

# 第二篇 喷 漆 入 门

## 第八章 喷漆基本知识

### 第一节 岗位安全知识

#### 一、防火安全措施

**1. 涂料涂装过程中的防火措施**

①施工场地必须设置防火设备，应备足够数量的灭火器、石棉毡、沙箱及其他灭火工具。每个工作人员应会使用防火设备，懂得各种灭火方法。

②涂料涂装人员必须经过防火安全知识的教育培训，并经考试合格后方能从事涂料作业生产。

③涂料车间、工段、小组等必须建立严格的安全操作规程和防火制度，并随时检查贯彻执行情况，不能麻痹大意。

④涂料涂装场所，禁止吸烟、穿带铁钉鞋、化纤服装和严禁携带打火机、火柴等引燃之物。

⑤涂料车间需动火检修焊接时，必须先办理动火批准手续，批准后应停止涂料作业。动火前应先将作业场地 30m 以内的涂料垢及各种可燃物质清扫干净，涂料桶、涂料槽要加盖密封，其空气中有机溶剂蒸气浓度不得超过爆炸下限的 1/3，以防动火时引起火灾。

⑥涂料车间必须设立强力通风和抽风设备，自然通风条件要好。调配涂料房、喷涂室以及烘干室，除应设局部通风外，还应随时测定混合气体浓度，以防达到危险极限。如有火灾危险，立即关闭通风和抽风设备。

⑦涂料车间除了进行生产直接需要的材料外，不得积存大量易燃及可燃材料，以免引起火灾。

⑧涂料车间、调配涂料房、烘房等的门窗应一律向外开启。

⑨擦拭涂料用的沾污棉丝、棉布等物品应集中，并应妥善存放在储有清水的密封桶中，不要放置在暖气管或烘房附近，以免引起火灾。

⑩涂装操作时，应避免铁器之间敲打、碰撞、冲击、摩擦，以防发生火花而引起火灾。

⑪易燃物品，如涂料、稀释剂等，应存放在储藏柜内，施工场地不得储存。

⑫清洗工具用的稀释剂，应集中存放，不得倒入下水道或随意乱倒。

**2. 涂料涂装过程中的电气防火措施**

①各种电气设备，如照明灯、电动机、电器开关等，都应使用防爆型电器，并应设在专门的配电间，有专人定期检查和维修，防止漏电和产生电火花而引起火灾。

②涂料作业场所的电气设备，必须由专职电工进行安装或维修。在安装检修电气设备时，应停止涂料作业。

③凡是喷涂设备，如喷涂柜、抽风机、喷枪、传送带等，均应安装接地装置，其接地电阻不应大于 10Ω。各种送电闸刀、配电盘、断路器等，最好安装在室外和安全地点。

④在静电喷涂中，为确保防火安全，电压不得高于 8 万 V 以上，喷枪与涂件距离不得少于 250mm，以免电压过高或喷距太近产生放电引起火灾。

**3. 涂料涂装过程中的烘烤防火措施**

①严禁使用有电阻丝外露的电烘箱、烘房等烘烤涂料，应用蒸气、热风、自动烘干机等进行烘烤。若采用红外灯烘烤时，应将红外线灯固定在壁盒内，外面要加玻璃罩保护，以防漏电，造成火灾。

②烘烤涂膜件时，不要急于放入烘烤设备，以防刚喷好涂料中的大部分溶剂的蒸气散布在烘箱里，遇高温造成火灾或爆炸事故。

③在烘箱烘烤涂膜时，必须开动鼓风机，以使溶剂蒸气不致积聚在烘箱内而达到爆炸极限浓度。如果烘箱无鼓风装置，可延长室外晾放时间，使溶剂充分挥发。

④大型烘箱、烘房应在其顶部装设通风管，并在适当位置装防爆门。如 $15m^3$ 的烘房或烘箱，至少应有 $1m^2$ 的防爆门面积，以供事故时起泄压作用。

⑤应控制烘烤温度不得高于该涂料中溶剂的自燃点，以防引起自燃。

## 二、防毒、防爆措施

**1. 涂料涂装过程的防毒措施**

①在施工过程中，涂料所散发出的大量有机溶剂，超过允许含量时，吸入人体会对人的神经系统有刺激和破坏作用，长期吸入挥发性蒸气和接触溶剂，往往会引起慢性中毒。因此，车间内必须具有良好的通风、防毒、除尘等设备，力求降低空气中溶剂蒸气，减少有害气体对人体的伤害。

②操作人员要注意清洁卫生，饭前洗手，下班淋浴。不要在涂装场所吃食物，操作后要用肥皂水洗脸，换衣服。涂装完毕后可用木屑加肥皂水或软泥加洗衣粉等代替有机溶剂洗手，以减少对皮肤的刺激作用。工作服要勤换洗，经常更换失效口罩。

③若皮肤上沾有涂料时，不要用苯擦洗，要用专用洗手膏、去污粉、肥皂及少量松香水等混合物擦洗，再用清水冲洗干净。

④在打磨含铅颜料的旧漆膜时，容易将粉尘吸入人体，引起慢性铅中毒。如沾有粉尘时，应在工作完后立即冲洗干净。

⑤聚氨酯漆中含有游离异氰酸根，氨固化环氧涂料用乙二胺、二乙烯三胺等，均能引起中毒，所以使用时一定要采用预防措施，严禁吸入或与皮肤接触。

⑥在室外喷涂施工时，操作者最好站在上风向，改善涂装环境，加强排风，以免吸入毒物。

⑦在喷涂室涂装时，应安设排风扇或其他机械排风，同时要戴防毒面具操作。还可以采

用水淋除涂料雾，进一步解决涂料雾对风扇和马达以及周围环境的影响。

⑧在大型物体内部（如客车、罐车、船舱等）涂装时，必须佩带防毒面具、橡胶手套、工作服、脚盖等防护用具。内部涂装施工时间每次控制在30～40min，最长不超过1h，否则应换人施工。

⑨控制涂装场所有害气体浓度降到最高允许浓度以下，常用溶剂容许极限浓度如表3-3所示。

⑩对于红丹防锈涂料含铅等有毒性颜料的涂料品种(包括防污涂料)，涂装时要采用刷涂，不要喷涂，以免飞沫吸入呼吸道引起中毒。

**2. 中毒治疗措施**

以苯类溶剂中毒的治疗为例。

①急性苯中毒治疗措施。在喷涂涂装中，如果涂装人员发生精神欣快、眩晕、头痛、恶心、疲劳、抽搐、麻痹、不省人事、瞳孔放大、对光反应消失等症状时，说明是急性苯中毒，应立即将患者移至空气新鲜场所，使总者呼吸道通畅，保持环境安静，并给予氧气吸入，经过急救可使患者恢复正常。如中毒较严重，应及时送往医院治疗，使患者尽快恢复。

如果苯溶剂溅入眼内，应立即用清水彻底冲洗，并可局部用金霉素眼膏等。如处理后患者感到视力减退、模糊、复视或局部出血，应及时送眼科治疗。

②慢性苯中毒治疗措施。可用西药药物治疗或其他方法治疗。

### 三、涂装施工过程中的劳动保护

①操作人员应穿戴防护较好的工作服、工作帽、工作鞋、手套，尽量减少身体的裸露。工作服应选用抗静电的材料，以防止静电聚集所造成的静电火花，引起爆炸或火灾。工作服用完后应放在铁皮工具箱中。

②在有良好通风的喷涂设备中工作时，也应戴好口罩。在没有良好通风的喷涂设备中施工时，应戴有通风的供气式防毒面罩。无论在何地工作，都应戴好防护眼镜。

③为防止涂料玷污皮肤后阻止毛孔的排泄，或使涂料中有毒物质由毛孔进入人体内，造成慢性中毒，在工作前可涂防护油膏或凡士林。

## 第二节 喷 漆 知 识

### 一、涂料

**1. 什么是涂料**

涂料是涂于物体表面能形成具有保护、装饰或特殊性能的固态涂膜的一类液体或固体材料的总称。

**2. 涂料的组成**

汽车涂装所用的涂料一般由四种基本成分组成：颜料(包括体质颜料)、成膜物质(树脂)、溶剂和辅助材料(添加剂)。

**3. 涂料的分类**

①按涂料基料中主要成膜物质为基础分类。根据成膜物质为基础的分类方法，将涂料

产品分为17大类，见表8-1。

**表8-1 涂料分类表**

| 序号 | 代号 | 类别 | 主要成膜物质 |
|---|---|---|---|
| 1 | Y | 油脂漆类 | 天然植物油、清油(熟油)、合成油 |
| 2 | T | 天然树脂漆类 | 松香及衍生物、虫胶、乳酪素、动物胶、大漆及衍生物 |
| 3 | F | 酚醛树脂漆 | 改性酚醛树脂、纯酚醛树脂 |
| 4 | L | 沥青漆类 | 天然沥青、石油沥青、煤焦沥青 |
| 5 | C | 醇酸树脂漆 | 甘油醇酸树脂、季戊四醇醇酸树脂，其他改性醇酸树脂 |
| 6 | A | 氨树脂漆 | 脲醛树脂、三聚氰胺甲醛树脂、聚酰亚胺树脂 |
| 7 | Q | 硝基漆类 | 硝基纤维素、改性硝基纤维素 |
| 8 | M | 纤维素漆类 | 乙基纤维、苄基纤维、羟甲基纤维、醋酸纤维、醋酸丁酸纤维、其他纤维及醚类 |
| 9 | G | 过氧乙烯漆类 | 过氯乙烯树脂、改性过氯乙烯树脂、 |
| 10 | X | 乙烯漆类 | 氯乙烯共聚树脂、聚醋酸乙烯及其共聚物、聚乙烯醇、缩醛树脂、聚二乙烯乙炔树脂，含氟树脂 |
| 11 | B | 丙烯酸漆类 | 丙烯酸树脂，丙烯酸共聚物及其改性树脂 |
| 12 | Z | 聚酯漆类 | 饱和聚酯树脂，不饱和聚酯树脂 |
| 13 | H | 环氧树脂漆类 | 环氧树脂、改性环氧树脂 |
| 14 | S | 聚氨酯漆类 | 聚氨基甲酸酯 |
| 15 | W | 元素有机漆类 | 有机硅、有机钛、有机铝等元素有机聚合物 |
| 16 | J | 橡胶漆类 | 天然橡胶及其衍生物、合成橡胶及其衍生物 |
| 17 | E | 其他漆类 | 未包括在以上所列的其他成膜物质 |

除了涂料外，在涂装施工中不可缺少的是辅助材料类，如：稀释剂、催干剂、防潮剂、脱漆剂、固化剂等。辅助材料的分类见表8-2。

**表8-2 辅助材料分类**

| 序号 | 代号 | 名称 | 序号 | 代号 | 名称 |
|---|---|---|---|---|---|
| 1 | X | 稀释剂 | 4 | T | 脱漆剂 |
| 2 | F | 防潮剂 | 5 | H | 固化剂 |
| 3 | G | 催干剂 | | | |

②按固化机理分类。分为溶剂挥发型、化学反应型。

③按涂料的组成中是否含有颜料分类。

a. 清漆：涂料的组成中，没有颜料或体质颜料的透明体，称为清漆。

b. 色漆：涂料的组成中，加有颜料和体质颜料的有色漆，称为色漆。

c. 腻子：加有大量体质颜料的稠厚浆状体，称为腻子，学名为原子灰。

④按溶剂构成情况分类。分为无溶剂涂料、溶剂涂料和水性涂料。

除了上述的涂料分类法外，另外还有其他的分类方法。如按施工方法分，有刷漆、喷漆、烘漆、电泳漆、粉末涂装漆等；按涂料作用分，有底漆、面漆、罩光漆、腻子等；按涂料作用效果分，有绝缘漆、防腐漆、防锈漆等。

**4. 涂料的命名**

涂料的名称由颜色或颜料的名称、成膜物质的名称、基本名称等三部分组成，即：

涂料全名＝颜色或颜料名称＋成膜物质名称＋基本名称

**5. 涂料的型号**

为了区别同一类型的各种涂料，在涂料名称之前必须加有型号。

①涂料的型号由三部分组成，即一个汉语拼音字母和两组阿拉伯数字。字母表示涂料类别，前面一组阿拉伯数字表示产品的基本名称，后面一组阿拉伯数字则表示涂料产品序号，见表 8-3。用以区别同一类型的不同品种，前后两组阿拉伯数字之间加一短横线使基本名称代号与序号分开。例如：

M 20-2

序号

基本名称（铅笔漆）

涂料类别（纤维素漆类）

**表 8-3　涂料产品序号代号**

| 涂料品种 | | 序号代号 | |
|---|---|---|---|
| 清漆、底漆、腻子 | | 自干 | 烘干 |
| | | 1-29 | 30 以上 |
| 磁漆 | 有光 | 1-49 | 50-59 |
| | 半光 | 60-69 | 70-79 |
| | 无光 | 80-89 | 90-99 |
| 专业用漆 | 清漆 | 1-9 | 10-29 |
| | 有光磁漆 | 30-49 | 50-59 |
| | 半光磁漆 | 60-64 | 65-69 |
| | 无光磁漆 | 70-74 | 75-79 |
| | 底漆 | 80-89 | 90-99 |

②辅助材料的型号由两部分组成，即一个汉语拼音字母和 1～2 位阿拉伯数字。字母表示辅助材料的类别，数字为序号，用以区别同一类型的不同品种，字母与数字之间加一短横线。例如：

X - 1

序号

辅助材料类别（稀释剂）

但是，由于各国对涂料制定的标准不一样，名称及型号的含义也有所不同，使用时一定要仔细阅读涂料说明书。

## 二、底漆

**1. 何谓底漆**

底漆是直接涂覆于施工物体表面的涂料，它是工件表面的基础用料，既是腻子层中间的用料，又是底层涂料与面漆连接的用料。它的作用一是防止金属表面的氧化腐蚀，二是增强金属表面与腻子（或面漆）、腻子与面漆之间的附着力。

**2. 底漆的分类**

底漆根据其使用目的的不同可分为：头道底漆、头二道合用底漆、二道底漆、表面封闭底漆等。

## 三、中间涂层

**1. 何谓中间涂层**

中间涂层是介于底漆与面漆之间的涂层，所用的涂料简称中涂。中涂的主要功用是提高被涂物表面的平整和光滑度，封闭底漆层的缺陷。一般载重汽车和轻型车，几乎不喷中涂，以降低涂装成本。对于装饰性要求高的中、高级轿车，则需采用中涂。

**2. 中间涂层的分类**

国外汽车生产厂的中间涂层涂料一般分为通用底漆、腻子、二道浆、封闭底漆。而国内汽车修补漆则根据涂料的功能分为腻子、二道浆、封闭底漆，将通用底漆并入二道浆中。

（1）通用底漆

通用底漆又称底漆二道浆，它可直接涂布在金属表面，具有底漆的功能，又具有一定的填平能力。一般用“湿碰湿”工艺涂布两道，以代替底漆和二道浆，达到简化工艺的目的。

（2）腻子

腻子是由大量的填充料以各种涂料为粘结剂所组成的一种黏稠的浆状涂料，用途是用来填嵌工件表面的凹陷、气孔、裂纹、擦伤等缺陷，以取得均匀平整的表面。虽然腻子可改变整个涂层的外观，但往往会在一定程度上降低涂层的机械强度和防护能力，所以尽量不用腻子或少用腻子。

（3）二道浆

又称喷涂腻子或二道底漆。它的功用介于通用底漆和腻子之间，是用于底漆或腻子之上，面漆之下的过度涂料层，遮盖表面的针孔、打磨痕迹等，以保证面漆的平整性。

（4）封闭底漆

它是涂面涂前的最后一道中间涂层涂料。其漆基含量介于底漆和面漆之间，涂膜光亮。漆基一般是由底漆所用的树脂配成。

## 四、腻子

腻子又叫填泥，它是在成膜物质中加入大量的体质颜料以及适量的颜料、催干剂和溶剂调制而成的一种厚浆状物质。它容易干燥，干后坚硬，能耐砂磨。

腻子用在已涂底漆的物体表面上，以填平汽车车壳及部件表面凹坑、焊缝及擦伤等缺陷，经过一层层涂刮及打磨直至形成平整光划的表面。腻子必须具有一定的硬度和韧性。本身的结合力、与其他涂层的附着力要好，能自干或烘干，打磨性好，能用砂纸打磨成平整而有一定粗糙度的表面。使用腻子时，应考虑与底漆和面漆配套。

## 五、面漆

**1. 何谓面漆**

面漆是喷涂在整个涂层最外面的一层涂料。由于其直接与光、水、气接触,又要满足美观的需要,所以对面漆提出更严格的要求。

**2. 汽车涂装常用面漆的分类**

常用面漆一般分为溶剂挥发型、氧化固化型、热固化型、双组分固化型、催化固化型。

# 第三节 常用工具及设备使用

## 一、喷漆室与烤漆房

**1. 喷漆室应具备的工作条件**

①能防止尘埃等赃物混入喷漆室。

②能较完全的清除漆雾、溶剂等有碍人体健康的有机物质。

③喷漆室的噪声不允许超过85dB,如果室内噪声过大,将分散操作人员的注意力,心情烦躁,影响工作质量。

④为了实现精确配色,喷漆室内要求采用“消色差”灯光,这样才能提供纯粹的中性光(因为不同类型的光线照射下涂料颜色的色光有所不同,如白炽灯光使颜色明显发红)。

⑤符合涂料厂安全防火的通则。

**2. 喷漆室的分类**

喷漆室按去除漆雾和防止灰尘混入的方式可分为干法和湿法两大类,具体品种有干式喷漆室、喷淋式喷漆室、水帘式喷漆室、文式喷漆室及水旋式喷漆室等。

①干式喷漆室仅仅适合单件、小批量施工。

②在湿式喷漆室中,喷淋式属于比较老式的结构,现在已逐渐被其他湿式喷漆室所取代。

③水帘式处理漆雾的效果较好,通常用于中等工件的施工。

④车身涂装修理中常用的喷漆室有文式和水旋式两种。水旋式喷漆室示意图如图8-1所示,文式喷漆室示意图如图8-2所示。

**3. 烤漆房的作用**

烤漆房可以加快工件的干燥、固化,保持工作环境更干净。对腻子、底漆和封闭漆的强制干燥,可缩短各操作工序之间的等待时间,提高工作效率和工件质量。

**4. 烤漆房的类型**

(1)根据干燥方式分

热空气对流干燥、红外线辐射干燥、紫外线干燥等类型。

(2)根据温度范围分

①a类,15℃～38℃。不少小规模的修配厂将喷漆间也当成烘房,汽车涂装后放置在这里,直到表干。

②b类,38℃～83℃。采用红外加热方式的烤漆房。红外加热方式具有较高的发热效

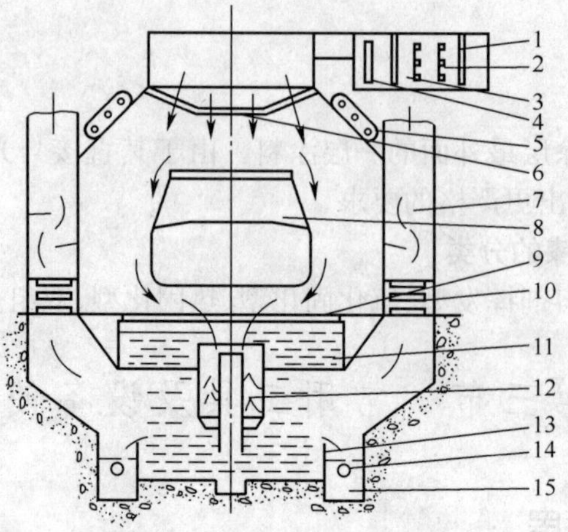


**图 8-1 水旋式喷漆室示意图**

1. 粗过滤 2. 水过滤 3. 中过滤 4. 暖风 5. 灯 6. 精过滤 7. 挡板 8. 工件 9. 栅板 10. 气水分离器 11. 上水槽 12. 水旋器 13. 循环水 14. 水管 15. 下水槽

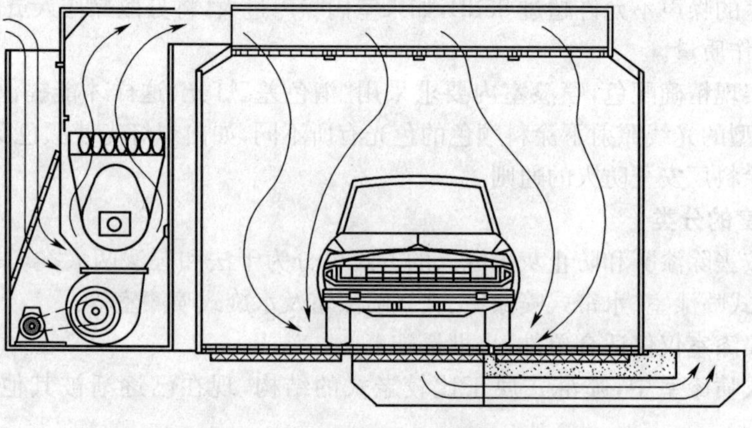

**图 8-2 文式喷漆室的示意图**

率，特点是干燥速度快，可使涂膜坚硬、光亮，提高质量和工效。这一类烘房由于温度适中，可以将涂膜的干燥时间从 1 天缩短为 30～45min。若提高温度到 85℃以上，则有可能对汽车特别是高级轿车造成不良影响。

③c 类，≥84℃。在修补行业中，这种类型不太常用。其主要原因是如果温度高于 90℃，有可能引起以下事故：汽车发动机内的汽油起火、爆炸；汽车内的部分塑料零件软化、变形；润滑油变稀流淌，污染汽车其他部件。

**5. 红外线辐射干燥式烤漆房**

红外线辐射式烤漆房如图 8-3 所示，采用红外线辐射干燥（即 b 类，38℃～83℃），由于优点较多，被广泛使用，其内部结构如图 8-4 所示。

这一类烘房的投资不大，绝大部分采用红外加热灯管作为热源。所采用的红外灯管灵活多变，如图 8-5 所示。汽车修配厂既可要求涂装设备制造商将红外灯管设计为一个方阵，如图 8-6 所示，构成一个真正的烘房，以对整车进行烘烤。如有必要，也可以只设置 1～2 个

图 8-3　红外线烤漆房

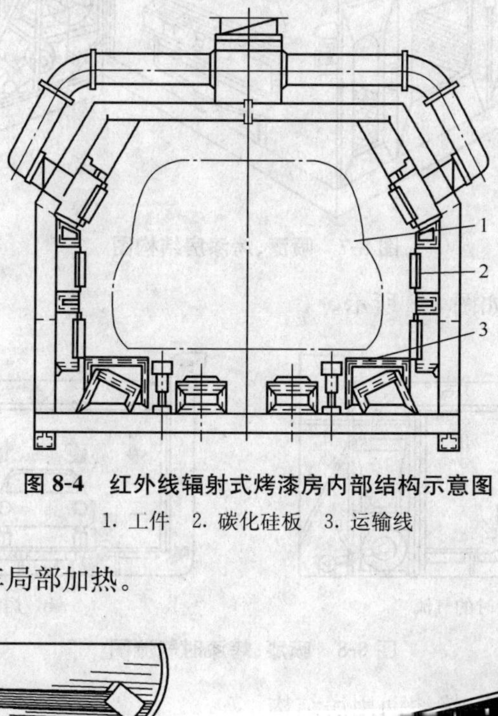


图 8-4　红外线辐射式烤漆房内部结构示意图

1. 工件　2. 碳化硅板　3. 运输线

红外灯管,使其只对汽车局部加热。

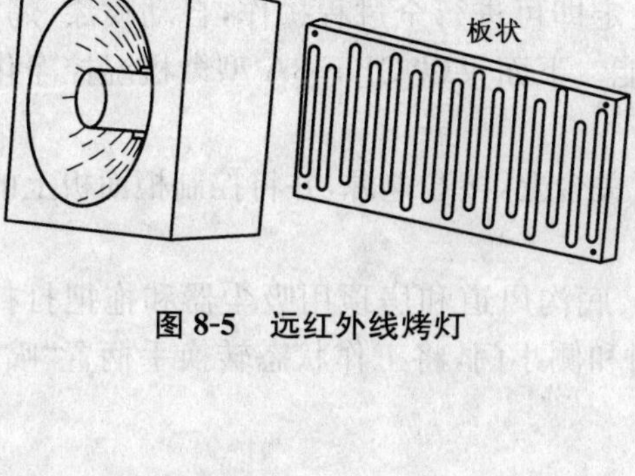


图 8-5　远红外线烤灯

图 8-6　红外灯的排列

**6. 喷漆、烤漆两用房**

(1)特点

使用喷漆、烤漆房后，在喷漆时不受任何天气限制，能保持 20℃～40℃自动恒温，在进气管内，装有特厚工道隔坐滤网将空气中尘粒等杂物滤去，喷漆表面不染灰尘。

(2)结构及房体空气的流动特点

喷漆、烤漆房的结构如图 8-7 所示。它由双离心式抽气机、连接风槽，金属排风地台网，房体及控制器组成。

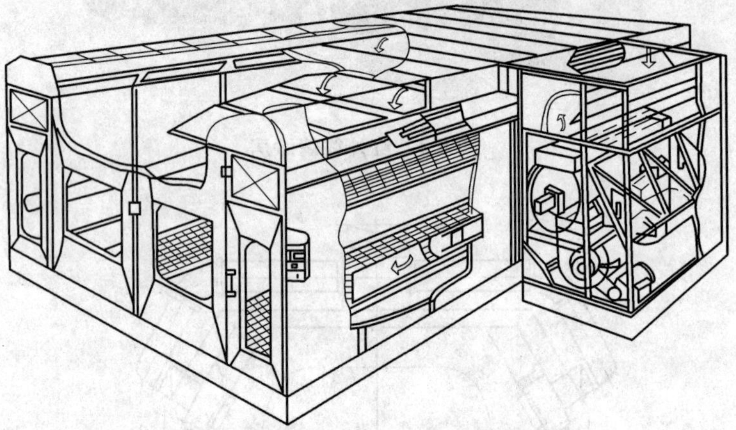

**图 8-7 喷漆、烤漆房结构图**

喷漆、烤漆时气流图如图 8-8 所示。

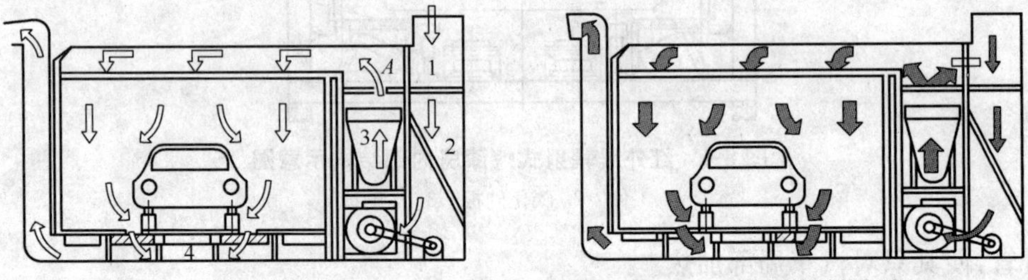


(a) 喷漆时的气流　　(b) 烤漆时的气流

**图 8-8 喷漆、烤漆时气流图**

(3)热空气对流式喷漆、烤漆两用房结构

图 8-9 所示为热空气对流式的喷烤两用房结构示意图。

(4)正确使用方法

喷漆、烤漆一般实行全自动控制，具有一次设定即可进行全过程操作，自动喷漆、烤漆、恒温、自动开关机，自动延时流平，自动计时等功能。下面仅以 QKF-3A 型微机温控净化汽车喷漆、烤漆房的操作使用，作一介绍：

①喷漆过程。喷漆时将控制柜左侧的空气开关合上，接通电源，并将控制柜面板上的照明开关合上，接通日光灯。

为了提高喷漆质量，喷漆前应将烘房内地面、底沟风道和房顶用吸尘器和拖把打扫干净，将打磨好清洗干净的汽车开进房内，关闭大门和侧小门，将工作状态转换手柄置“喷漆”

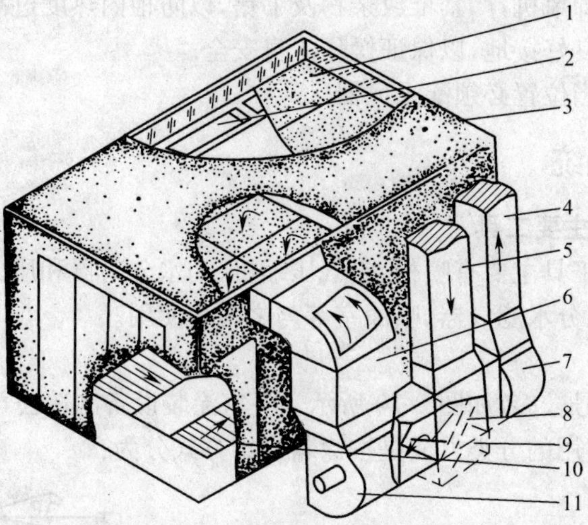


**图 8-9　热空气对流式喷烤两用房**

1. 顶部过滤网　2. 日光灯　3. 房体　4. 排气管　5. 进气管　6. 加热器　7. 排风机　8. 工作状态选择活门　9. 二次过滤网　10. 底沟　11. 进气机

位置。按下控制柜面板上的进风电机和排风电机的红色按钮，进排风机开始送风、排风。

调整进风道和排风道风门开度的大小，使控制柜面板上压力表的示值在＋4～＋10Pa之间，操作者从侧小门进入房内，并关闭小门，然后开始喷漆。如喷雾飘浮不沉，可再调节各风门开度，直至喷雾下沉为止。如无论怎样调节各风门开度均无济于事，则应检查各处的无纺布滤网是否已被涂料堵塞而不透气，特别是进排风口处的滤网最易堵塞。必要时应予以更换。

喷漆结束后，操作人员退出烘房，重新关闭侧小门，并按下控制柜面板上的排风电机的红色按钮，切断排风电机电源。

②烘漆过程。将工作状态转换手柄置“烘漆”位置。按下控制柜面板上部微机电源的绿色按钮，根据面板上的显示器显示，再按一下“启动”按钮，设备即进入烘漆状态。此时，计算机自动将温度置成 25℃，时间置成 80min，打印机自动打印出表头。如果自动设置的温度和时间不适合，则可进行重置，重置步骤如下。

需要注意的是：如欲预置的时间为两位数，即小于 100min，则按时间柜内的“设定”，键后，应先按“0”键，如 90min，按键顺序为 0～90。结束烘漆有两种方式：一种为预置的时间完成时，计算机自动切断控制电路的电源，不再继续加热；另一种为随时按“结束”键，切断控制电路的电源，结束加热无论采取哪种方式，打印机都会打印出表尾，操作人可将纸带裁下，填上表头和表尾的内容，然后存档。

(5)使用喷漆、烤漆房的安全措施及注意事项

①烤漆房及控制柜不得受潮，否则将会导致烘干房进水，生锈和电路故障。

②烤漆房的周围环境必须保持清洁无灰尘。

③烤漆房每次使用前必须用拖把和吸尘器将地面及顶棚打扫干净。

④底沟中不准存水，要保持干燥清洁。

⑤严禁将清洗喷枪的废液喷洒在底沟里。

⑥控制顶部为冷却风机，严禁堆放杂物及书籍，以防柜内热度过高，造成器件的损坏。

⑦控制柜外壳要良好接地，以保证操作人身安全。

⑧烤房周围的适当位置必须配采风器。

## 二、空气喷涂系统

### 1. 空气喷涂系统主要工具

空气喷涂系统的工具主要有喷枪、空气压缩机、油水分离器和压力调节组、输气软管等，另外还需空气清洁器、分水滤气器、喷漆室等与之配套使用。

### 2. 喷枪的分类

喷枪的种类和型号较多，如图 8-10 所示。各家涂装设备制造公司的命名方法和分类虽然有所不同，但是最常用的分类方法是按涂料供给方式分为：

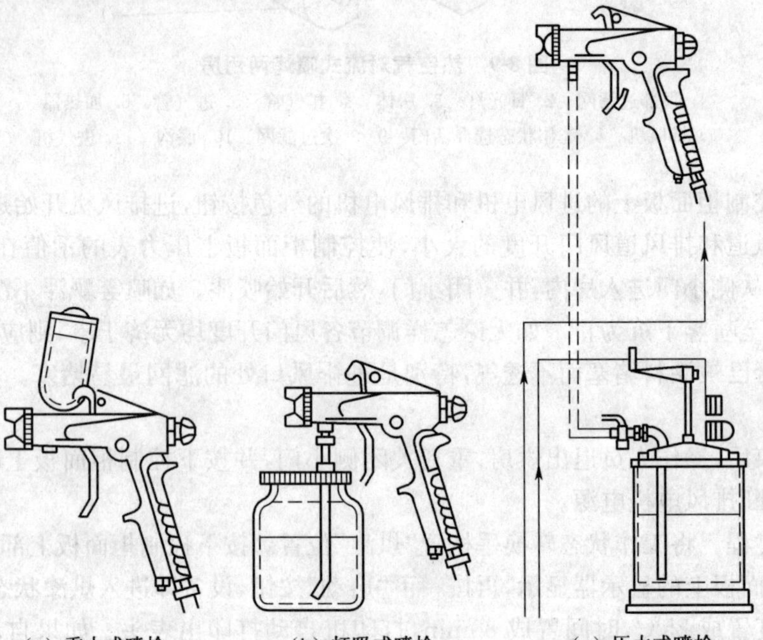

(a) 重力式喷枪　(b) 虹吸式喷枪　(c) 压力式喷枪

图 8-10　喷枪的分类

(1)重力式(也称上壶式)喷枪

见图 8-10a，重力式喷枪的涂料杯位于喷枪喷嘴的后上方，喷涂时利用涂料自重及涂料喷嘴尖端产生的空气压力差使涂料形成漆雾。此类喷枪涂料杯内涂料黏度的变化对喷出量影响小，而且杯的位置可由漆工任意调节，但是它的容量较小(约 0.5L)，仅适用于小物件涂装，且随着杯内涂料的减少，喷涂稳定性降低，同时不宜仰面喷涂。

(2)虹吸式(也称下壶式、吸上式、吸力式)喷枪

见图 8-10b，虹吸式喷枪的涂料杯位于喷枪嘴的后下方，喷涂时利用气流作用，将涂料上吸，并在喷嘴处由压力差而引起漆雾。此类喷枪喷涂时出漆量均匀稳定，大面积喷涂时可换掉料杯，而采用抽料皮管直接从容器中抽吸涂料连续工作，但当黏度变化时易引起喷出量的变化。

(3)压力式喷枪

见图 8-10c,压力式喷枪的涂料喷嘴与气帽正面平齐,不形成真空。漆料被压力压向喷枪,压力由一个独立的压力瓶(罐)提供。它适合连续喷涂,喷涂方位容易调整,涂料喷出量调整范围广。缺点是需要增添设备、清洗麻烦、稀释剂损耗大,不适合汽车修理厂修补漆方面应用。

**3. 喷枪的雾化过程**

如图 8-11 所示,喷枪的雾化分为以下三个阶段:

(1)第一阶段

涂料从喷嘴喷出后,被从环形口喷出的气流包围,气流产生的气旋使涂料分散。

(2)第二阶段

涂料的液流与从辅助孔喷出的气流相遇时,气流控制液流的运动,并进一步使其分散。

(3)第三阶段

涂料受到从空气帽喇叭口喷出的气流作用,气流从相反的方向冲击涂料,使其成为扇形液雾。

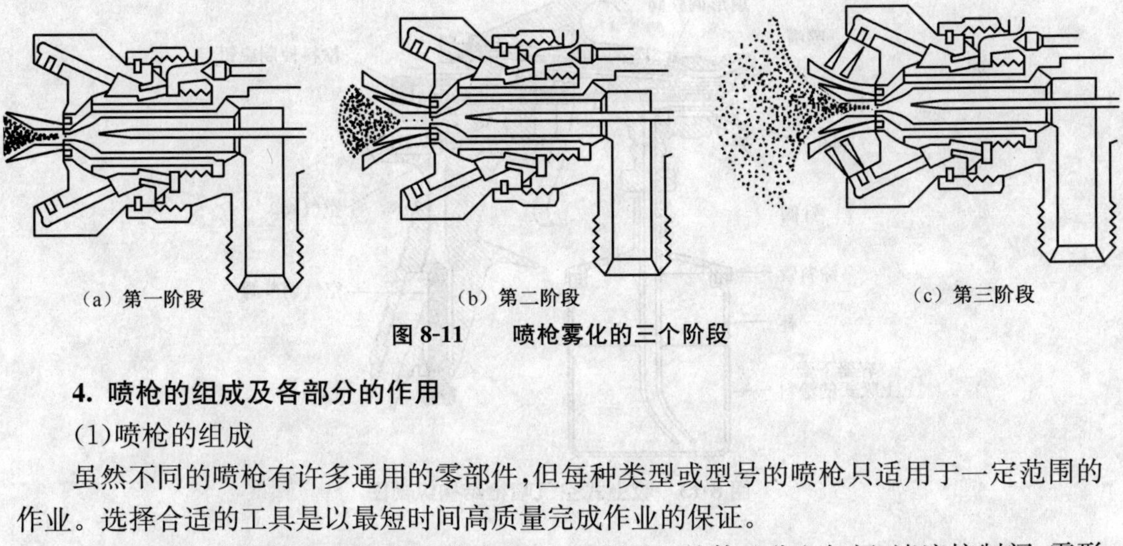

(a) 第一阶段　(b) 第二阶段　(c) 第三阶段

**图 8-11　喷枪雾化的三个阶段**

**4. 喷枪的组成及各部分的作用**

(1)喷枪的组成

虽然不同的喷枪有许多通用的零部件,但每种类型或型号的喷枪只适用于一定范围的作业。选择合适的工具是以最短时间高质量完成作业的保证。

典型的喷枪由枪体和喷枪嘴组成,如图 8-12 所示。枪体又分空气阀、漆流控制阀、雾形控制(即漆雾扇形角度调节)阀、控漆阀、压缩空气进气阀、扳机、手柄。喷枪嘴由气帽、涂料喷嘴、顶针组成。

图 8-13 所示的吸上式空气喷枪的结构纵剖图。扳机为两段式转换,扣下喷枪扳机时,空气阀先开放,从空气孔以高速喷出的压缩空气在涂料喷嘴前面形成低压区,再用力扣下时,涂料喷嘴开口,吸引涂料。

喷枪中压缩空气及涂料的流动路线如图 8-14 所示。

(2)各部件的作用

①气帽。气帽把压缩空气导入漆流,使漆流雾化,形成雾形。涂料喷嘴上有很多小孔,如图 8-15 所示,每个小孔的作用都不同。

②主空气孔。主空气孔的作用是形成真空,吸出漆液;侧面空气孔有 2～4 个,它借助空气压力控制雾束形状;辅助空气孔有 4～10 个,它促进漆液雾化。各孔的排列方式有多种,

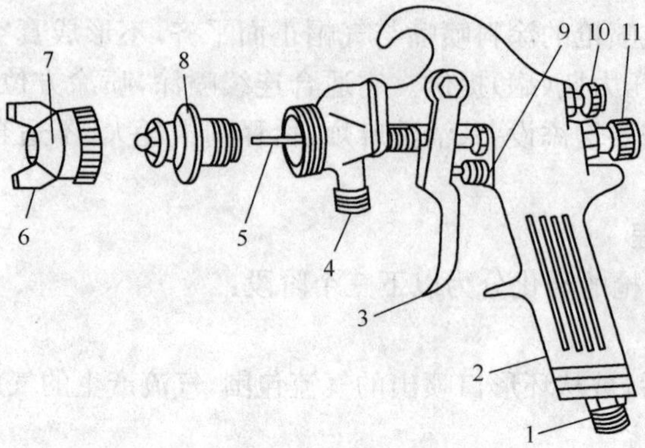


**图 8-12　典型的喷枪构造**

1. 压缩空气进气阀　2. 手柄　3. 扳机　4. 控漆阀　5. 项针　6. 气帽角　7. 气帽　8. 涂料喷嘴　9. 空气阀　10. 雾形控制阀　11. 漆流控制阀

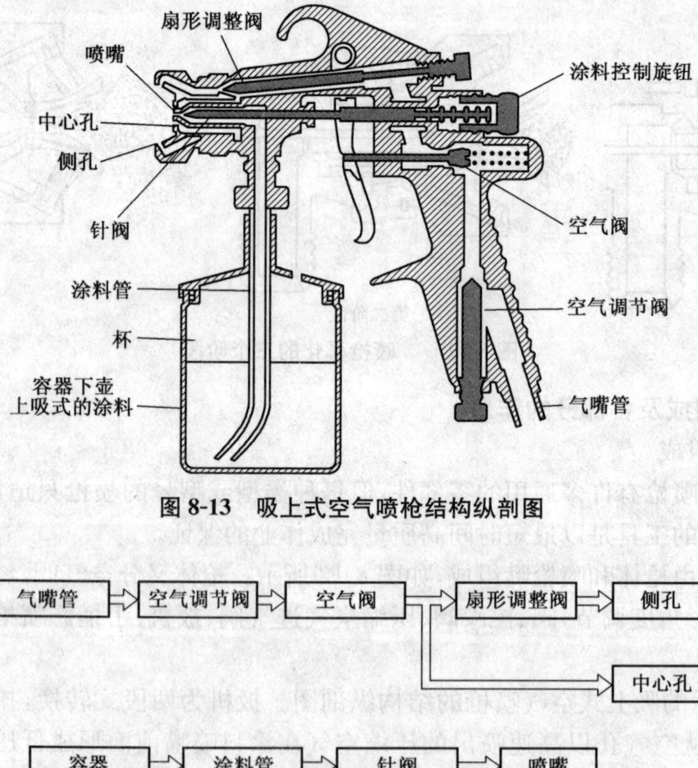


**图 8-13　吸上式空气喷枪结构纵剖图**

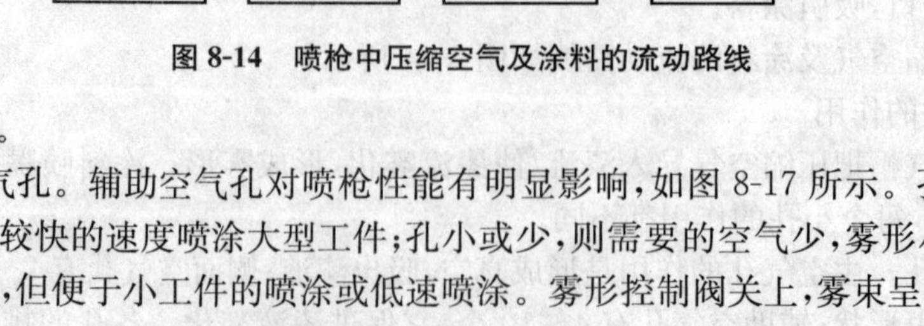


**图 8-14　喷枪中压缩空气及涂料的流动路线**

如图 8-16 所示。

③辅助空气孔。辅助空气孔对喷枪性能有明显影响，如图 8-17 所示。孔大或多，则雾化能力强，能以较快的速度喷涂大型工件；孔小或少，则需要的空气少，雾形小，涂料雾化程度差，喷涂量小，但便于小工件的喷涂或低速喷涂。雾形控制阀关上，雾束呈圆形；控制阀打

开，雾束呈扁椭圆形。

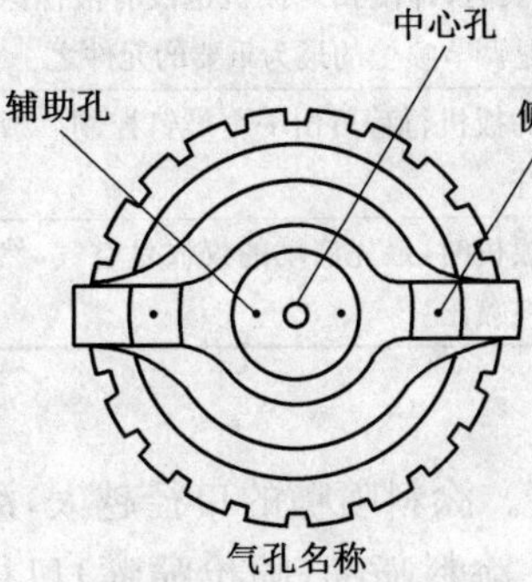


图 8-15 气孔的名称

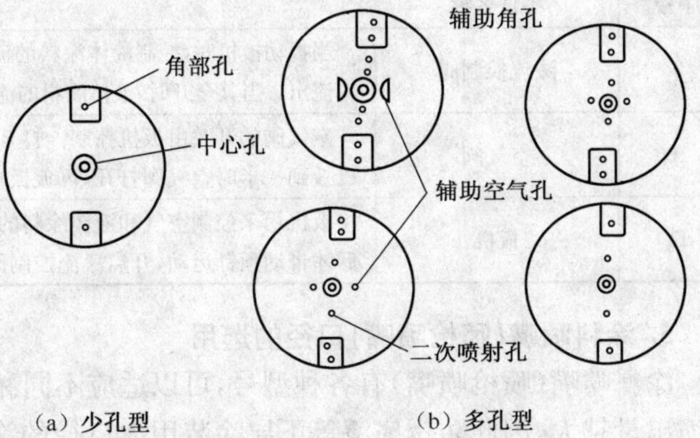


图 8-16 空气帽气孔排列

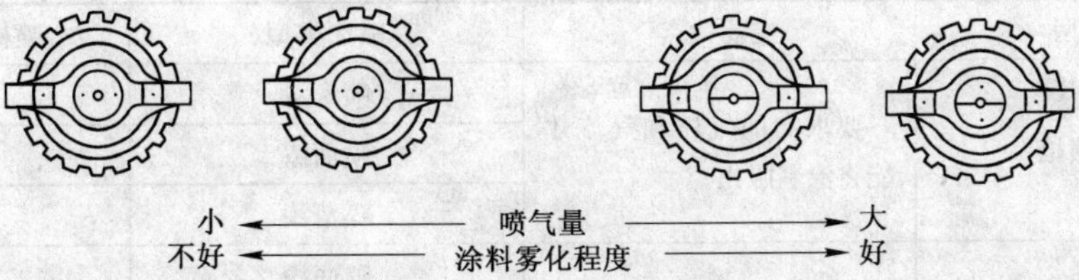


图 8-17 辅助孔的大小与喷枪工作性能的关系

④顶针和涂料喷嘴(喷枪喷嘴)。顶针和涂料喷嘴的作用都是控制喷漆量，并把喷流从喷枪中导向气流。涂料喷嘴内有顶针内座，顶针顶到内座时可切断漆流。从喷枪喷出的实际漆量由顶针顶到内座时涂料喷嘴开口的大小决定。控制阀可以改变扳动扳机时顶针离其内座的距离。

喷枪主要零件的作用列于表 8-4 中。

表 8-4 喷枪主要零件的名称及作用

| 序号 | 零件名称 | 作用 |
|---|---|---|
| 1 | 气帽 | 把压缩空气导入漆流，使漆液雾化，形成雾形 |
| 2 | 涂料喷嘴上的中心孔 | 形成真空，吸出漆液 |
| 3 | 涂料喷嘴上的侧孔 | 借助空气压力控制雾束形状 |
| 4 | 涂料喷嘴上的辅助孔 | (1)促进漆液雾化<br>(2)孔大或多，则雾化能力强，能以较快的速度喷涂大型工件<br>(3)孔小或少，则需要的空气少，雾形小，喷涂量小，便于小工件的喷涂或低速喷涂 |
| 5 | 雾形控制阀 | (1)控制阀关上，雾束呈圆形<br>(2)控制阀打开，雾束呈偏椭圆形 |
| 6 | 顶针 | 控制液体涂料喷离喷嘴的流量。喷涂时，通过扳机的动作来控制。连接顶针的尾部有一个螺母，用以调节顶针的伸缩幅度，这是喷枪调整的最基本的操作 |
| 7 | 顶针填料套 | 起密封作用 |
| 8 | 顶针弹簧 | 当扳机放开时，将顶针顶进喷嘴，封闭喷嘴，控制液体涂料的流动 |

续表 8-4

| 序号 | 零件名称 | 作　用 |
| --- | --- | --- |
| 9 | 漆流控制阀 | 当扳动扳机时,控制液体涂料的流量。当其全关时,即使扣死扳机也没有液体涂料流出。当其全开时,液体涂料的流量最大。这是调节喷枪的最为重要的元件之一 |
| 10 | 空气阀 | 空气阀的开关由扳机控制。打开空气阀所需的扳机行程可由一个螺钉控制。扳机扳到一半时空气阀打开,再扳扳机,喷漆嘴打开 |
| 11 | 扳机 | 扳机用来控制空气和液体涂料的流量。扣动扳机时,最先启动的仅仅是空气,然后才带动顶针运动,开启漆流控制阀,使液体涂料喷出 |

### 5. 涂料喷嘴(喷枪喷嘴)口径的选用

涂料喷嘴(喷枪喷嘴)有各种型号,可以适应不同黏度的涂料。涂料喷嘴的口径越大,涂料喷出量越大,因此防锈底漆等下层涂装用大口径的涂料喷嘴。涂料喷嘴(喷枪喷嘴)口径的选用见表 8-5。

表 8-5　涂料喷嘴(喷枪喷嘴)口径的选用

| 喷枪类型 | 主要特点 | 喷涂类型 | 喷枪口径(mm) |
| --- | --- | --- | --- |
| 吸力式喷枪 | 要求高的气压和气流才能将涂料吸出 | 喷底漆 | 2.5 |
| | | 喷面漆 | 1.8 |
| | | 喷清漆 | 2.0 |
| 重车式喷枪 | 出漆量不受黏度限制,故压力、流量小一些 | 喷底漆 | 1.9 |
| | | 喷面漆 | 1.3 |
| | | 喷清漆 | 1.4 |
| 压力式喷枪 | 出漆压力高 | 喷各种漆 | 0.5 左右 |

### 6. 涂料喷嘴口径、涂料喷出量和空气使用量的关系

喷枪的性能取决于涂料喷出量与空气消耗量的关系,即涂料喷出量少而空气消耗量大时涂粒较小,涂料喷出量多而空气量少时涂粒较大、较粗,涂面的成效较差。通常,小型喷枪涂料喷出量为 10～200mL/min,大型为 120～600mL/min;空气使用量,小型为 40～290L/min,大型为 280～520L/min。涂料喷出量大,则空气使用量须越大,其关系见表 8-6。

表 8-6　涂料喷嘴口径、涂料喷出量和空气使用量关系

| 喷枪类型 | 涂料喷嘴口径(mm) | 空气使用量(L/min) | 涂料喷出量(mL/min) | 涂料喷幅宽度(mm) |
| --- | --- | --- | --- | --- |
| 重力式 | 0.5 | 40 以下 | 10 以上 | 15 以上 |
| | 0.6 | 40 以下 | 15 以上 | 15 以上 |
| | 0.7 | 50 以下 | 20 以上 | 20 以上 |
| | 0.8 | 60 以下 | 60 以上 | 25 以上 |
| | 1.0 | 70 以下 | 50 以上 | 60 以上 |
| 虹吸式 | 1.2 | 170 以下 | 80 以上 | 100 以上 |
| | 1.3 | 180 以下 | 90 以上 | 110 以上 |
| | 1.5 | 190 以下 | 100 以上 | 130 以上 |
| | 1.6 | 200 以下 | 120 以上 | 140 以上 |

续表 8-6

| 喷枪类型 | 涂料喷嘴口径(mm) | 空气使用量(L/min) | 涂料喷出量(mL/min) | 涂料喷幅宽度(mm) |
|---|---|---|---|---|
| 压力式 | 1.0 | 350 以下 | 250 以上 | 200 以上 |
| | 1.2 | 450 以下 | 350 以上 | 240 以上 |
| | 1.3 | 480 以下 | 400 以上 | 260 以上 |
| | 1.5 | 500 以下 | 520 以上 | 300 以上 |
| | 1.6 | 520 以下 | 600 以上 | 320 以上 |

## 三、压缩空气供给系统

### 1. 作用及组成

压缩空气供给系统用于提供充足的达到预定压力值的压缩空气，以确保喷涂车间所有的气动设备都能有效的工作，如图 8-18 所示。

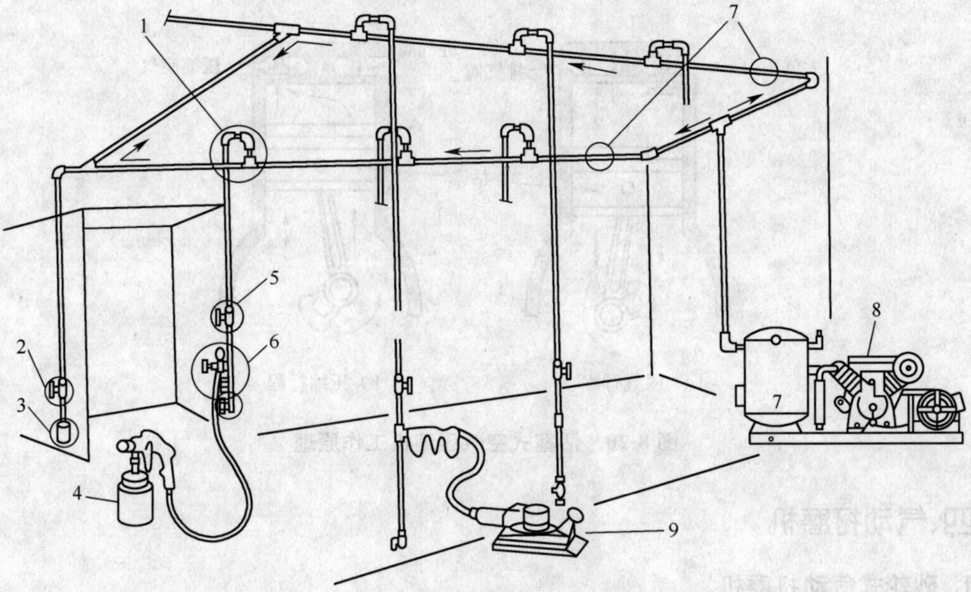


图 8-18　压缩空气供给系统

1. 一级管道　2. 截止阀　3. 自动排水阀　4. 空气喷枪　5. 截止阀　6. 气压调节器　7. 主供气管道　8. 空气压缩机　9. 轨道式打磨机

### 2. 活塞式空气压缩机

活塞式空气压缩机由压缩机、储气罐和电动机组成，外形如图 8-19 所示。

(1)活塞式压缩机

包括活塞、活塞环、气缸、连杆、进气阀、排气阀等组成，工作原理如图 8-20 所示。

(2)储气罐

压缩空气含有压缩热量且气体断续而来，不能直接利用，为了分离油分、水分，必须储入储气罐。

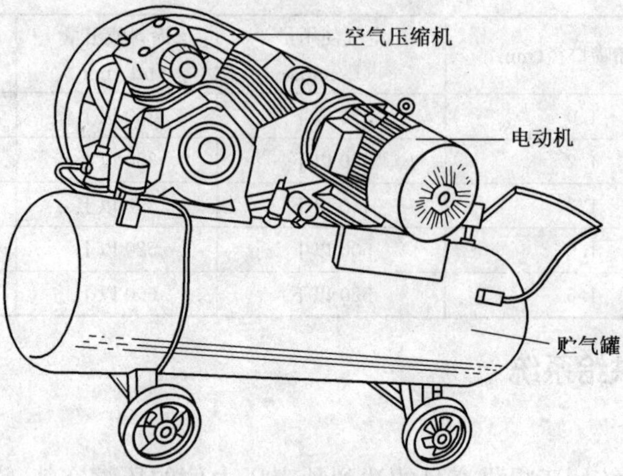


图 8-19 活塞式空气压缩机外形

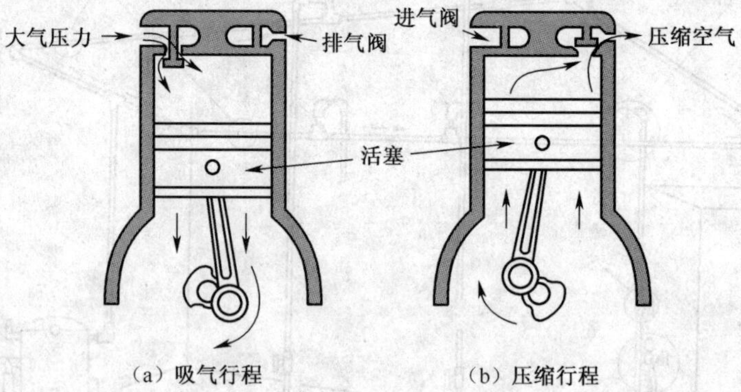


图 8-20 活塞式空气压缩机工作原理

## 四、气动打磨机

**1. 砂轮式气动打磨机**

车身修理常用的各种可携带砂轮式气动打磨机有：垂直式打磨机、水平式打磨机、平行式锥型打磨机、倾斜式打磨机、小轮打磨机及内孔打磨机等。

①垂直式磨光机。利用砂轮圆柱表面的切削作用，对车身表面进行磨光，如打毛刺修平等。

②水平式和平行式磨光机(角砂轮)。利用砂轮片边缘的切削作用进行磨光。

③倾斜式磨光机。主要用于焊缝的平整、去毛刺、倒角的磨光。

④小轮磨光机。可选用盘形砂轮、锥形砂轮、线刷等辅件进行多种磨光。

⑤内孔磨光机。可修磨内壁的焊缝、毛刺等。

**2. 砂纸式气动打磨机**

砂纸式气动打磨机是利用贴附在衬板上的砂纸对表面进行打磨的设备。根据打磨机上衬板形状的不同可分为圆盘式打磨机、轨道式打磨机和带式打磨机三种。

(1)圆盘式打磨机

圆盘式打磨机按砂纸的运动形式不同可分为复合作用式和单一运动式两种。图 8-21 为圆盘及砂纸共同绕轴旋转的单一运动式打磨机；图 8-22 则是砂纸既要自身转动(自转)，又要随轴转动(公转)的复合运动式打磨机。

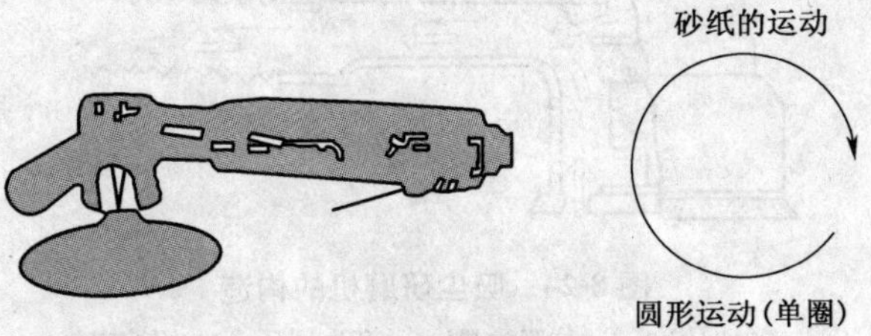


**图 8-21　单一运动式打磨机**

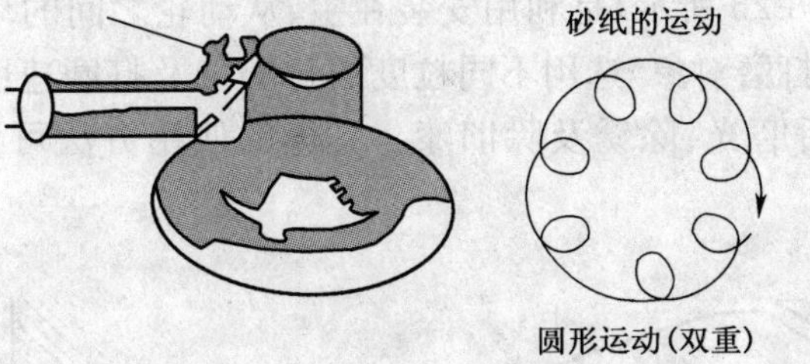


**图 8-22　复合运动式打磨机**

(2)轨道式打磨机

轨道式打磨机的衬板呈矩形，便于在工作面上沿直线轨迹移动。轨道式打磨机按砂纸的运动形式又可分为单一运动的板式打磨机(图 8-23a)；砂纸作往复圆周运动的轨道式打磨机(图 8-23b)；砂纸只作往复直线运动的直线式打磨机(图 8-23c)。

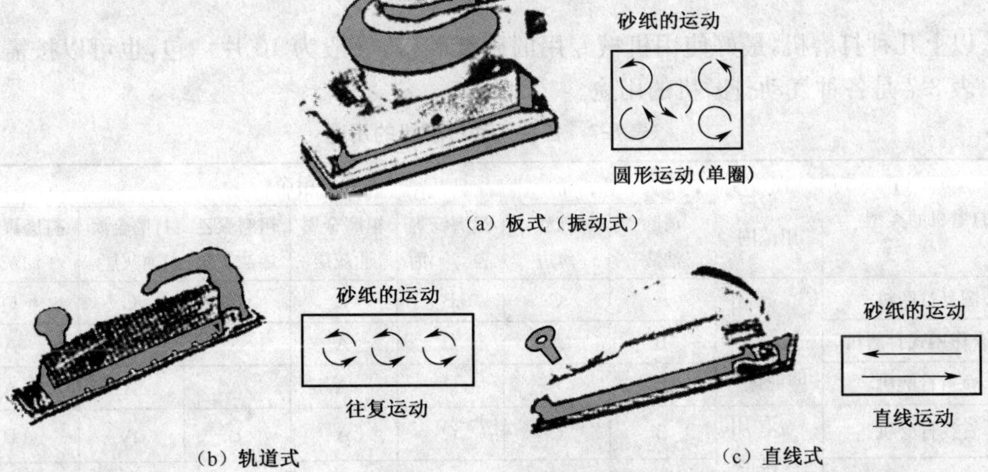


**图 8-23　三种长板式打磨机**

轨道式打磨机可用于干/湿打磨。湿磨时须有大量的供水和良好的地下排水通道。干磨腻子时可采用吸尘打磨机，如图 8-24 所示。

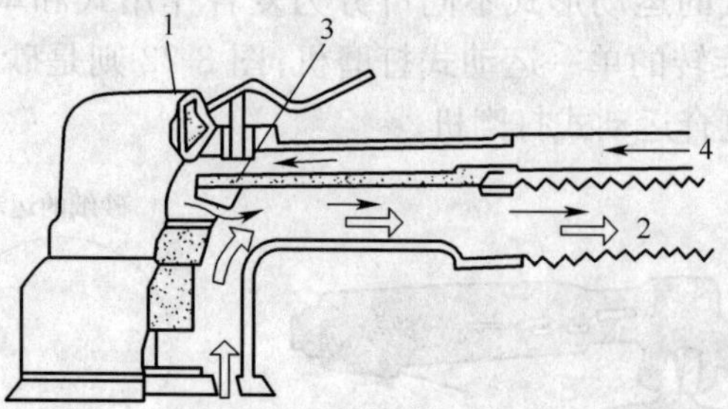


**图 8-24 吸尘研磨机的构造**

1. 气动马达 2. 往吸尘机 3. 产生回压 4. 压缩空气

(3)带式打磨机

带式打磨机(如图 8-25 所示)是利用安装在主、从动轮之间的环型砂带打磨工作面的。它可以根据使用场合(打磨对象)选用不同粒度的打磨带及打磨速度，并具有吸尘装置。适合于对金属表面的最后磨光、除锈及除旧漆。具体的使用方法可参照带式打磨机使用说明书。

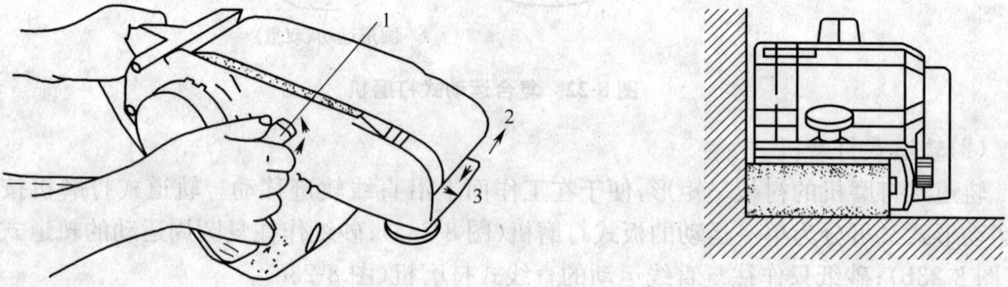


**图 8-25 带式打磨机**

以上几种打磨机，最好使用机械专用的砂纸砂带，一般为 10 片一包，也可以按需要选购。表 8-7 是各种气动打磨机的用途。

**表 8-7 各种气动打磨机的用途**

| 打磨机的类型 | 一般应用范围 | 一般的用途 | | | | | | |
|---|---|---|---|---|---|---|---|---|
| | | 清除油漆 | 打磨薄边 | 粗磨钎焊表面 | 粗磨金属油灰层 | 粗磨聚乙烯油灰层 | 打磨金属油灰层 | 打磨聚乙烯油灰层 |
| 圆盘打磨机 | 适用于狭小的部位 | A | C | B | C | C | C | C |
| 复合作用式打磨机 | | B | A | C | A | A | A | A |
| 轨道打磨机 | | B | B | C | A | A | A | A |
| 直线打磨机 | 适用于宽敞的部位 | B | C | C | A | B | A | B |
| 长板式打磨机 | | B | C | C | A | B | A | B |

注：在进行每种类型的打磨时，都应选择合适的磨光机和砂纸。操纵磨光机时，操作者要戴面罩或使用吸尘器。

A. 优先选用；B. 可以选用；C. 尽量不用。

**3. 砂纸式气动打磨机使用注意事项**

①使用圆盘式打磨机时，一定要让圆盘稍有倾斜，并使圆盘只在边缘 2～3cm 范围内与被打磨表面接触，以防全面接触而失控。

②轨道式打磨机应压平在被打磨表面上，不可倾斜，否则会出现磨痕。

③操纵气动打磨机时，气压调到 450～490kPa 范围内，右手握住打磨机手柄，左手施加较小的压力，并控制打磨机均匀移动。

④带式打磨机在打磨水平面时，无需施加压力，因机重已足够磨光或抛光了。

⑤打磨时，应保持运动的连续性，切勿时断时续，以免造成划痕、磨痕或烧伤。

⑥打磨过程中，若发现砂纸被堵塞，应及时更换砂纸。

# 第九章　喷　漆

## 第一节　喷漆前的准备

### 一、喷漆工序

汽车车身修补涂装一般要经过涂装前的准备工作、表面预处理、涂底漆、涂中涂层、涂面漆及最后的修正等工序，并视表面的损伤程度和现场的具体条件确定执行哪些工序。

汽车车身修补涂装工艺典型流程如图 9-1 所示，汽车车身修补涂装工艺工序见表 9-1。

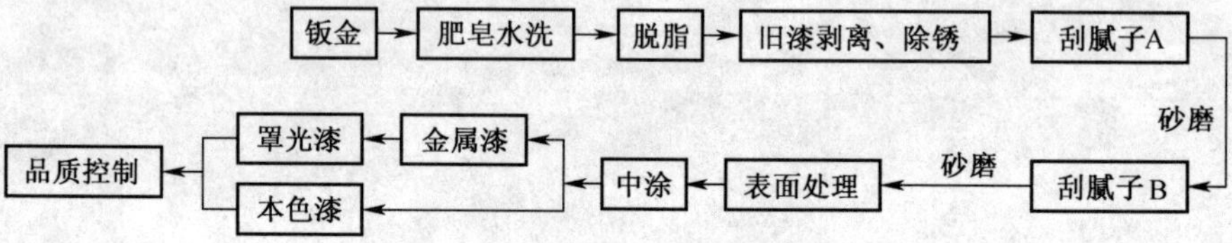


（a）汽车修补典型流程

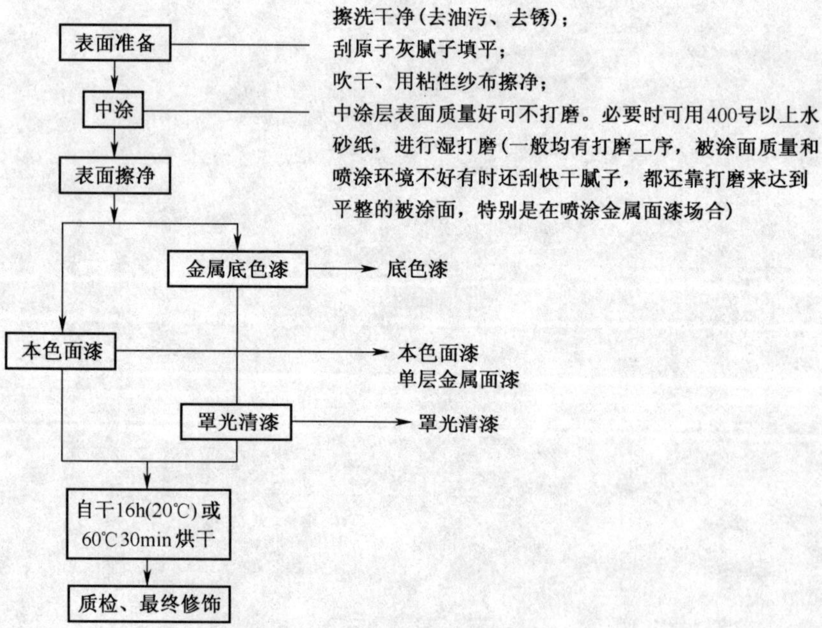


（b）双组分低温汽车面漆涂装工艺流程

喷涂空气压力：0.34～0.4MPa

喷枪口径：$\phi$1.4～$\phi$1.6mm

喷涂距离：带罐喷枪15～20cm

压送型喷枪20～30cm

**图 9-1　汽车车身修补涂装工艺典型流程**

**表 9-1　汽车车身修补涂装工艺工序**

| 工序号 | 工序名称 | 局部修补 | | 整车修补 | |
|---|---|---|---|---|---|
| | | 从底到面 | 局部翻新 | “出白”后全涂装 | 面漆翻新 |
| | **修补涂装前的准备工作** | | | | |
| 1 | 卸下影响钣金、涂装作业的部件 | ○① | ○ | ○ | ○ |
| 2 | 将车刷洗干净，按涂层状况及用户要求拟定补涂工艺及操作指南 | ○ | ○ | ○ | ○ |
| 3 | 钣金整平，尽可能消除修补面的凹凸缺陷 | ○ | ○ | ○ | ○ |
| 4 | 用胶带和纸或保护罩遮盖不需涂装表面和门窗玻璃 | ○ | ○ | ○ | ○ |
| | **涂装前处理工序** | | | | |
| 5 | 刮除（铲掉）被修补面的旧涂层，局部露底金属或“出白”，用打磨法或脱漆剂② | ○ | | ○ | |
| 6 | 擦净或吸表面、去除污物和打磨灰 | ○ | ○ | ○ | ○ |
| 7 | 用溶剂湿润的抹布擦净，去除油污和手印 | ○ | ○ | ○ | ○ |
| 8 | 在要求高的场合，喷涂一薄层磷化底漆 | ○ | | ○ | |
| | **底涂层涂装（含刮腻子整平）工序③** | | | | |
| 9 | 喷涂双组分环氧树脂底漆 | ○ | | ○ | |
| 10 | 自干、60℃下或红外辐射强制烘干 | ○ | | ○ | |
| 11 | 钣金修正部位和凹漆面涂刮腻子（涂刮腻子的次数取决于表面的不平整度），建议用原子灰腻子 | ○ | | ○ | |
| 12 | 自干，60℃下或红外辐射强制烘干 | ○ | | ○ | |
| 13 | 采用干打磨或湿打磨法手工磨平刮腻子的表面，在整车修补涂装场合，对整车表面进行 1 次湿打磨 | ○ | | ○ | |
| 14 | 吹干或烘干水分 | ○ | | ○ | |
| | **涂中间涂层** | | | | |
| 15 | 用溶剂汽油湿润的抹布和粘性擦布擦净除去油污和灰尘 | ○ | | ○ | |
| 16 | 喷涂一道中涂（俗称二道浆，或用底漆与面漆 1∶1 改制成的中间涂料） | ○ | | ○ | |
| 17 | 自干或在 60℃下强制干燥，或用红外辐射器烘干 | ○ | | ○ | |
| 18 | 局部补刮腻子，消除腻子的砂眼，砂纸纹等（为赶加工进度，有时用快干腻子） | ○ | | ○ | |
| 19 | 腻子层干后，整个表面进行湿打磨，用 360 号～400 号耐水砂纸，擦洗干净 | ○ | ○ | ○ | ○ |
| | **涂面漆工序** | | | | |
| 20 | 不需涂面漆表面用胶带和纸遮盖保护好 | ○ | ○ | ○ | ○ |
| 21 | 用溶剂汽油湿润过的或粘性擦布擦净 | ○ | ○ | ○ | ○ |
| 22 | “湿碰湿”本色面漆 2～3 道，或闪光底色漆加罩光清漆（请参见双组分低温汽车面漆的涂装工艺及涂装条件） | ○ | ○ | ○ | ○ |
| 23 | 自干或在 60℃下强制干燥（在局部修补时可用红外辐射器烘干） | ○ | ○ | ○ | ○ |
| | **最终修饰工序** | | | | |
| 24 | 取掉保护纸和胶带 | ○ | ○ | ○ | ○ |
| 25 | 检查涂装质量、标出涂层缺陷 | ○ | ○ | ○ | ○ |
| 26 | 用打磨、抛光等办法修饰，消除缺陷，消除局部喷涂的虚烟 | ○ | ○ | ○ | ○ |
| 27 | 装上在补漆涂装前卸下的部件 | ○ | ○ | ○ | ○ |
| 28 | 清扫车内外表面和轮胎 | ○ | ○ | ○ | ○ |

注：①“○”表示四种修补涂装工艺需执行的工序，增或删哪道，可根据现场经验确定。

②被修补涂装工件的重叠接口处及铆钉头部位绝不可用脱漆剂，此类地方必须用机器或手工磨光。

③刮腻子的道数取决于被涂表面的不平整度和所选用的腻子种类，与操作人员的手艺及熟练程度也有关系。总之多刮腻子直接会影响修补涂层的质量，故少用腻子为好。

## 二、车辆的清洗

### 1. 全车清洗

虽然涂装操作可能是车身的某一块板件或板件的某一部分，但仍需要彻底清洗整车上的泥土、污垢和其他异物，如图 9-2 所示，尤其注意门边框、行李箱、发动机罩缝隙和轮罩处的污垢，如果不清除干净，新涂料的漆膜上就可能会沾上很多污点。一般使用纯净水冲，再用中性肥皂水或车辆清洗剂清洗，然后用水彻底冲净。

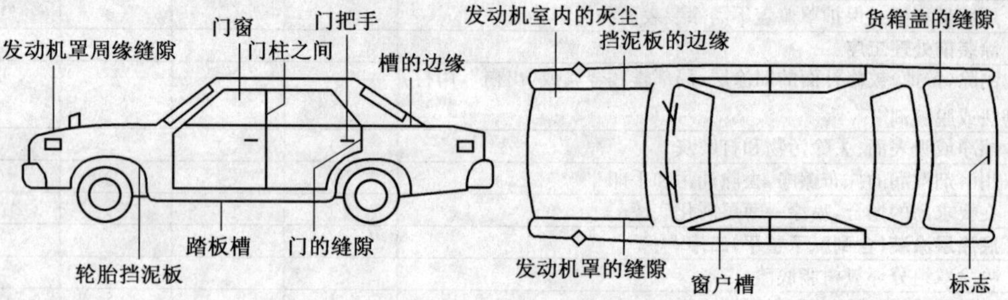


**图 9-2 全车清洗应注意的部位**

①清洗车间的准备见表 9-2。

**表 9-2 清洗车间的准备**

| 序号 | 基本条件 |
|---|---|
| 1 | 可停放大型车辆的混凝土地坪或相当于混凝土的地坪，操作、排污水方便 |
| 2 | 高压水源 |
| 3 | 足够长度的水管，这种水管的手柄上装有控制喷水的开关 |
| 4 | 适度的照明 |
| 5 | 一定数量的水桶、海绵或泡沫塑料、洗涤剂、门窗玻璃清洁剂、抹布、鹿皮等 |
| 6 | 压缩空气、气管、气枪、防护眼镜或面罩、橡皮手套及防水围裙 |

②清洗步骤见表 9-3。

**表 9-3 清洗步骤**

| 序号 | 清洗步骤 |
|---|---|
| 1 | 取出地毯清洗、晾干，清理烟灰盒、沙发座垫等物品 |
| 2 | 关好车门窗 |
| 3 | 在开始清洗汽车之前将汽车表面淋湿，这一步很重要，可以大大减少划伤汽车表面的可能性 |
| 4 | 配制清洗液或肥皂水 |
| 5 | 用软海绵沾清洗液(肥皂水)擦车。擦车的顺序是：车顶、挡风玻璃、发动机、保险杠、灯具、车的一个侧面(包括玻璃)、车身后部(包括玻璃、尾灯)、车身的另一侧(包括玻璃)以及车轮 |
| 6 | 按第 5 步规定的顺序冲洗整车，直到把清洗液冲洗干净 |
| 7 | 按冲洗相同的顺序用压缩空气吹表面，用干净的鹿皮(绒布)擦干 |

### 2.车身待涂表面的清洗

车身待涂装表面的清洗主要采用有机溶剂清洗。它的作用是溶解和去除油脂、润滑油、污垢、石蜡、硅酮抛光剂以及手印等。清洗方法与步骤见表 9-4。

**表 9-4 车身待涂装表面的清洗步骤**

| 序号 | 方法 | 清洗方法与步骤 |
| --- | --- | --- |
| 1 | 一般清洗 | (1)用干净的白布蘸清洗剂擦洗待涂装表面及其周围<br>(2)在汽车待涂装表面未干时,用清洁的白布擦干。注意随时更换干净的擦布 |
| 2 | 清洗硅酮类化合物 | (1)用干净的白布蘸清洗剂擦洗待涂的表面,如有必要,用溶剂次擦洗,然后用清洁的白布擦干<br>(2)用 500 号或 600 号砂纸打磨表面<br>(3)再次用干净的白布蘸溶剂擦洗表面,然后用干净的白布擦干 |

## 三、金属表面的脱脂处理(除油)

脱脂处理也称除油,就是去除金属表面上的油污。

对金属表面的除油一般采用有机溶剂脱脂、碱性水基脱脂及乳化脱脂等方法。

### 1. 有机溶剂脱脂

有机溶剂脱脂是指采用有机溶剂对金属表面上的油污进行充分溶解。有机溶剂脱脂的特点是施工速度快,工作效率高,操作方法简单实用。一般可用擦洗法、涂刷法、先喷洗后擦净法等多种方法进行施工,这些方法均可在常温条件下进行操作。

注意:汽油、溶剂油、正己烷、煤油都是易燃品,故在使用时应采取防火措施,远离火源,严禁接触明火,以防造成火灾。

### 2. 碱性水基脱脂

碱性水基脱脂法主要是根据碱和碱性盐的化学作用来清除涂层表面上油污的一种方法。

### 3. 乳化脱脂

乳化脱脂就是利用有机溶剂对油污的溶解作用和乳化剂的分散作用除去金属工件表面的油污。乳化脱脂能清洗掉金属工件上的润滑油,切削油、抛光研磨残渣、探伤残留磁粉及其他无机尘污等各种不同的油污。因此,乳化脱脂特别适于表面要求快速清除油污和要求留有轻微薄膜以作临时防锈的金属工件的清洗。

## 四、金属表面清除旧漆

### 1. 清除旧漆的方法

汽车在使用过程中,不可避免地受到自然条件(如雨水、阳光、大气、灰尘、温度、湿度、化学物质等)和使用条件(如刮伤、撞击、划痕等)的影响,使汽车表面的涂层性能和装饰保护效果变差。因此,在重新涂装车身前,要将原有的旧漆清除掉。

在清除旧漆之前,应仔细检查车身的漆膜表面,寻找旧漆破损迹象,如果车身表面出现气泡、龟裂、脱落、锈蚀等破损现象(在烤补、气焊等修理过程中也容易造成漆膜的部分损坏),都必须将旧漆清除掉。清除旧漆的程度可根据旧漆的损坏程度和重新涂装后的质量要求,进行全部和部分清除。对部分清除的,可将损坏部位及四周损伤的旧漆用铲刀除去,旧漆豁口四周要铲成坡口,有利于刮涂腻子时接口过渡。

常用的清除旧漆的方法有:手工清除旧漆法、机械清除旧漆法、喷砂、喷丸清除旧漆法、化学清除旧漆法及火焰烤铲清除旧漆法等。

**2. 手工清除旧漆**

就是用刮铲、粗锉刀、弯头刮刀等将车身表面的旧漆铲刮掉，并用砂纸、钢丝刷、钢丝束等将铲刮后留在表面的旧漆粗糙口打磨干净。

这种方法操作简单实用，成本低，但工作劳动强度较大，工作效率较低，是涂装工在清除旧漆施工中常用的方法，也是清除车身表面个别部位旧漆的唯一方法。手工清除旧漆时常用工具如图 9-3 所示。

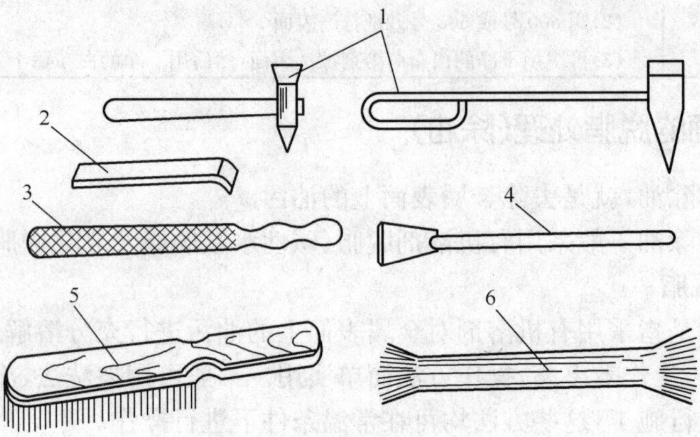


**图 9-3　手工清除旧漆常用工具**

1. 尖头锤　2. 弯头刮刀　3. 粗锉刀　4. 刮铲　5. 钢丝刷　6. 钢丝束

**3. 机械清除旧漆**

机械清除旧漆是使用如钢丝轮、钢丝打磨机、电动刷、风动刷、干湿砂纸打磨机、电动打磨机等电动或风动机械工具，来代替手工铲磨清除旧漆的方法。

电动刷和风动刷是利用特制圆形钢丝刷的转动，靠冲击和摩擦把旧漆、铁锈或氧化皮清除干净，特别适合表面清除。常用的电动打磨机有圆盘式打磨机和双作用打磨机，它是利用电动砂轮把旧漆、氧化皮及铁锈清除干净，尤其适合大平表面的打磨。对轻度锈蚀、旧漆状况好的部位可采用双作用打磨机进行轻磨。必须打磨剥离除去的旧漆及重度锈蚀，可采用圆盘式打磨机。

机械清除旧漆的方法工作效率高，劳动强度低，清除后的质量好，是车身维修业中应用较广的清除旧漆和锈蚀的方法。但操作中要注意不要把钢板打磨穿。

**4. 火焰烤铲清除旧漆**

该法是用一种喷灯（内装汽油或煤油），利用火焰的高温来加热旧漆，可使旧漆中的油脂有机物燃烧而除去旧漆，也可使旧漆烧软或变硬，造成旧漆受内应力的破坏而除去旧漆。加热后，还可用铲刀将旧漆铲除。

该方法适用于旧漆中腻子较厚，清除旧漆较多的构件表面。

此种方法的优点是设备简单，经济实用，不影响金属的结构和机械性能。缺点是清除氧化皮等不够彻底，生产效率低，同时还会污染大气。

## 五、金属表面除锈

**1. 金属表面除锈的方法**

汽车在使用过程中，车身表面由于涂膜损坏、碰撞损坏和修理加工损坏，造成金属与空气中氧气或水产生化学反应,生成金属氧化物,即生锈。因此,在涂装前必须进行除锈,以保证金属表面获得良好的附着力。

金属表面常用的除锈方法有手工除锈法、机械除锈法、喷砂与喷丸除锈法、化学除锈法及火焰处理除锈法等。

**2. 手工除锈**

手工除锈法主要用铲刀、刮刀、尖头锤、钢丝刷、砂布、断锯条等工具,靠手工敲、铲、刮、刷、砂或柔性锉的方法清除表面锈垢、氧化皮等。这是传统除锈方法也是最简便的方法,但其劳动强度大,效率低,只适用小范围的除锈。

此外,可采用半机械化的手工方法除锈,如刷光处理、抛光处理、磨光处理、滚光处理及高压水处理等方法。

刷光处理就是将弹性好的钢丝刷装在有电机的装置上,利用电机的旋转,带动钢丝刷快速地刷磨工件表面的锈迹。刷光除锈速度较快,不会使工件形状有所改变,但除锈不彻底。

抛光处理、磨光处理及滚光处理与刷光处理的原理相似,均是在电机的带动下做旋转运动,利用抛光轮和抛光膏、砂纸(砂布、砂轮)及装有磨料和零件的滚筒,去除金属表面的铁锈或氧化皮。

高压水处理则是利用高压水流的冲击力冲刷工件表面的锈蚀处,适用于处理大面积的金属锈蚀物、氧化皮及旧漆等。连续冲刷时,高压水的压力一般保持在 30～70MPa。

**3.火焰处理除锈**

火焰处理除锈法是利用气焊枪把少量手工难以清除的、较深的锈蚀斑烧红,让高温使铁锈的氧化物改变化学成分而达到除锈的目的,此法现在应用很少。

## 六、塑料表面的处理

尽管塑料制品不会生锈,易于着色,本身就有抗腐蚀及装饰性能,但在塑料制品上加涂一层合适的涂层,可以延长它们的使用寿命,提高它们的各项性能。对裸露塑料板件的表面处理包括以下项目:

**1. 脱脂处理**

塑料表面的油污及脱模剂(如蜡、硅油或硬脂酸等)会大大降低涂料的附着力和引起漆膜缩孔等弊病,因此在涂漆前应当彻底地除去,一般可采用溶剂清洗或采用与金属件类似的碱液清洗。

**2. 化学处理**

塑料件表面通过适当的化学物质如酸、氧化剂等的处理,使其表面发生化学变化。

**3. 退火处理**

为了消除内应力,一般在脱脂清洗以后,将塑料件加热到低于热变形的温度下并维持一定时间,这就是退火处理。塑料件在经过物理或化学处理后要进行烘干,烘干的过程就完成了退火处理的过程。

**4. 静电除尘**

塑料是绝缘体,容易产生静电,在干燥冷却的过程中易吸附灰尘,因此在涂装之前常用离子化的空气来除尘。

注意,脱脂和化学处理时,一定要控制好处理时间,过长易使板件损伤。退火处理时要严格控制好加热温度,以免烧伤板件。

## 第二节　喷　底　漆

### 一、车身的遮盖

在准备喷涂过程中,遮盖是很重要的一步。对于不需要涂装的表面一定要遮盖好,否则会引起不必要的麻烦。常用的遮盖材料为遮盖纸和遮盖胶带。

遮盖汽车时,正确的遮盖方法和细心程度是高质量工作的基础。遮盖前,所有的表面如玻璃、装饰件、灯罩、保险杠等表面均应进行彻底清洗,并将灰尘全部吹除。在装饰条或其他部件上粘贴胶带时,尽量不要拉伸胶带。

墙纸、牛皮纸、报纸、聚乙烯膜以及其他专门大面积遮盖汽车的遮盖物常用来遮盖面积较大的区域。由于报纸较易被撕扯,因此使用报纸做遮盖物时应小心。决不能用报纸来遮盖清漆面,因为报纸中含有油墨,油墨会溶入涂料的溶剂中,然后进入漆层,使涂料颜色改变。

通常采用专门的轮胎罩遮盖轮胎,轮胎罩通常由厚的布或尼龙材料制成,周边边缘中有弹性圈,可以固定在轮胎上。

当维修厂没有这类物品进行遮盖时,则可选择一个干净的大平面,例如桌子等,把所需长度的遮盖纸平铺在其上。然后,把一半胶带贴到遮盖纸的边缘上,另一半待用。最后,把贴有胶带的遮盖纸放到所需遮盖的表面上,用胶带把遮盖纸固定。

有时,还可以自己制作一些简便的工具,进行胶带的粘贴和拆除工作。例如,在硬的表面粘贴胶带时,采用短毛的窄的油漆刷,可以很方便地把胶带展平和粘牢。如果清洗汽车后,某些难以擦到的表面上还留有脏点,这时可以采用扁嘴的工具把脏点刮去。还可以把小的平头旋具弯曲后,装上一个钩子,在拆除某些较难触到的表面上的胶带时,就可以用旋具上的钩子刮起胶带的边缘,然后拆除胶带。

遮盖纸和胶带的使用是为了防止某些区域被喷漆,因此,不得将遮盖纸和胶带粘贴到需要喷漆的表面。

喷涂清漆时,应采用双层遮盖纸进行遮盖,这样可以防止涂料中的稀料渗入而损坏原漆面。当涂料足够干燥后,应立即拆除遮盖纸和胶带。由于胶带拆除时会粘掉新喷的漆膜,所以通常不允许胶带接触或粘贴到新油漆面上。

**1. 胶带的基本粘贴方法**

粘贴带应选用质量好的,若质量差,使用后会出现粘贴剂残留或其他问题,造成不必要的麻烦。聚氨酯涂料需加热干燥,应使用耐热胶带纸。粘贴带的基本贴法如图 9-4 所示。

**2. 装饰条和嵌条的遮盖**

当用胶带粘贴装饰条、嵌条等表面时,可用一只手的手指塞入胶带卷中间的孔中,把大拇指放在胶带的外面,控制胶带的方向。拉伸胶带时,胶带的粘贴面背向操作者。不要把胶带拉的过紧,然后把胶带的起始端粘到嵌条或车轮罩的边缘上,如图 9-5 所示。粘贴时,拉伸的胶带面与漆面的间距至少应有 0.7mm,这样可以方便粘贴并可以很好地控制胶带的方向。嵌条或需粘贴面的宽度决定所需胶带的条数。但是,一定要记住在所需喷漆的表面与

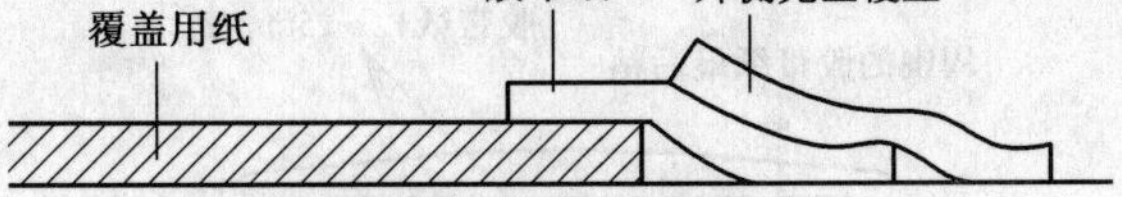


图 9-4 粘贴带的基本贴法

嵌条间应留有一个小间隙，涂料特别是清漆会填补这个间隙，用足够的压力把胶带压牢。但是在曲面上粘贴胶带时，还必须拉伸胶带，以适应曲面的要求。如果胶带太宽，应用剪刀把胶带多余的宽度剪去。

对于装饰条的遮盖。可使用一条宽度为 19mm 胶带。把胶带粘贴在嵌条的顶部并在胶条与板面之间留有一定的间隙，如图 9-6 所示。

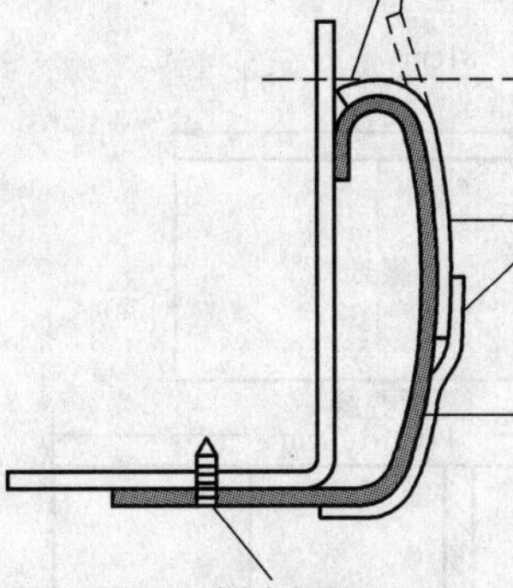


图 9-5 轮罩嵌条的遮盖

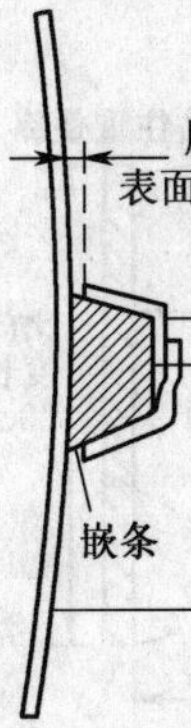


图 9-6 嵌条的遮盖

**3. 铭牌和标牌的遮盖**

首先，把胶带粘贴到标牌的顶部，并与板面留有一定间隙。然后把两边粘到标牌上，应用力把胶带粘牢。

**4. 侧窗玻璃的遮盖**

当遮盖侧车窗时，需要先用胶带遮盖该区域的周边。然后选用合适尺寸的遮盖纸，遮盖纸的底边粘贴到底部的胶带上，把遮盖纸周边折叠，折叠边用短的胶带粘好，然后全部粘到周边预先贴好的胶带上。

**5. 前后风窗的遮盖**

如图 9-7 所示，覆盖窗玻璃时，主要使用 50cm 宽的纸，不够的部分再用 10～20cm 宽的纸粘贴上。四周用 12～15mm 的宽的粘贴带粘住。

**6. 车门的遮盖**

如图 9-8 所示，如果要将车门入口全部覆盖，先要按入口宽度准备好覆盖纸，一般是取 50cm 宽的纸两张，搭接成 1m 宽，对准入口，先贴住上部，在贴下边之前，要先将纸放松弛，办法是从中间折一下，这样车门才能关住。如果宽度还不够，再加一张 30cm 宽的纸。如果边切得不整齐，可用胶带补齐。纸与纸相重合的部分，要用胶带粘住，不能留缝隙。

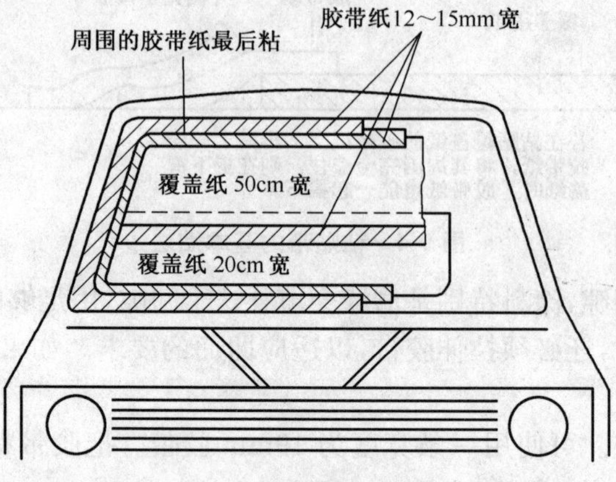


图 9-7　窗玻璃的覆盖

如果用报纸覆盖，如图 9-9 所示，用三张报纸接成 110cm 宽的正方形，对准车门入口，先从便于粘贴的部位开始粘贴，边粘边将报纸多余部分按车门入口的外形曲线，或向内折或裁掉。

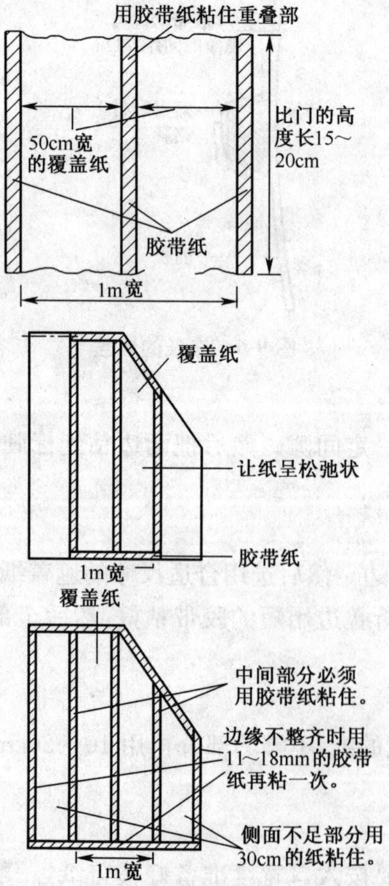


图 9-8　车门内侧的遮盖

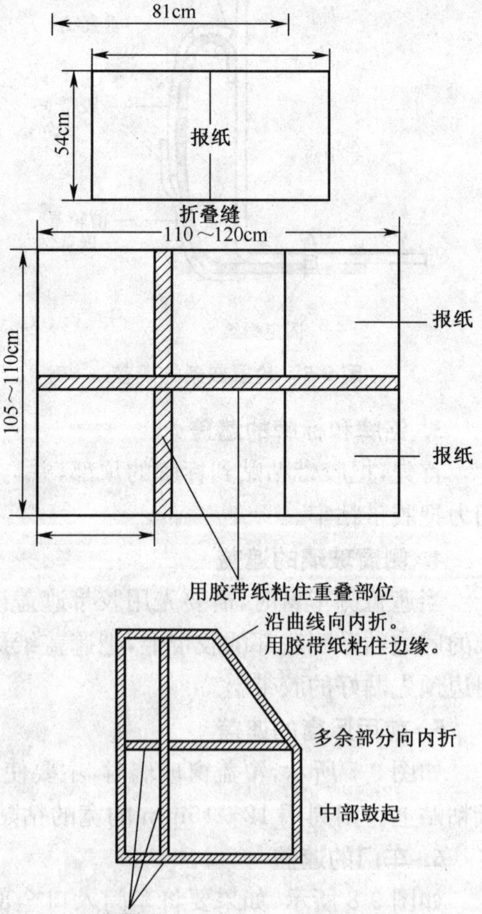


图 9-9　用报纸进行遮盖

**7. 尼龙车顶的遮盖**

首先应沿车顶的周边粘贴一周胶带。然后采用合适尺寸的遮盖纸彻底地把车顶遮盖住。遮盖纸应光滑,多余的边应折叠起来。所有的边缘均应用胶带粘住,以免涂料和灰尘进入。

**8. 散热器面罩和保险杠的遮盖**

对于大多数新型号的汽车,散热器面罩与保险杠要分别进行遮盖。首先沿散热器面罩的周边粘贴胶带,然后,选用合适的遮盖纸进行遮盖。如果保险杠采用金属材料制造,应选用合适尺寸和形状的遮盖纸进行遮盖,下部边缘进行折叠,与保险杠的下部粘贴牢固。

对于有些汽车,可以把散热器面罩和保险杠一起进行遮盖,但保险杠与翼子板前端间的塑料遮盖件应进行单独遮盖。这些板件通常与汽车的其他部分一起进行喷涂。

**9. 喷涂两种颜色时的遮盖**

当汽车被喷涂成两种不同的颜色时,应首先喷涂一种颜色。涂料干燥后,用 19mm 的胶带把这种颜色的周边遮盖。有些车身喷漆工喜欢选用细胶带,因为细胶带薄,可以精确地把两种颜色的漆面分开,留下的条纹少。然后,把该颜色的漆层用合适尺寸形状的遮盖纸遮盖好。遮盖纸上的胶带粘到已粘好的周边胶带上,多余的边折叠,粘贴牢固。最后,根据需要,可以再用遮盖胶带沿遮盖纸的底部和边缘粘贴,清晰地标山另外一种颜色涂料的喷漆面。

**10. 门槛嵌条的遮盖**

门槛上的宽嵌条可以用合适宽度的预先粘贴好胶带的遮盖纸进行遮盖,但一定应留有足够的间隙,使涂料有很好的搭接区。

**11. 大灯的遮盖**

采用 152mm 宽的遮盖纸,把遮盖纸上胶带粘到密封大灯或灯框的边缘上,形成一个圆形或四方形,然后把遮盖纸向中间对折,再将遮盖纸折叠的对边也粘住,保持遮盖纸的平整。对于尾灯和驻车灯应采用同样的方法,只不过选用 76mm 宽或更窄的遮盖纸就足够了。

**12. 天线的遮盖**

用遮盖纸套管套在天线上,底部用胶带粘牢即可。另一种方法就是选用合适宽度的胶带,把天线包裹住。

**13. 车门侧壁涂装的遮盖**

如果车门侧壁需要喷涂,一定要遮盖车门装饰件、车门密封条、锁和撞板。通常应采用 152mm 宽或更宽遮盖纸进行遮盖。

车门侧壁通常采用丙烯酸树脂清漆喷涂,因为这种漆干燥快。但有时也选用丙烯酸树脂磁漆。对于一个完整的涂装工作,如果需要的话,应首先喷涂车门侧壁、行李厢流水槽、翼子板内沿、发动机罩边缘。把一张 152mm 宽的遮盖纸,每隔 101～152mm 的间距,折一个 13mm 的褶,可以很方便地遮盖车轮。遮盖纸的胶带由轮胎粘贴到轮缘上。用胶条把遮盖纸固定在轮胎上。

**14. 局部涂装的遮盖**

涂装硝基涂料时,遮盖面积小一点也没有多大关系,但聚氨酯涂料一定要遮盖宽一些。为提高局部涂装速度,可采用各种方法遮盖。例如可以采用市面上出售的车身覆盖板,或用大的包装纸将大面积盖住,再用 20～30cm 宽的纸覆盖修补处的四周。

如果事先用厚纸做成长 5～7m，宽 2m 左右的覆盖罩，用起来就很方便，如图 9-10 所示。当要对侧门和挡泥板等部位进行涂装时，从发动机罩、车顶到行李厢盖，一下子就能盖住，然后用磁铁压住几个主要部位，再局部用胶带粘住就可以了，如图 9-11 所示。当然，要修补部位的四周，必须用纸仔细盖住，这种罩子可以折叠起来放好，反复使用。

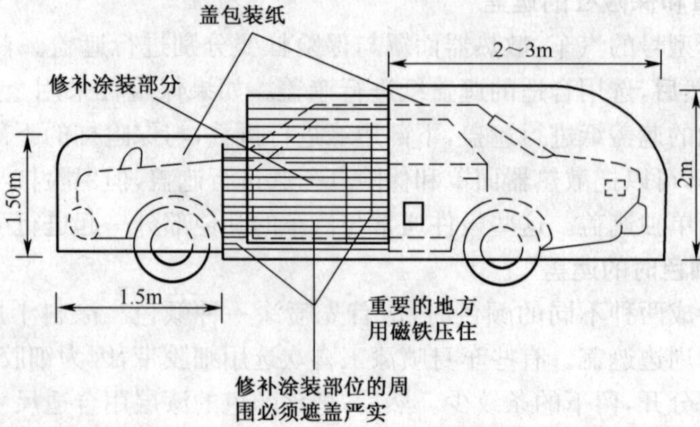


图 9-10　制作大型覆盖罩

反向遮盖和流线边缘遮盖法常用在局部板件需要喷漆的情况下。图 9-12 所示为翼子板顶部和发动机罩局部的遮盖方法。首先在曲面弯曲前的平面上轻轻地粘贴一条胶带。然后，再用另外一条胶带粘贴弯曲的表面。这样，可以对喷漆产生足够的扰动，从而当胶条揭除后，不会留下明显的痕迹。

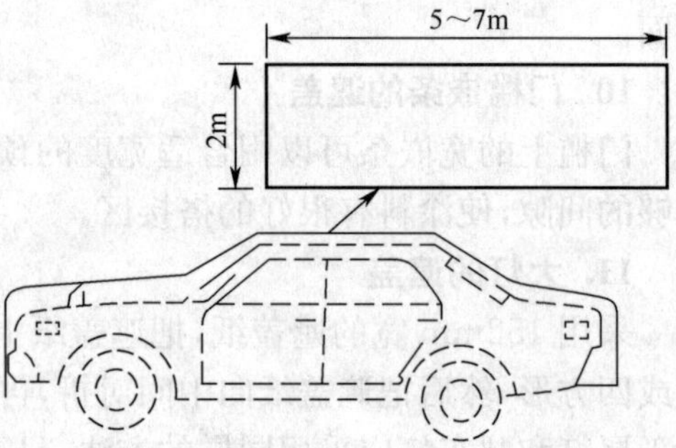


图 9-11　利用车身罩或包装纸遮盖

沿流线边缘进行反向粘贴时可以采用预先粘贴好胶带的遮盖纸。首先把遮盖纸沿流线型板件边缘的最高端放置好，用胶带固定。使遮盖纸自然下垂，然后反向折叠，使反向折叠的弧线超过流线型边缘 12～20mm。最后，把遮盖纸的另一边固定到板件合适的位置上。

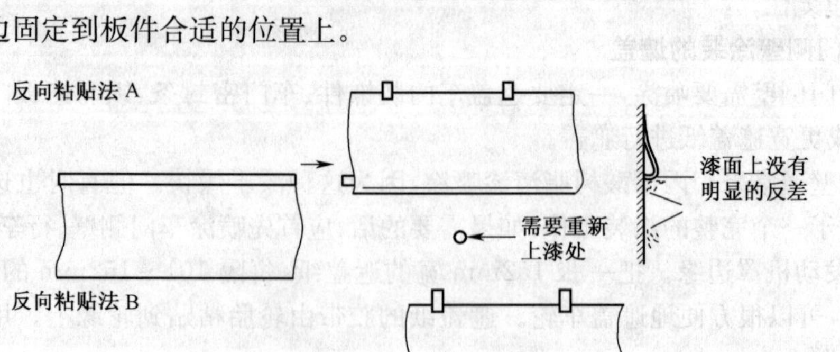


图 9-12　用胶带和遮盖纸进行反向遮盖

如果沿一个曲面流线型边缘进行遮盖时，必须使用遮盖胶带。首先把 19mm 宽的胶带以正确的角度分别粘贴到流线型边缘上。每条胶带应有 10～13mm 长，胶带与胶带之间应有足够的重叠量，整个胶带的粘贴边缘应形成一个与流线型边缘相平行的曲线，然后，把胶带条反折，应从最后一条胶带开始，并保证有一个正确的弧度，如图 9-13 所示。最后，用一条胶带把所有反折过来的胶带端粘贴固定。

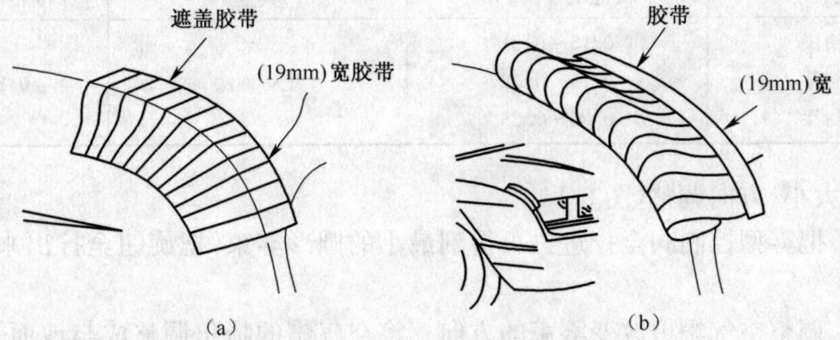


图 9-13 用胶带进行反向遮盖

## 二、喷枪的调整

在进行喷涂涂装前，应对喷枪进行必要的调整，以满足涂料的喷涂要求。喷枪的调整项目包括喷涂压力、漆流量和喷涂雾形等。

**1. 检查**

①喷杯上的气孔无污垢堵塞。

②喷杯上密封圈无渗漏等。

**2. 调整**

(1)压力调整

严格按照油漆产品说明书所提供的施工参数调整喷枪的压力。对任何涂料系统而言，最适当的空气压力只有一个，就是能使涂料获得最好雾化的最低空气压力。由于有摩擦，空气从干燥器调压阀流到喷枪时压力有所损失，损失量取决于输气管的长度和直径。最好在软管接头和喷枪之间接一个调压阀(阀上带有气压表)，用来检查和调整喷枪压力。最佳的压力是指获得适当雾化、挥发率和喷雾扇形宽度所需的最低压力。压力太高会因飞漆而浪费大量涂料，抵达构件表面前溶剂挥发快导致流动性差，容易产生橘皮等缺陷；压力人低会因溶剂保留的多而造成干燥性能差，漆膜容易起泡和流挂。不同涂料喷涂时所需的空气压力都有最佳值，见表 9-5。

表 9-5 推荐的气压范围

| 外涂层 | 喷枪气压(MPa) | 内涂层 | 喷枪气压(MPa) |
|---|---|---|---|
| 聚氨酯型涂料 | 0.35～0.39(纯色漆)<br>0.42～0.46(金属漆) | 硝基填实底漆 | 0.18～0.31(点部)<br>2.5～3.2(板部) |
| 丙烯酸清漆 | 0.14～0.32 | 普通填实底漆 | 0.21～0.28 |
| 丙烯酸磁漆 | 0.35～0.42 | 普通填实底漆 | 0.25～0.28 |
| 醇酸树脂磁漆 | 0.35～0.42 | 不需打磨的底漆 | 0.32 |

**续表 9-5**

| 外涂层 | 喷枪气压(MPa) | 内涂层 | 喷枪气压(MPa) |
|---|---|---|---|
| 可塑面漆 | 0.25～0.28 | 磁漆填实底漆<br>环氧树脂底漆<br>铬化锌底漆 | 0.32<br>0.32<br>0.32 |
| 密封层 | 喷枪压力(MPa) | 其他 | 喷枪压力(MPa) |
| 丙烯酸清漆<br>通用密封漆<br>混合密封漆 | 0.18～0.21<br>0.25～0.32<br>0.25～0.28 | 统一面漆 | 0.25～0.28 |

(2)雾束大小、方向调整(图 9-14)

①大小。把雾型控制阀全拧进去可得到最小的圆形雾束，把旋钮全拧出来得到的雾型最大。

②方向。调整空气帽可改变雾束的方向。将空气帽的犄角调整成与地面平行，喷出的雾束呈平面且垂直地面，叫垂直雾束，这种方式用得最多；如果空气帽的犄角与地面垂直，喷出的雾束呈平面且平行地面，叫水平雾束，这种方式在施工中少见，在大面积施工进行垂直扫枪时用。

(3)漆流量调整

用漆流控制阀按选定雾型调整漆流量，将控制阀拧出时漆流量增大，控制阀拧进时漆流量减少。

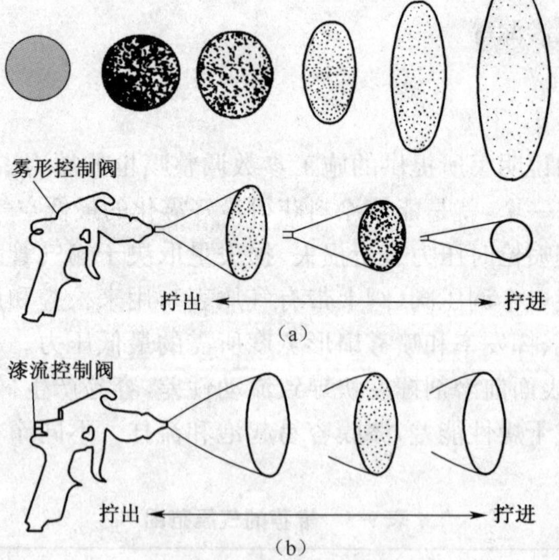


**图 9-14　喷枪的调整**

(4)涂料分布测试

如图 9-15 所示。通过雾形测试，看流挂情况，检查调整是否正确。松开空气帽定位环并旋转空气帽，使喇叭口处于竖直位置，此时喷出的图案将是水平的，如图 9-16 所示。再喷一次，按住扳机直到涂料开始往下流，即产生流挂，检查流挂情况。如果各项调整正确，各段流挂的长度应近似相等。如果流挂呈分开的形状，是由于喷束太宽或气压太低。把雾形控制阀拧紧半圈，或把气压提高一些，交替进行这两项调整直到流挂长度均匀；如果流挂中间长两边短，则是因喷出的漆太多，应把漆流量控制阀拧紧，直到流挂长度均匀。

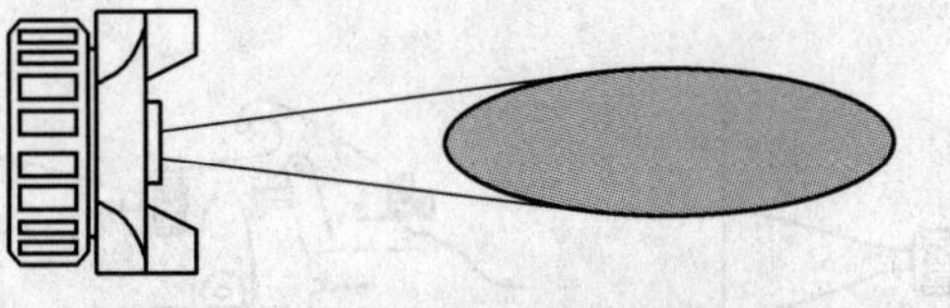

图 9-15　转动空气帽调整试喷图形

(a) 合适的喷涂图形　(b) 分离的喷涂图形　(c) 中间过重的喷涂图形

图 9-16　雾形测试

## 三、底漆的喷涂

### 1. 喷涂操作要领

(1)喷枪与工件表面的角度

喷枪与工作表面必须保持垂直(90°)，绝对不可由手腕或手肘作弧形的摆动，如图 9-17 所示。

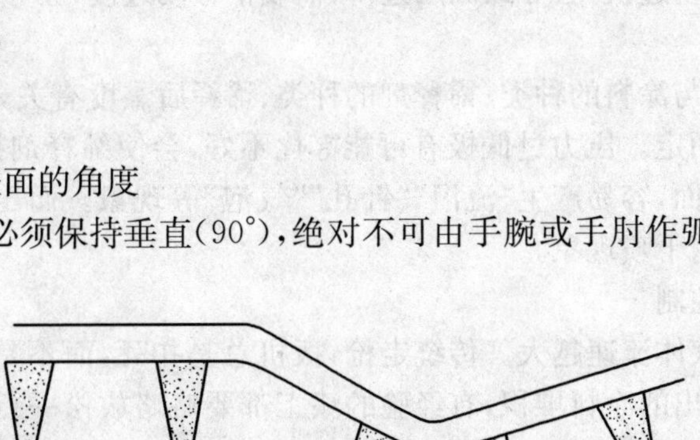

(a) 正确

(b) 不正确

图 9-17　喷枪与工件表面的角度

(2)喷枪嘴与工件表面的距离

正常的喷涂距离应与喷枪的气压、喷枪的扇面调整大小以及涂料的种类相配合。一般喷涂距离为 20cm 左右(可按涂料供应商提供的工艺条件操作)。实际距离可通过对贴在墙上的纸张试喷而定,如图 9-18 所示。如果喷涂距离过短,喷涂气流的速度就较高,从而会使涂层出现波纹;如果距离过长,就会有过多的溶剂被蒸发了,导致涂层出现橘皮或发干,并影响颜色的效果。

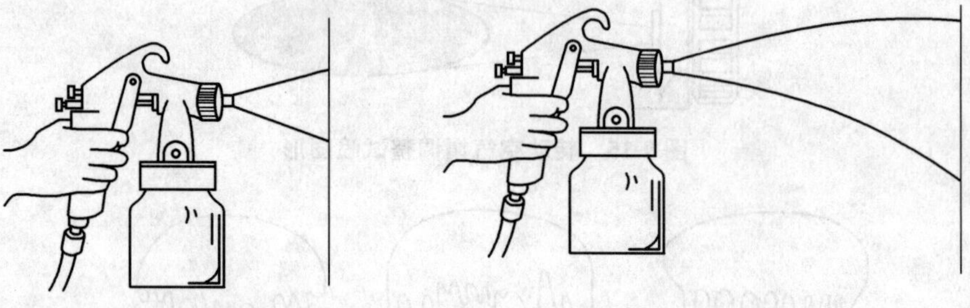

(a)涂料堆积 (b)喷雾落到喷涂表面时已经无力

**图 9-18 喷枪与工件表面的角度和距离**

(3)喷枪的移动速度

喷枪的移动速度与涂料干燥速度、环境温度、涂料的黏度有关,通常约以 30cm/s 的速度匀速移动。喷枪移动过快,会导致涂层过薄,而喷枪移动过慢,会导致出现流挂的现象。

(4)喷涂压力

正确的喷涂气压与涂料的种类、稀释剂的种类、稀释后黏度有关,一般调节气压 0.35～0.5MP,或进行试喷而定。压力过低极有可能雾化不好,会使稀释剂挥发过慢,涂料像雨淋一样喷涂到工件的表面,容易产生"流泪""针孔""气泡"等现象。而压力过高极有可能过度蒸发,严重时形成所谓干喷现象。

(5)喷枪扳机的控制

扳机扣得越深,液体流速越大。传统走枪,扳机总是扣死,而不是半扣。为了避免每次走枪行将结束时所喷出的涂料堆积,有经验的漆工都要略略放松一点扳机,以减少供漆量,如图 9-19 所示。

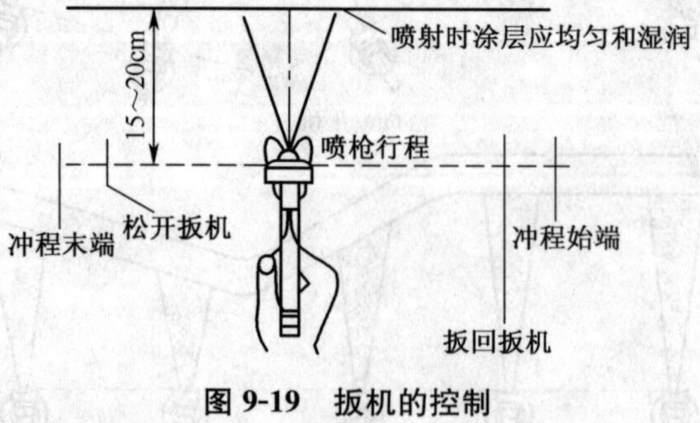


**图 9-19 扳机的控制**

扣扳机的正确操作一般分 4 步:先从遮盖纸上开始走,扣下扳机一半,仅放出空气;当走到喷涂表面的边缘时,完全扣下扳机,喷出涂料;当走到另一头时,松开扳机一半,涂料停止流出;反向喷涂前再往前移动几厘米,然后重复上述操作步骤。

在"斑点"修补或者新喷涂层与旧涂层的边缘润色加工时都要进行"收边"操作。意思就是在走枪开始时不扣死扳机,也就是说,开始时的供漆量很小,随着喷枪的移动,逐渐加大供漆量，直到走枪行将结束时再将扳机放开，使供漆量大大减少，从而获得一种特殊的过渡效果。

(6)喷涂方法、路线的掌握

喷涂方法有纵行重叠法、横行重叠法、纵横交替喷涂法。喷涂路线应按从高到低、从左到右、从上到下、先里后外顺序进行。在行程终点关闭喷枪，喷枪第二次单方向移动的行程与第一次相反，喷嘴与第一次行程的边缘平齐，雾型的上半部与第一次雾型的下半部重叠，两次走枪重叠幅度应为1/3或1/2左右，如图9-20所示。

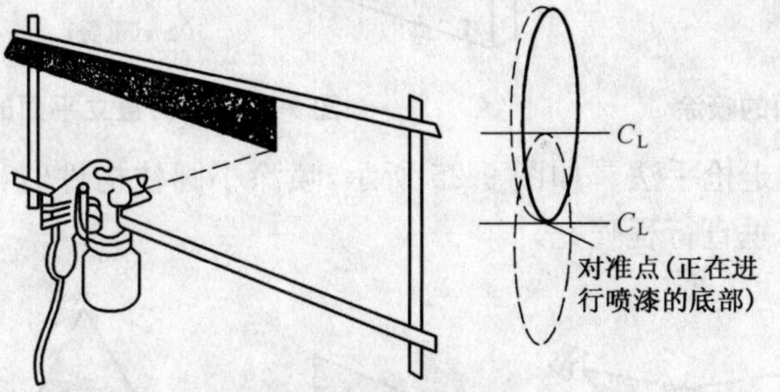


图9-20　喷程的重叠方式

(7)走枪的基本动作

汽车修补涂装中，被涂物的情况不同，喷漆走枪的手法也不同，以下叙述几种常用的喷漆走枪手法。

①构件边缘的走枪手法。在构件边缘喷涂时，一般采用从右至左喷涂，并采用纵喷(喷出涂料呈垂直方向)，如图9-21所示。

②构件内角的走枪手法。在构件内角喷涂时，一般采用由下而上，再由上而下喷涂，并采用横喷(喷出涂料成水平方向)，如见图9-22所示。

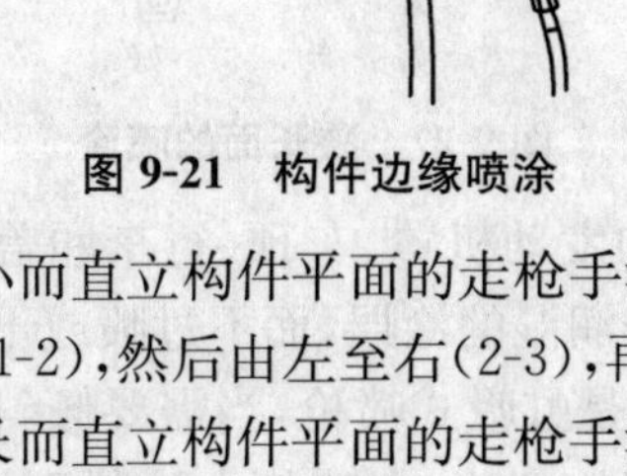

图9-21　构件边缘喷涂

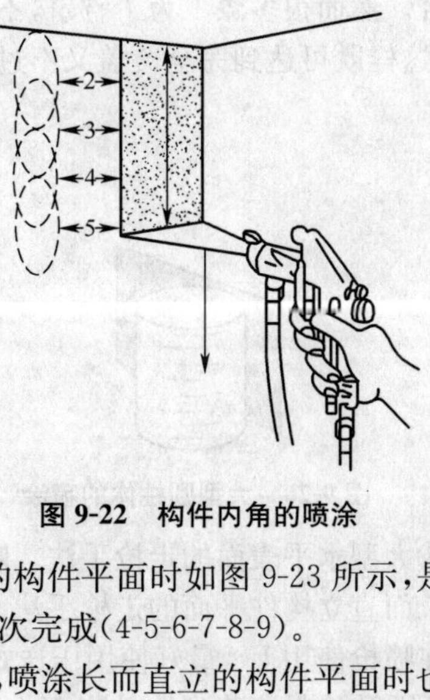


图9-22　构件内角的喷涂

③小而直立构件平面的走枪手法。喷涂小而直立的构件平面时如图9-23所示，是先由上而下(1-2)，然后由左至右(2-3)，再由下而上(3-4)，依次完成(4-5-6-7-8-9)。

④长而直立构件平面的走枪手法。如图9-24所示，喷涂长而直立的构件平面时也是由上而下，再由左而右，按板长方向分段进行，每段行程45～90cm，每段之间交接处，有10cm左右的行程重叠。

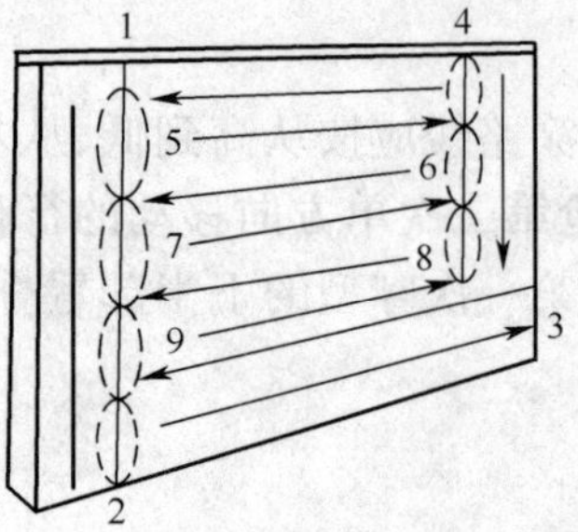


图 9-23　小而直立平面的喷涂

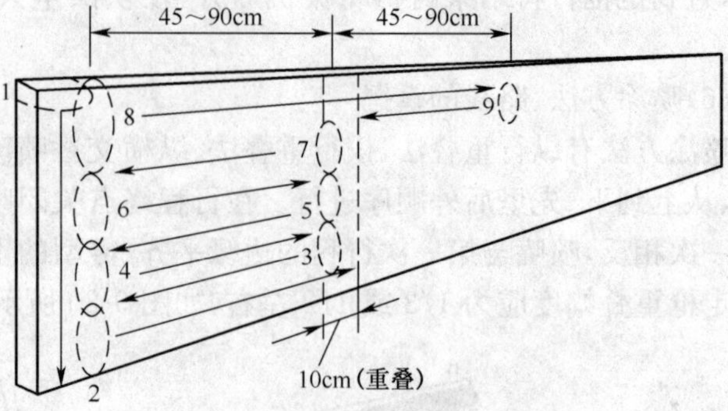


图 9-24　长而直立平面的喷涂

⑤小圆柱构件的走枪手法。如图 9-25 所示，喷涂小圆柱构件时，由圆柱顶自上往下再自下往上，分 3～6 道垂直行程喷完。

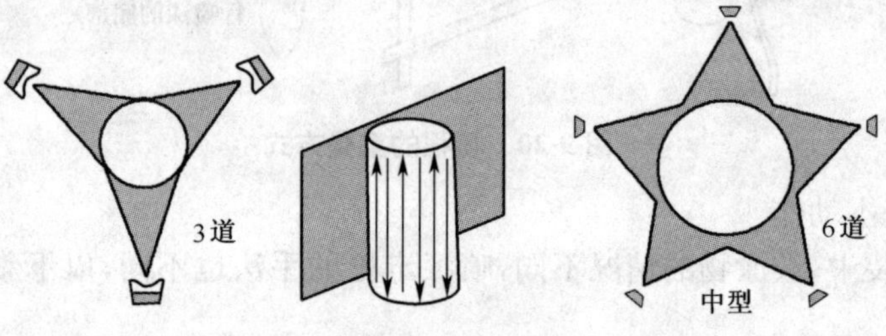


图 9-25　小圆柱体、中圆柱体的喷涂

⑥大圆柱构件的走枪手法。喷涂大圆柱体时，则由左至右再由右至左，水平行程，依次喷完，如图 9-26 所示。

⑦棒状构件的走枪手法。喷涂较长的、直径不大的棒状构件时，最好将雾束调窄一些与之配合。然而很多漆工为了省事，不愿经常调整喷枪，而是将喷枪雾束的方位与棒状构件相适应，这样既可达到完全覆盖又不过喷的目的，如图 9-27 所示。

图 9-26　大型圆柱体的喷涂

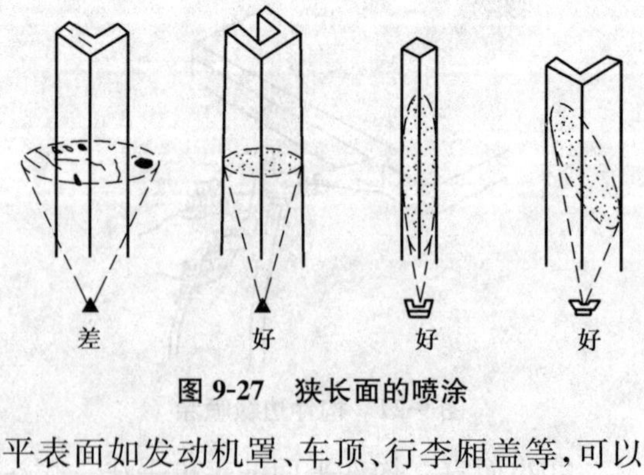


图 9-27　狭长面的喷涂

⑧大型水平表面的走枪手法。喷涂大型水平表面如发动机罩、车顶、行李厢盖等，可以采用长而直立构件平面的走枪手法。这样可以获得充分润湿的涂层，而不过喷或干喷最少。

在喷枪使用上，最好使用压送式喷枪。如果采用的是虹吸式喷枪，当需要倾斜喷枪时，切记不要让涂料滴落到构件表面上。为了防止涂料泄漏、滴落，在喷杯中涂料不要装得太满，整个操作过程要平稳、协调，随时用抹布或纸巾擦净泄漏出来的涂料。

**2. 不同板件的走枪顺序**

(1)车门

如图 9-28 所示。首先喷涂车门框的顶部，然后下移直到车门的底部。如果只喷涂一个车门，首先应喷涂车门边缘；喷涂门把手时应该特别小心，因为某点的涂料太多将会导致下垂。

(2)前翼子板

如图 9-29 所示。发动机罩的边缘和前翼子板的翻边应该首先喷涂，然后是前大灯周围部分、面板的穹起部分，最后是面板的底部。

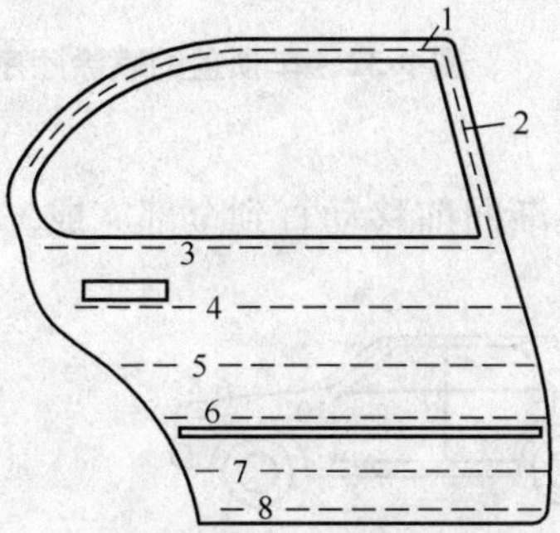


图 9-28 车门的喷涂顺序

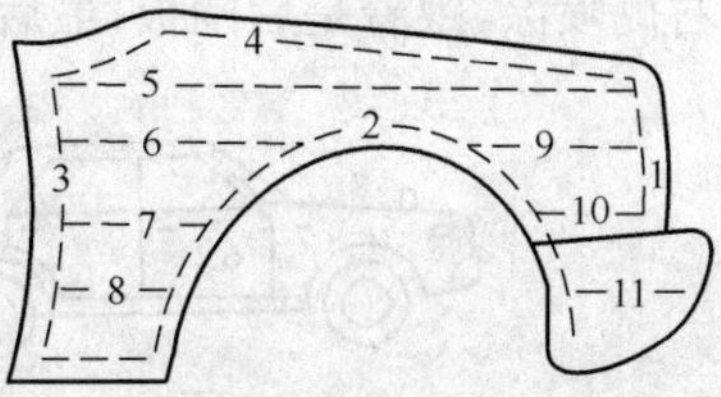


图 9-29 前翼子板的喷涂顺序

(3)后翼子板

如图 9-30 所示。首先喷涂边缘，然后喷漆工站在面板的中间，以一个长的连续的行程喷涂面板。如果无法一次完成，就把这个区域分成两个部分。使用这种方法时，一定要特别注意中间的重叠。如果重叠的涂料太多，将会发生下垂。

(4)发动机罩

如图 9-31 所示。首先喷涂发动机罩的边缘，然后是发动机罩的前部，下一步是在前翼子板的侧面，从中心开始向边缘进行喷涂；另一侧也使用相同的方法喷涂。

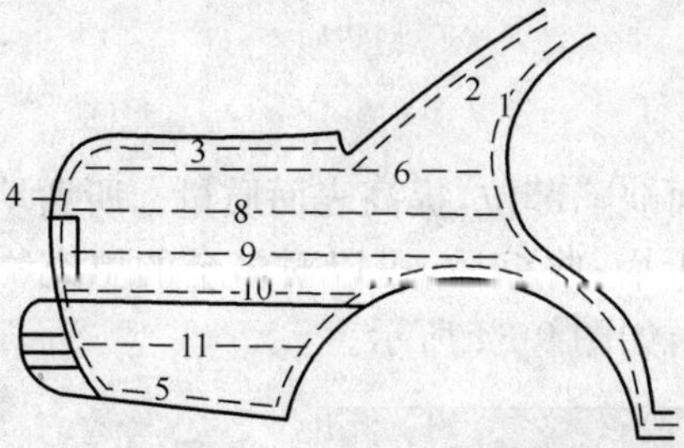


图 9-30 后翼子板的喷涂顺序

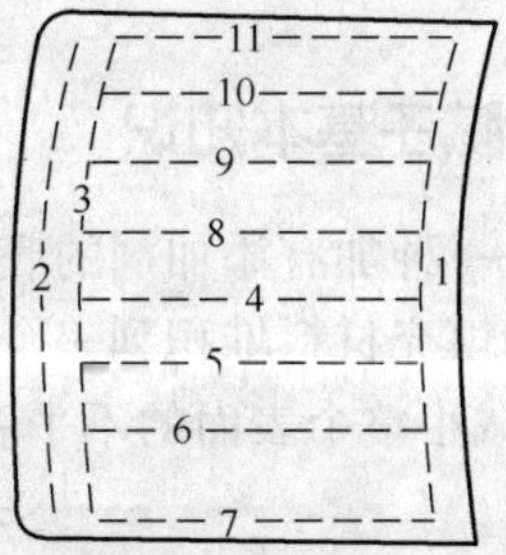


图 9-31 发动机罩的喷涂顺序

(5)车顶盖

为了方便对车顶盖进行喷涂，喷漆工应站在长凳上，以便能够喷到车顶的中心。如图 9-32 所示，首先喷涂一侧的风挡玻璃边缘，然后从中心到外边；一侧完成后，再用相同的方法完成后部和侧面。

(6)整车喷涂

当修整整个汽车时，对汽车不同部位喷漆顺序可能不同。通常，在横向排风的房间里，离排风扇最远的地方首先喷涂，从而能保证落在喷漆表面的灰尘最小，使漆面更光滑。具体操作如图9-33所示，首先对车顶盖喷涂，然后是左侧或右侧车门，下一步是同侧的后翼子板，接着是行李厢盖和后围板。对汽车另一侧的喷涂是从后翼子板开始，然后是车门和前翼子板、发动机罩、前裙板、门窗框，最后对另一侧的前翼子板喷涂。

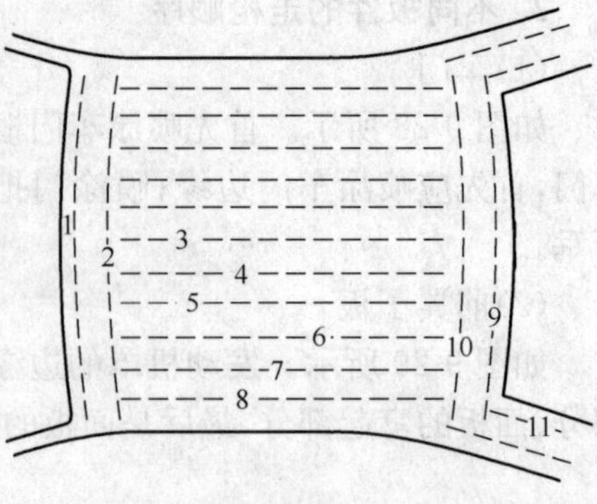

图 9-32　车顶盖的喷涂顺序

在向下排风的喷涂房里，因为空气是从天花板顶向汽车底部的检修坑流动，所以喷漆工必须改变喷漆方法。为了能够保持涂料边缘的湿润，车顶盖应该首先喷漆，接着是发动机机罩和行李厢盖，然后对车身右侧喷涂，跟着是后围板，最后是车身左侧，并逐渐向前移动直到全部完成。

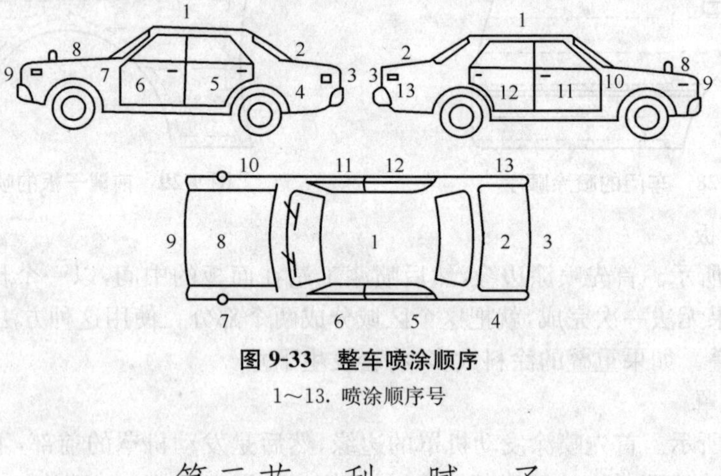
图 9-33　整车喷涂顺序

1～13. 喷涂顺序号

# 第三节　刮　腻　子

## 一、刮腻子基本知识

腻子是一种加有添加剂的底层涂料，填充在表面缺陷部位，提高表面质量。所谓填充就是把足够的填充材料堆积到一个表面上，当填充物干燥、收缩后，可以对多余的填充物进行打磨，从而减小整个表面的不平度，便于施涂面涂层，如图9-34所示。

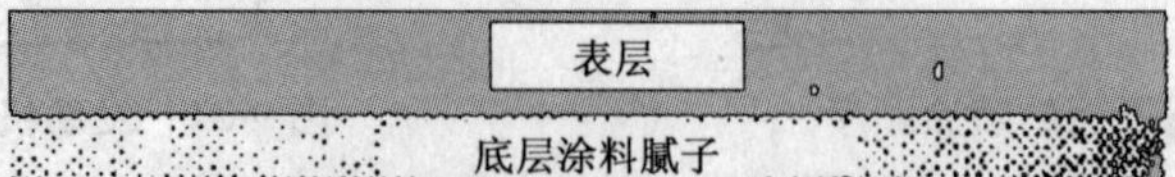

图 9-34　涂腻子的作用

为达到上述目的，要求腻子中要包含大量的固体成分，包括颜料等物质，涂抹在板件表面上后，能够快速固结，形成有一些厚度的涂层。

刮腻子又称打腻子，是一项手工作业。常用工具有调拌腻子盒（木制或金属制作）、托腻子板、腻子铲刀、腻子刮刀（又分牛角刮刀、橡皮刮刀、钢片刮刀）等，如图 9-35 所示。

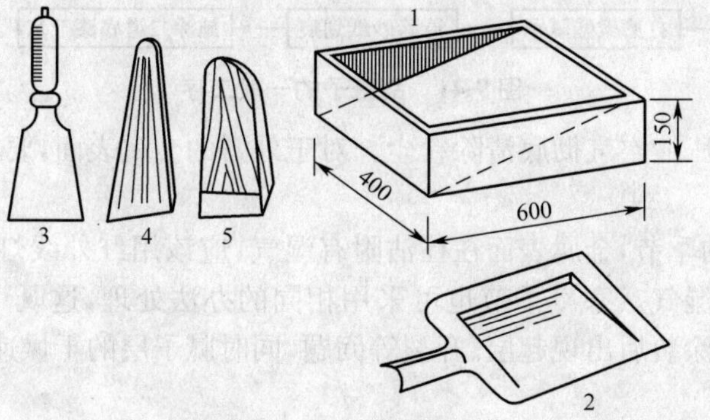


**图 9-35　刮腻子的常用工具**

1. 调拌腻子盒　2. 钢制腻子板　3. 腻子铲刀　4. 牛角刮刀　5. 橡胶刮刀

钢刮刀如图 9-36 所示，由木柄和刀板构成。木柄可用松木、桦木等制作，刀板用弹性较好的钢板制作。要求刃口应平直。

橡胶刮板如图 9-37 所示，采用耐油、耐溶剂的橡胶板制成，外形尺寸和形状根据需要确定。新制的橡胶刮板用约 100 号砂纸将刃口磨齐磨薄，不得有凸凹。

橡胶刮板有很好的弹性，对于刮涂形状复杂面非常适用，尤其是圆角、沟槽等处特别适用。还可根据工件形状将刃口做成相应形状。用后擦净保管。

嵌刀如图 9-38 所示，用普通钢制成，两端有刃口，一端为斜刃，另一端为平刃。也有用钳工手锯条磨出刃口缠上胶布即可。用于将腻子嵌入孔眼、缝隙或剔除转角、夹缝中的异物使用。

腻子盒如图 9-39 所示，采用 1.0～1.5mm 低碳钢板制成，用于调配腻子或盛装腻子用。

腻子托板如图 9-40 所示，用钢板或木板等制成，在刮腻时放少量腻子以方便施工。也可用较厚的大型钢刮刀代用。

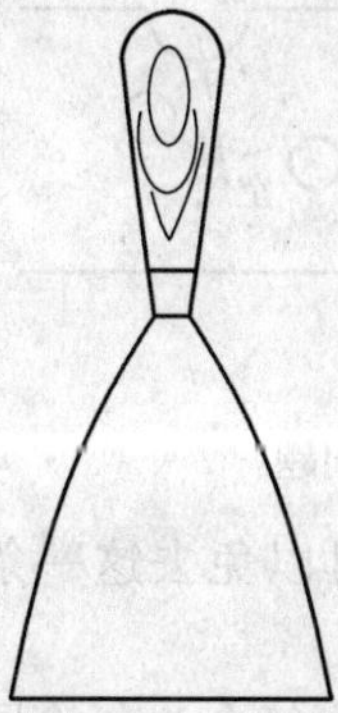

**图 9-36　钢刮刀**

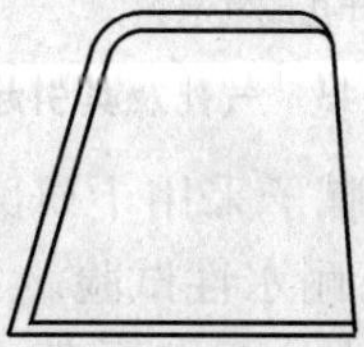

**图 9-37　橡胶刮板**

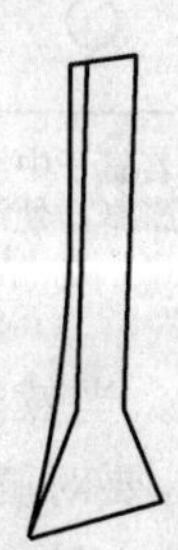

**图 9-38　嵌刀**

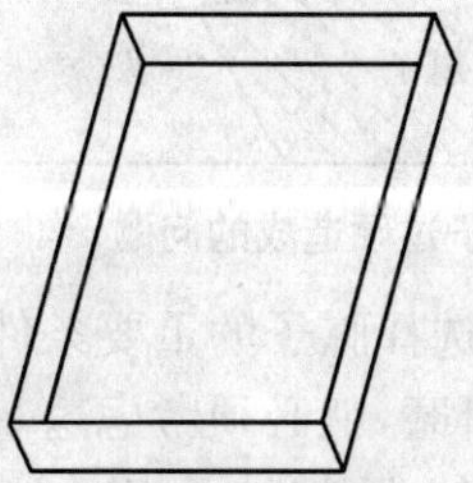

**图 9-39　腻子盒**

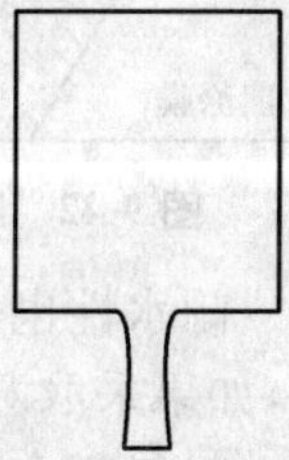

**图 9-40　腻子托板**

常用的刮腻子（聚酯型）的工序如图 9-41 所示。

## 二、刮腻子

### 1. 刮腻子前金属表面的处理

清除掉受损伤或老化的旧涂膜，修整好与保留旧涂膜的边缘交接部位之后，对于需刮涂

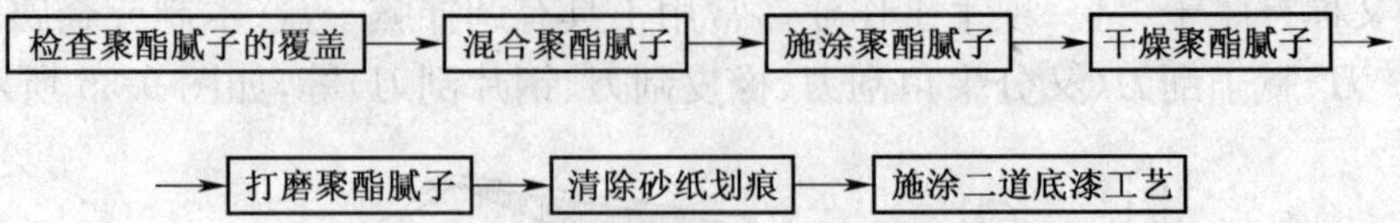


**图 9-41　刮腻子的一般工序**

腻子的表面，必须用压缩空气彻底清除粉尘。对于外露的金属表面，要用洗件汽油和溶剂进行脱脂处理。

雨天和湿度高的季节，金属表面往往沾附有湿气，应该用红外线灯和热风加热器，提高金属表面温度，除去湿气。寒冷季节也可采用相同的办法处理，这既可以提高腻子的附着力，又可以避免面漆涂装后出现起层、开裂等问题，同时腻子层的干燥速度也随之而提高。

**2. 腻子的选择**

挑选腻子，一是要求与金属和旧涂膜的附着性能好；二是要求耐热性，要能在 120℃ 条件下，保持 30min 以上不产生起层、开裂、气泡等现象；三是腻子的施工作业性能，刮腻子后要求 30min 左右就能进行打磨，腻子的刮涂和打磨作业性能好。

如果打磨性能差，会使作业时间变长、操作者疲劳，既难以保证表面打磨质量，砂纸的消耗量也会增加。这些时间和材料的浪费，都将直接导致经济性下降。

如果腻子过硬难以打磨，就会过多地削磨周围的涂膜，形成图 9-42 所示的情况，使表面凹凸不平，不得不再次补腻子。

易产生气孔的腻子，也会导致作业效率下降。如图 9-43 所示，如果出现了气孔，不仅必须重新补腻子，还会导致起泡和起层等质量问题。

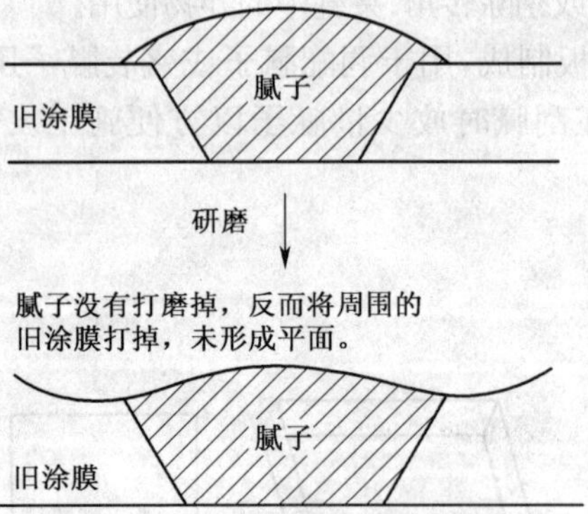


**图 9-42　腻子过硬造成的问题**

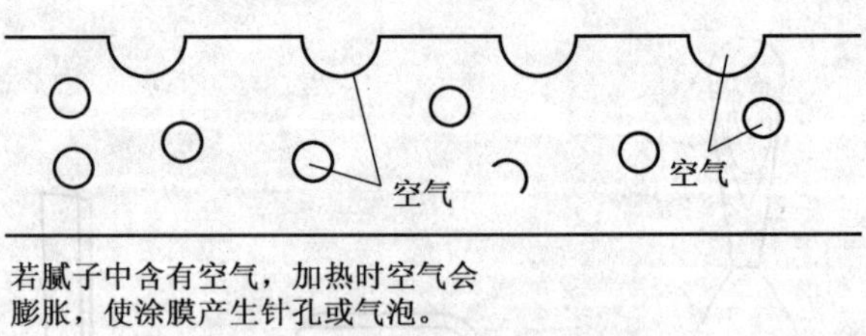


**图 9-43　气孔及其引起的问题**

耐水性也是选择腻子的重要条件之一。当然如果对腻子采用干研磨，可以免去这一条件，如果采取湿研磨，就必须考虑这一因素，要对腻子进行耐水性试验。

对于复合油灰，除与腻子相同上述要求之外，对附着力的要求更高。因为复合油灰涂层弹性不及腻子层，如果附着力强，在某种程度上可以弥补这一弱点。

当面漆采用丙烯酸聚氨酯磁漆时，为加快面漆干燥速度必须加热进行强制干燥。但如果采用远红外线或红外线加热器加热，提高局部温度时，通常所用的腻子和复合油灰就不能承受。耐热性好的厚涂型复合油灰就是适应这一要求的产品，它可以取代通常的腻子和复合油灰。这种厚涂型复合油灰与腻子相比，弹性显得逊色，但附着性能和耐水性能好，可以湿磨，同时颗粒较细，气孔少，不需要涂很厚的二道浆层覆盖。

**3. 检查腻子的覆盖面积**

为了确定需要准备多少腻子，需再次估计损坏的程度。但是，此时不能触及有关的区域，以防止在有关部位沾上油迹。

**4. 腻子的调和**

(1)取腻子

腻子通常装于铁制的罐内，固化剂装在软体的管子内。腻子装在罐中的时候，其各种成分如溶剂、树脂及颜料会分离。由于腻子不可以这种分离的形态使用，故使用前必须将罐盖打开并充分搅拌。用专用工具撬开腻子盒盖，使用长柄腻子刮刀或搅拌棒之类工具将腻子充分搅拌均匀。装在管子中的固化剂也是如此，应充分挤压装固化剂的胶管，使管中的固化剂在使用前充分混合。腻子罐每次用后必须盖好，以防溶剂蒸发。如果溶剂蒸发了，要向罐中倒入专用的溶剂。

(2)拌和腻子(图 9-44)

将适量的腻子基料放在混合板上。然后按规定的混合比添加一定量的固化剂。一般是以 100∶2～100∶3 的比例拌和。若固化剂过多，干燥后就会开裂；如果固化剂过少，就难以固化干燥。近来有一种方法将主剂和固化剂采用不同的颜色相区别，通过其混合后的颜色来判断其混合比。腻子主剂与固化剂拌和时，固化剂的容许量有一定范围，可以随气温的变化以适当调整，具体数值应以产品说明书为准。拌和腻子的具体步骤如下：

①用刮刀的尖端舀起固化剂，将其均匀散布在腻子基料的整个表面上。

②抓住刮刀，轻轻提起其端头，再将它滑入腻子下面，然后将它向混合板的左侧提起。

③在刮刀舀起大约 1/3 腻子以后，利用刮刀右边为支点，将刮刀翻转。

④将刮刀基本上与混合板持平，并将它向下压。一定要将刮刀在混合板上刮削，不要让腻子留在刮刀上。

⑤拿住刮刀，稍稍提起其端头，并且将上述在混合板上混合的腻子全部舀起。

⑥将腻子翻身，翻的方向与第③步中的相反。

⑦与第④步相同，将刮刀基本上与混合板持平，并将它向下压，从第②步重复。

⑧在进行第②步到第⑦步时，腻子往往向上朝混合板的顶部移动。在腻子延展至混合板的边缘时，舀起全部腻子，并且将它向混合板的底部翻转。重复第②步到第⑦步，直到腻子充分混合。

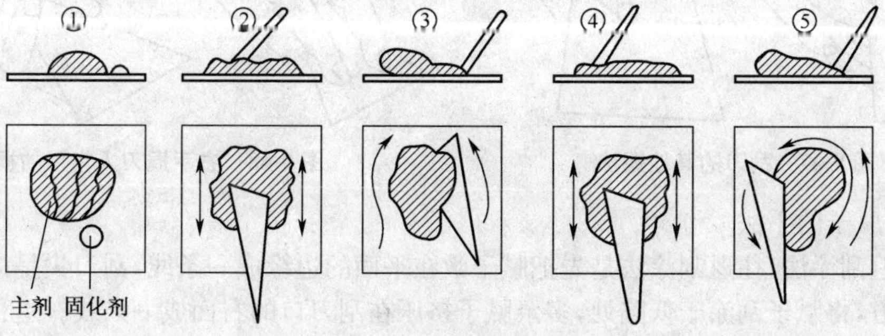


**图 9-44 腻子的拌和法**

是否拌和良好，主要可通过混合物的颜色是否均匀来判定。如果拌和不良，就会引起固化不良和附着不良等问题。有的腻子随季节不同,固化剂的配合比要变化,应根据产品说明书要求去做。

腻子有可用时间的限制。所谓可用时间是指主剂和固化剂混合后,保持不硬化,能进行刮涂的时间。通常在 20℃条件下,可以保持 5min 左右。因此应根据拌和所需时间和刮涂所需时间,决定一次拌和的量。如果总是拌和不好,反复长时间拌和,超过可用时间(或留给涂抹的时间过短),就会使其固化而不能使用,因此拌和的关键是速度要快,动作要熟练。

**5. 刮腻子的方法**

(1)刮刀的握法

刮腻子时,以左手握腻子托板,右手拿刮刀。刮刀有以下几种握法:

①直握法。如图 9-45 所示,直握时食指压紧刀板,拇指和另外四指握住刀柄。适用于小型钢刮刀。

②横握法。如图 9-46 所示,横握时拇指和食指夹持住刮刀靠近刀柄的部分或中部,另外三指压在刀板上。

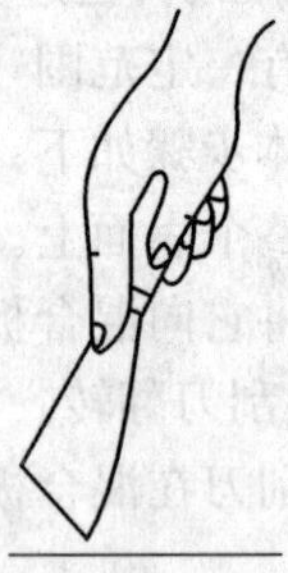

**图 9-45 刮刀的直握法**

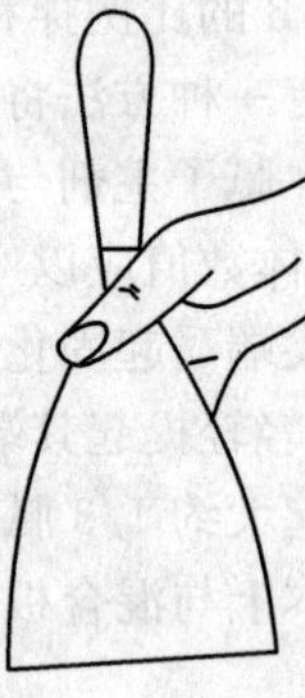

**图 9-46 刮刀的横握法**

③其他握法。如图 9-47 所示。对于右手握刀的人,图 9-48 所示是较常用的握法。

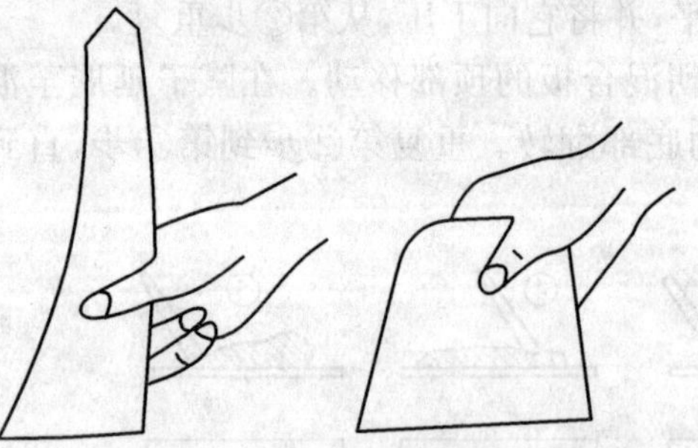

**图 9-47 刮刀的其他握法**

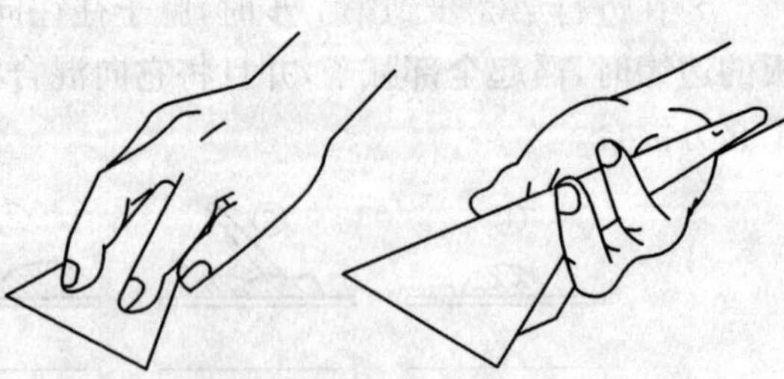

**图 9-48 右手握刀人常用的握法**

(2)刮腻子的手法

①往返刮涂法:往返刮涂法是先把腻子敷在平面的边缘成一条线,刮刀尖呈 30°～40°向外推向前方,将腻子刮涂于低陷处,多余腻子挤压在刮刀口的右面成一条线。这种方法适合于刮涂平面物体。

②一边倒刮涂法:一边倒刮涂法就是刮刀只向一面刮涂。汽车车身刮涂腻子的顺序是从上往下刮,或从前往后刮。这种方法适合于刮涂汽车翼子板、发动机罩等。

刮涂腻子时应将刮具轻度向下按压，并沿长轴方向运刮(图 9-49a)。每次涂刮腻子的量要适度，避免造成蜂窝和针孔。对于区域性填补应按图 9-49b 中所示的方向运刮。

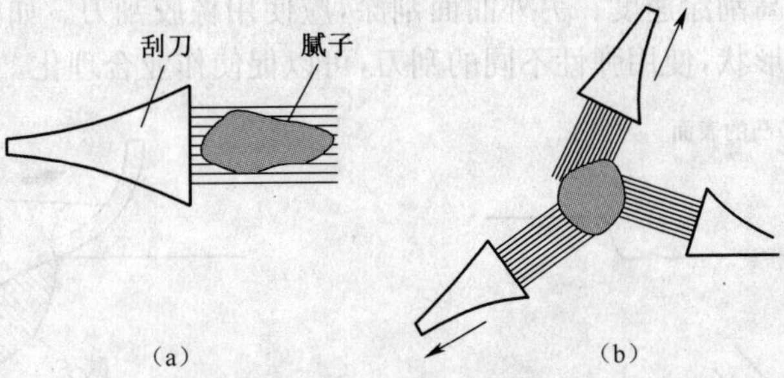


**图 9-49　刮具的运刮方向**

刮涂腻子的方式有满刮和软硬交替刮两种，其中：满刮又分填刮和靠刮；软硬交替刮又分“先上后刮”和“带上带刮”；另外还有“软上硬收”“硬上硬收”和“软上软收”等。

填刮：目的是用较稠的腻子分若干次将构件表面凹陷填平，填刮时主要用硬刮具靠刀口上部有弹力的部位与手劲配合进行操作。

靠刮：所用的腻子稠度稍低，用于最后一二次刮涂平滑的表面。刮涂时使硬刮具在刮口起主要作用而将腻子刮涂，使腻子刮得薄，刮得亮。

先上后刮：先将腻子逐一填满或挂平，然后再用硬刮具将其收刮平整，适应较大面积的刮涂。

带上带刮：边上腻子边将其收刮平整，适用于较小面积或形状较复杂部位的刮涂。

软上硬收：先用软刀刮在垂直平面上刮挂腻子，然后再用硬刮具将腻子收刮平整，这样腻子不容易发生掉落现象。

硬上硬收：上腻子和收腻子都用硬刮具以利于刮涂面平整，适合刮涂有平面又有曲面的构件。

软上软刮：上腻子和收腻子时均采用软刮具，以利于按构件表面的图形刮出圆势来，适合刮涂单纯曲面构件。

(3)不同表面刮腻子的操作

拌和结束后，用刮刀刮涂。腻子和复合油灰的刮涂要领是相同的，关键在于要仔细地刮出平面，同时尽量避免出现气孔。

①平面局部修补腻子时，一般采用填刮的刮涂方法，如图 9-50 所示。第一步先将腻子往金属表面上薄薄地抹一层，刮刀上要加一定的力，以提高腻子与金属表面的附着力；第二步逐渐用腻子填满修补的凹坑，刮涂时刮刀的倾斜角度，随作业者的习惯而存差异，通常以 35°～45°左右为好。要注意腻子中不要混入空气，否则会产生气孔和开裂；第三步用刮刀轻轻刮平修补表面。如果是曲面，第一和第二步可采用填刮，第三步应换用橡皮刮刀进行刮涂，以刮出正

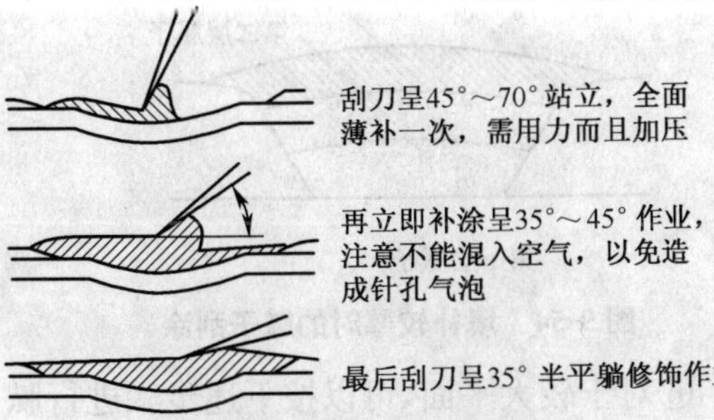


**图 9-50　局部修补腻子刮涂法**

确的曲面形状。

②大面积刮腻子时，使用宽刮刀比较方便。比如车顶、发动机罩、行李箱盖、车门等，使用宽的刮板，可以提高刮涂速度。另外曲面刮涂，应使用橡胶刮刀。如图 9-51 和图 9-52 所示，根据被刮涂面的形状，使用弹性不同的刮刀，可以促使作业合理化。

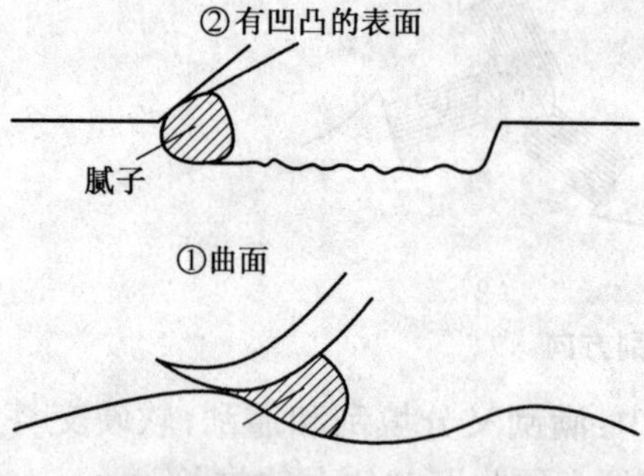


图 9-51　根据刮涂面的形状选用不同弹性的刮刀

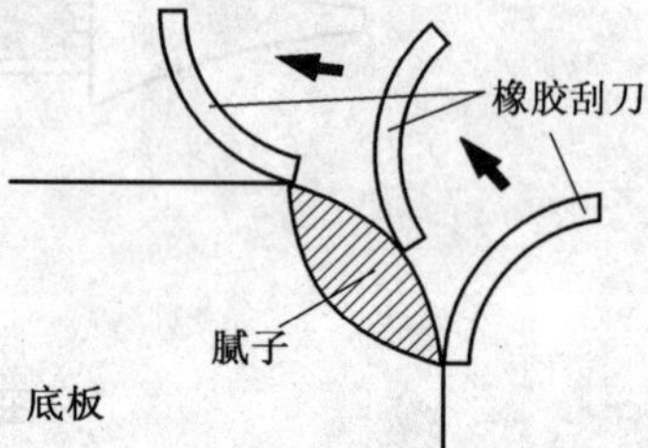


图 9-52　带曲面的刮刀使用方法

③对于冲压形成按一定角度交接的两个面，若需在冲压线部位进行刮腻子修补，其方法如图 9-53 所示。沿交接线贴上胶带纸遮盖住一侧，刮好另一侧的腻子；稍隔片刻待腻子干了，揭下胶带，再在已刮好的一侧贴上胶带纸遮盖，接着刮涂好余下的一侧。如此进行，可很好地恢复冲压棱线的线形。

④冲压线部位的腻子破损严重，或原来的旧涂膜较厚，一次刮涂填不满时，可以如图 9-54 所示，分成 2～3 次刮涂。这种情况下，可在前一层处于半干的状态下，刮上新的一层。如一次刮涂过厚，会形成气孔等问题。

⑤当旧涂膜油灰层很厚时，可以如图 9-55 所示，先在与旧涂膜的交接部位薄薄地涂上一层复合油灰，待其充分干燥之后，打磨表面，然后再填上腻子，这样可以解决与旧涂膜附着不良问题。

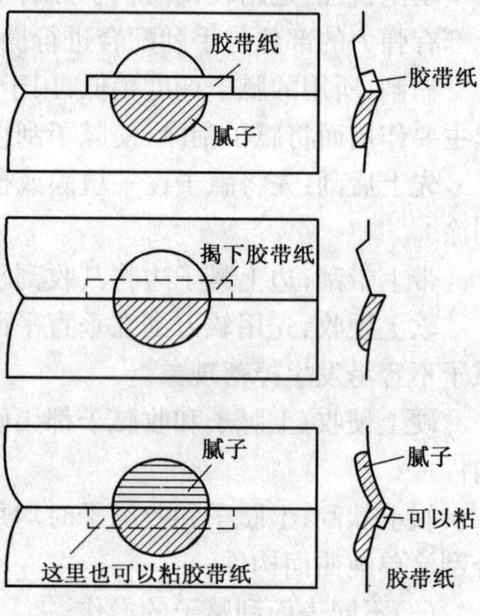


图 9-53　冲压线部位的腻子修补

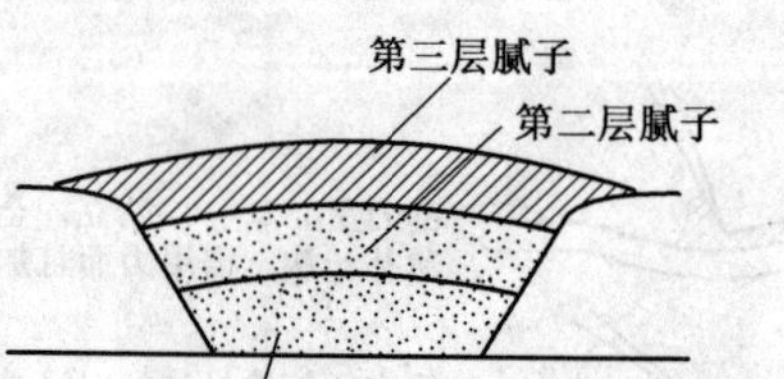


图 9-54　填补较厚时的腻子刮涂

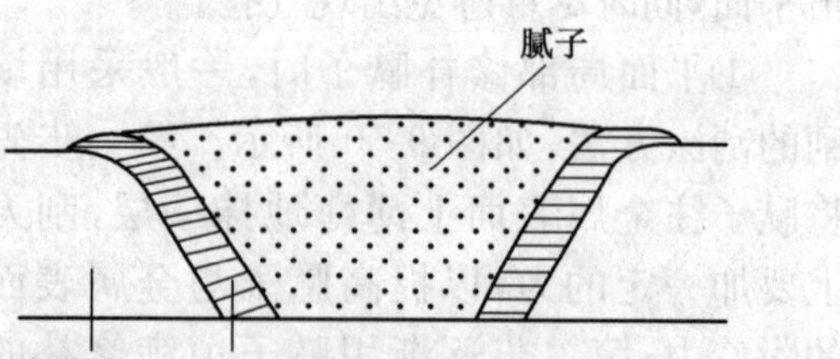


图 9-55　旧涂膜油灰较厚时的腻子刮涂方法

⑥对于较大平面，可以按下述步骤进行腻子涂装：

a. 如图 9-56a 所示，涂施第一层腻子时，将腻子薄薄地施涂在整个表面上。

b. 为了最大限度地减少在后续打磨工序中所需要的用力，施涂第二层腻子时，边缘不要厚。如果刮刀处于图 9-56b 所示的位置时，用食指向刮刀的顶部施力，以便在顶部涂一薄层。

c. 在下一道施涂腻子时，如图 9-56c 所示，要与在第二层中覆盖的部分稍有重叠。为了在这一道开始时涂一薄层，要用一点力，将刮刀抵压在工件表面上，然后释放压力，同时滑动刮刀。此外，在施涂结束时，要向刮刀施一点力，以便涂一薄层。

d. 重复第 c 步，如图 9-56d 所示，直到在整个表面上施涂的腻子达到要求。

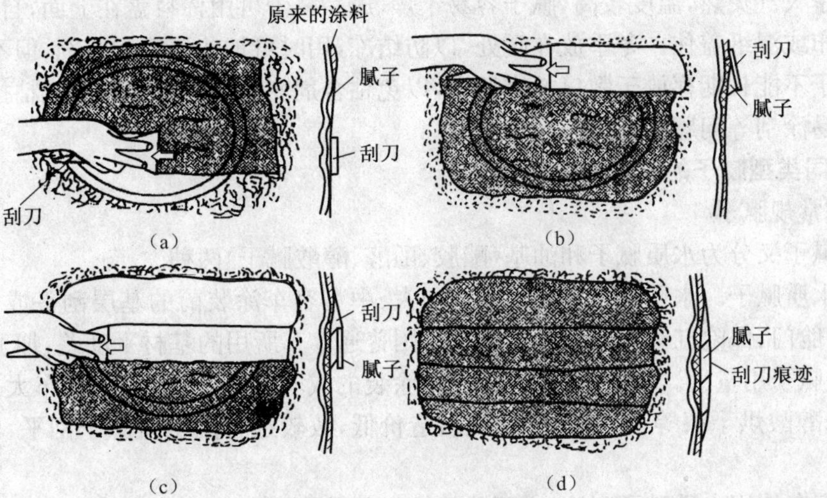


图 9-56　平面施涂腻子步骤

⑦在向平面施涂腻子时，要注意以下事项：

a. 如果刮刀在各道施涂中，仅向一个方向移动，腻子高点的中心就有所移动。这种情况很难打磨，所以刮刀在最后一道中必须反向移动，以便将腻子高点移回中央。

b. 腻子必须比原来的表面高。但是，最好只能略微高一点，因为如果太高了，在打磨过程中，就要花许多时间和力气来清除多余腻子。

c. 腻子施涂在工件表面上的范围，必须以在磨缘过程中所留下的打磨划痕为限。如果没有打磨划痕，腻子就粘不牢，日后可能剥落。

d. 施涂腻子要快，必须在混合以后大约 3min 以内施涂完。如果花费时间太长，腻子就可能在该道施涂完成前固化，影响施涂。

e. 腻子在固化中会产生热。遗留在混合板上的腻子，在腻子施涂工作后立即放在垃圾筒里，腻子产生的热可能引燃易燃物品。因此，一定要确认腻子已经凉透了，才能将之弃置。

(4)刮腻子时应注意的事项

①刮涂前被涂装表面必须干透，以防产生气泡或龟裂，若被涂装表面过于光滑，可先用砂纸打磨，以使腻子与底面结合良好。

②应在一两个来回中刮平，手法要快要稳，且不可来回拖拉。拖拉刮涂次数太多，腻子易于拖毛，表面不平不亮，还会将腻子里的涂料挤到表面，造成表干内不干，影响性能。

③洞眼缝隙之处要用刮刀尖将腻子挤压填满，但一次不宜刮涂太多太厚，防止干不透。

④刮涂时，四周的残余腻子要及时收刮干净，否则表面留下残余腻子块粒，干燥后会增加打磨的工作量。

⑤如果需刮涂的腻子层较厚，又要多层刮涂时，每刮一道都要充分干燥，每道腻子不宜

过厚,一般要控制在 0.5mm 以下,否则容易收缩开裂或干不透。

⑥自配的桐油厚漆石膏腻子不宜加水过多,加入的熟桐油不能过少,以防止腻子变粉,刮涂后易起泡和开裂脱落。

⑦腻子刮涂工具用完后,要清洗干净再保存。刮刀口及平面应平整无缺口,以保障刮涂腻子的质量。

⑧夏季天气炎热,温度较高,腻子容易干燥,成品腻子可用稀料盖在上面,自配的石膏腻子可用湿布或湿纸盖住。冬季放在暖处,以防结冻,用时可加些清漆和溶剂,但不宜久放。

⑨腻子不能长期存放于敞口的容器中,以免粘合剂变质,溶剂挥发,造成粘挂不住,出现脱落或不易涂刮等问题。

**6. 不同类型腻子的刮涂方法**

(1)刮常规腻子

常规腻子又分为水质腻子和油基(酯胶、酚醛、醇酸腻子)两种。

①刮水质腻子。水质腻子主要用于普通大、中型客车涂装前的基层刮平或修补时更新的部件,如舱门、保险杠等局部表面的刮平。因普通客车所用的基材平度差,加上面积大,涂刮部位多,腻子用量大。若使用原子灰刮平,涂装的成本太高,加上普通客车大多使用醇酸磁漆、氨基醇酸烘干漆等一般漆种的涂装,造价低,故较适合用水质腻子刮平,以便于降低成本。

普通客车使用水质腻子刮涂,主要是把客车的前后围部位、各舱门和车门部位、大顶两侧的瓦棱铁部位以及前后保险杠刮平,对两侧大板面的压条部位、扁窗与前后风挡的立柱部位及车门的框面等,刮涂平整即可。要想用水质腻子把普通客车不平的基层刮平,通常要分三次(三道)刮涂,第三次是局部刮平(也叫收光刮平)。

刮第一次水质腻子。因水质腻子有较好的刮涂性,可在一个部位来回多次刮涂至平整,所以在刮涂时,可用铜刮板先将调和好的腻子刮于客车的基层表面上,厚度以基层的平整度而定。每面满刮后,再将表面来回轻刮 1～2 个或 3～4 个来回至平整,以消除满刮时留下的刮棱,再将四周边缘收刮干净,待烘干(或自干 24 h 以上)。对舱面等较大面,可待满刮后,先用刮板将刮棱轻轻收刮基本平整后,再改用特长胶合板刮板或铝刮板,从上向下将表面轻刮平整(过细),收净边棱残渣即可。对前后风挡玻璃的立柱等弧形面,可用橡胶刮板细刮平整。

刮第二道水质腻子。刮得应薄些,刮涂厚度为 0.6～1mm。刮前,先用铜板将表面的刮涂接棱等不良之处清理平整、干净,然后根据物面的平整度,再全面满刮 0.5～1mm 厚。基层平整度差时应满刮得稍微厚一些,在 1～1.5mm 至物面平整为止,但不能过厚,以防遇剧烈振动时腻子开裂。若第一次刮的水质腻子平整度好,第二道应尽量刮得薄些。

刮第三道水质腻子。也叫收光腻子,是在第二道干燥并打磨平整后,用气吹(压缩空气)将灰尘吹光后进行刮涂的。目的是把第二道腻子表面上的大麻眼、搭接处及局部的凹陷等不平之处依次刮平,以进一步提高涂层的平整度。

刮第二道水质腻子时,要用麻眼专用灰刮涂,并遵循先上后下,先左后右,先里后外,先难后易的操作顺序,依次把各面上的麻眼等不平之处细刮平整。每面刮好后,应再进行一次全面的检查,以防漏刮。

②刮油基腻子。即刮酯胶、酚醛、醇酸等腻子及自配的桐油腻子。油基腻子的附着力比

水质腻子的优良，价格仅是原子灰价格的1/3左右，很适于刮涂中高档汽车及普中档轿车的翻新、修补等基层的底灰。因这几种腻子的干燥性能和刮涂性的差异，刮涂方法有所不同。

刮酯胶腻子。此腻子质地细密、刮涂性好，能在同一个地方来回反复多次刮涂，且不卷层，每次的涂层应在0.5mm厚为宜。若汽车的平整度差，就需要多刮几次，才能符合质量要求的平整度。刮涂时，可用钢(铜)刮板先把腻子满刮于物面，每面刮满后，再轻而均匀地将表面收刮平整，不要留下接痕，以防干后形成硬棱，给磨光增添难度；然后立即收净边面的残渣。普中档客车的前后围四角部位等，可每次连续刮涂2～3道，每道的刮涂厚度以0.3mm为宜，否则会因过厚造成慢干而影响施工进度。客车的前面罩等异形面，可用小橡胶刮板进行反复、细心地刮涂。

头道腻子刮平干后，用刮板或灰刀把表面上的刮棱及毛刺清理平整，干燥后用粗砂布略加磨光即可刮涂后道腻子，依次将各部位反复刮平即可。

刮酚醛腻子。酚醛腻子及自配的腻子，质地均比酯胶腻子粗，且刮涂性也比酯胶腻子差；但比酯胶腻子干得快。每次可一次性刮1～1.5mm厚，有利于加快刮平的进度。但每个部位满刮平整后，应立即轻而均匀地将表面细收平整，以防卷层或产生大麻眼。它们只适用于作前两道腻子涂层的刮涂，不适于细腻子或麻眼腻子的刮涂，以防因质粗而影响质量。

刮醇酸腻子。其刮涂性不如酯胶及酚醛腻子，所以只用于小件表面的刮平，或用于普通客车、货车旧层表面的局部刮平。如刮涂客车前后(包括轿车)灯框等小件部位时，可用小橡胶刮板，每处刮涂1～2个来回即可，刮平后应及时清净残渣。刮涂客、货车旧漆层的局部时，应先用钢刮板把缺陷填实，再将表面收刮平整即可。

(2)刮原子灰

原子灰是近几年来涂料制造业新开发的一类双组分高档聚酯腻子。其主要特点是：一次可连续刮涂4～6mm厚的涂层，且干燥快，易打磨，对金属基层及涂层均有较好的附着力。目前在汽车、机械等产品涂装中已被广泛使用。

豪华客车及小轿车的基层是用原子灰刮平的，故刮涂质量的高低直接影响涂装质量，所以一定要把原子灰刮好，为提高漆膜的平整度打好基础。要想刮好原子灰就应掌握好物体的平面、异形面及弧形面的刮涂法。

①平面刮涂法。在刮涂豪华客车的车门、后货舱门及两侧舱门和轿车的发动机盖罩等平整物面时，用大钢片(铜片)刮板，先把调好的原子灰快速满刮于物面上，并立即将灰面来回收刮平整。每处只能轻轻收刮1～2个来回，否则，会产生卷层或脱层。每面刮平后，要及时把四周边缘上的残灰清理干净。

刮涂技术比较熟练的漆工，在刮涂门外部及舱门外部等平整度较好的物面时，可待一面满刮后，立即改用特制的长铝板刮板或长胶合板刮板，双手用力均匀一致地快速将灰面收刮(上下来回刮)平整，最长不能超过5min，以防灰层固化造成卷层或脱落。

②异形物面刮涂法。用26～36mm左右的橡胶刮板刮涂轿车和客车的异形面，如前后灯框部位，客车的前面罩件等。刮涂时随物面的形状，用力均匀地刮涂(刮到凹坑等不平部位时，手的用力要轻，刮平整部位时手的用力要重)，这样刮后的涂层平整度才能一致。否则，既浪费材料又达不到如意的刮平效果，还会给干后的打磨增添麻烦。各异形物面用橡胶刮板刮平后，要及时用灰刀或钢刮板，把表面及边缘的残渣清理干净，以防干后结渣影响磨光。

原子灰通常要刮涂2～3道，每道厚度以0.5～1mm为宜。对基层平整度较差的部位，有时需要刮3～4或5～6道，才能充分刮平缺陷。

③弧形物面刮涂法。弧形物面，如轿车的弧形车门、盖罩的边面及轮罩部位等，客车的保险杠、前后围的上部和四角部位等，货车驾驶室的各带弧形的部位等，均可采用钢刮板（铜刮板）刮涂，也可采用钢刮板与橡胶刮板相结合来刮涂。

用钢刮板刮涂时，第一道原子灰可顺弧形物面的长向刮涂，第二道应顺弧面物面的横向刮涂，这样交替刮涂直至达到质量要求的平度。顺长向刮涂时，对50～60cm左右长的物面，要一次性刮到头，当中不要停留，以免留下搭接。刮涂1m长左右的物面时，可分段刮涂，搭接部位不要太明显。按这样把弧形部位的物面依次满刮平整，并收净边棱的残渣即可。横向刮涂时，应从弧形物面的一边横刮到另一边，一刀压一刀进行刮涂。对大型客车后围两侧的弧形部位，也叫椭圆形部位，因其弧度较大，应从弧度的两边向中间刮涂，按此法从上往下进行刮涂。

若采用钢刮板与橡胶刮板相结合刮涂时，第一道原子灰最好用钢（铜）刮板刮涂，因为橡胶刮板的弹性太大，不易将底灰铺平（摊平）。待第一道干燥并打磨后，再用橡胶刮板刮涂第二道和第三道，这样易使刮涂质量达到优良。

## 三、腻子的打磨

### 1. 腻子的干燥

新施涂的腻子会由于其自身的反应热而变热，从而加速固化反应。一般在施涂以后20～30min即可打磨。如果气温低或湿度高，腻子的内部反应速度降低，从而要较长的时间来使腻子固化。为了加快固化，可以用红外线灯或干燥机加热。

在使用红外线灯或干燥机来加热和干燥腻子时，一定要使腻子的表面温度控制在50℃以下，以防止腻子分离或龟裂。如果表面热得不能触摸，则说明温度太高了。

涂层薄处的温度，往往比涂层厚处低。这种较低的温度会减慢涂层薄处的固化反应。因此，一定要检查涂层薄的部分，以确保腻子的固化状况。

### 2. 腻子的打磨

(1)使用腻子锉刀粗锉削

腻子的粗锉削，要用专用的腻子锉刀进行（图9-57）。腻子层刮涂厚度一般都超过实际需要，所以应该先用锉刀初步锉削打磨后，再使用打磨机进一步打磨，以提高作业熬率。

腻子锉刀有圆锉、半圆锉和平锉三种，可根据腻子层和车身曲面的状态分别使用。锉刀使用的材料是经特殊淬火处理的钢。锉刀刃呈网状排列，通常是装上柄使用。但当用于锉削腻子时，将柄去掉了似乎更为方便。

锉削时的施力方向，一种是往回拉，一种是向前推，可根据自己的喜好来选择。

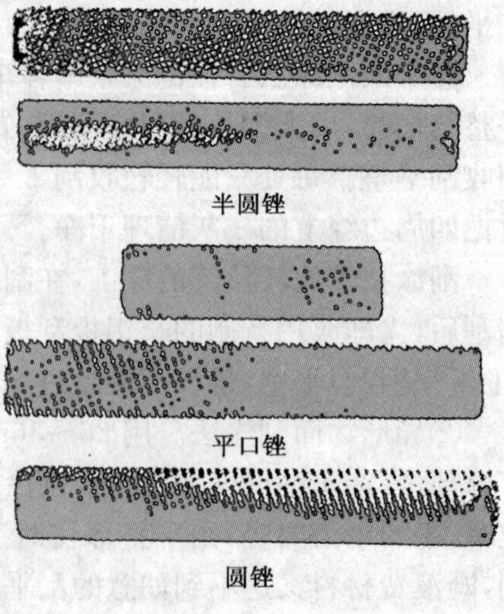


图9-57　腻子锉刀的种类

半圆锉最适宜腻子的锉削，因为呈半圆状，锉刀口不易弯曲，容易形成平面。使用时倾斜 30°～40°，这样锉削面比较大，锉削起来也不吃力，但不足之处是锉削痕较深。

平口锉只是为了修整半圆锉锉削后的平面，锉刀易弯曲，用力过大就会折断。优点是锉削痕不会变深，因此用于曲面锉削也比较方便。

圆锉刀主要用于半圆锉和平锉无法使用的部位，比如内凹的曲面和孔状部位等。

第一步，要先用半圆锉锉削。锉削中要注意不能施力过大，否则会在表面留下深深的锉痕。另外锉削方向始终要保持平行，既可全部沿前后方向，也可倾斜或沿上下方向，总之要锉削出平整的表面。

第二步，为消除半圆锉锉痕，使用平锉进行第二次锉削。如果最初腻子表面比较平整，可以开始就用平锉。

如果腻子过于干燥，锉起来就很困难，应在刮腻子后 7～10min 内进行锉削作业、超过 20min，腻子就变硬了，应争取在这段时间内完成锉削作业。如果锉削下来的腻子呈较长的粗线状，说明腻子质量好，锉削的时机也掌握得较适宜。

(2)用砂纸打磨

在汽车涂装施工过程中，打磨操作通常采用手工打磨和机械打磨两种方式。手工打磨适用于对小面积腻子的粗磨和大面积的细磨以及需精工细磨部位(如对型线、曲面、转角及圆弧和弯曲等部位)的修整。手工打磨是用磨块上包砂布(纸)的方法进行打磨的。手工打磨法效率低且劳动强度大，用机械打磨可降低劳动强度，提高工效，节省打磨材料，但对于弯角、边棱及弯曲等部位的打磨不适用。通常采用手工与机械相配合进行打磨，才能较好地完成打磨作业。手工打磨又分为手工干磨法和手工湿磨法两种。干磨法在打磨操作过程中粉尘飞扬严重，如果采用干磨法，需要有抽风措施，操作者需戴防尘呼吸保护器或防尘口罩、手套、风帽、穿工装等。手工湿磨法也称水磨法，操作时无粉尘飞扬，生产效率高，打磨质量好，但水磨后的涂层上有水分，需经烘干后方可进行下道工序施工，故生产周期长。目前大批量汽车涂装生产多采用干磨法来提高工效。

①打磨机打磨平面。腻子表面锉削完毕后，再用"直行式"或"往复式"气动打磨机进一步打磨，所用砂纸粒度一般为 60 号。当腻子打磨性能差时，可先用 40 号砂纸打磨，然后依次更换 60 号和 100 号砂纸打磨。

打磨的要领是，将打磨机轻压在腻子层表面，左右轻轻移动打磨机，切忌使劲重压。

如果填补面积很宽，而且填补的是复合油灰，可以免去锉刀锉削工序，直接用打磨机打磨。这种情况下，应使用 60 号的砂纸。打磨时应注意，打磨头的工作面应保持与腻子表面平行，如图 9-58 所示。打磨时不能施力过大，应将打磨机轻轻压住，靠旋转力进行打磨。若施力过大，就不能形成平整表面。

打磨机的移动方向如图 9-59 所示，先沿①所示方向左右运动；随后沿②和③斜向运动；然后沿④上下运动，这样可以基本消除变形。如果最后再沿①左右运动一次，消除变形效果更好。这之后，再换用 80～100 号砂纸，重复上述作业。

②使用手工打磨板和橡胶模块，由手工打磨修整，彻底清除细小的凹凸不平。手工打磨所用砂纸粒度为 150～180 号。气动打磨机不可能完全消除变形，因而手工修整是必不可少的环节。

复合型腻子层在进行湿打磨时，要使用 180 号耐水砂纸。为形成完整的平面，一定要使用木制靠模块和橡胶制靠模块。

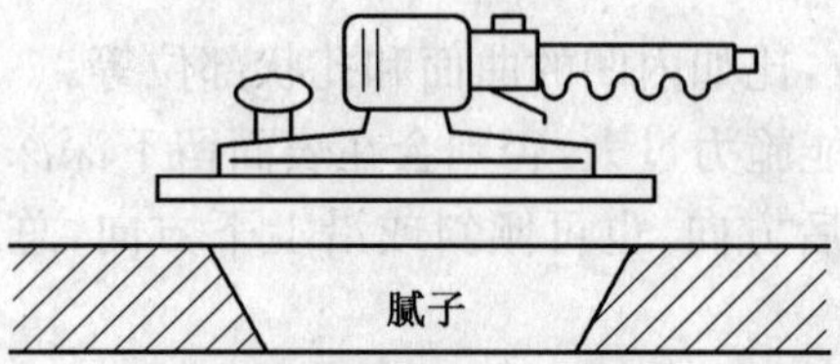


图 9-58 打磨机的使用方法

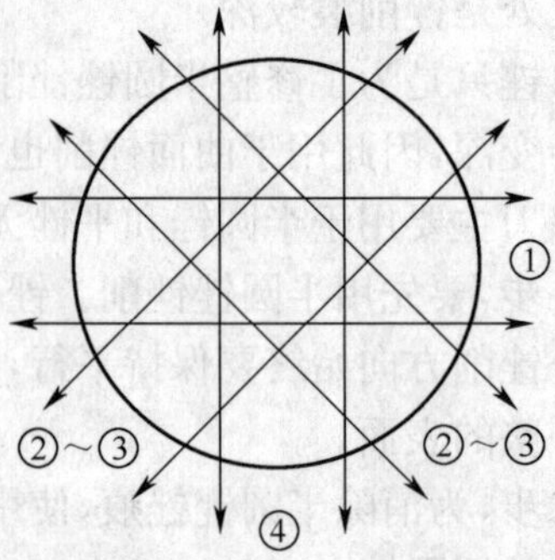


图 9-59 打磨机的移动方法

③使用双动式打磨机或小型往复式打磨机打磨修补腻子的边缘交接处及其周围的旧涂膜，如图 9-60 所示。砂纸粒度采用 240 号。如果是复合油灰进行湿打磨，可以用 320～400 号砂纸以消除打磨痕。使用小型往复式打磨机的目的是能够单手操作，从而能运用手工打磨的要领进行作业，这对于消除打磨痕很方便。

当修补面积不太宽时，使用磨头面积较小的打磨机比较方便。尤其是小伤痕的修补，如果磨头面积过大，反而会在旧涂膜上留下划痕，导致不良效果。

④手工打磨修整。使用打磨机大致形成平整表面之后，必须进行手工打磨修整。手工打磨修整使用手工打磨板较为方便，其大小应与打磨作业面积相适宜。手工打磨板的移动方法和使用打磨机相同。另外，若能巧妙地使用本制靠模块和橡胶靠模块，可以很快修正变形。

⑤修补手工打磨砂纸磨痕。修补腻子或复合油灰表面的打磨，最后一道工序必须消除砂纸磨痕，其原理如图 9-61 所示。若磨痕较深，比如用 150～180 号砂纸打磨后不加修整，二道浆涂料和面漆涂料中的溶剂就会从磨痕的凹处浸透，一直到达旧涂膜，从而导致起泡等质量问题。如果磨痕较浅，凹陷处滞留的溶剂量少，这类问题就不容易发生。

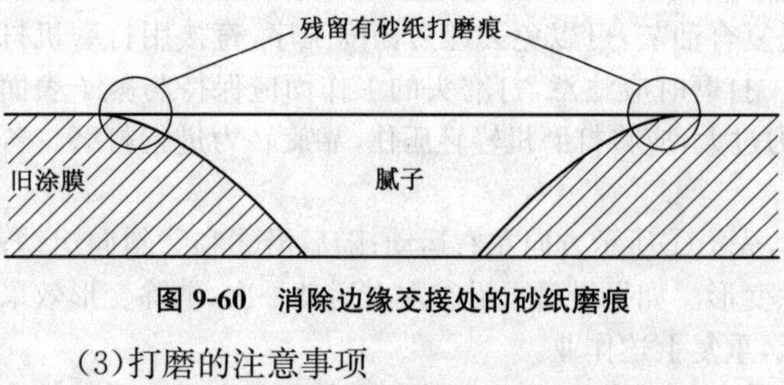


图 9-60 消除边缘交接处的砂纸磨痕

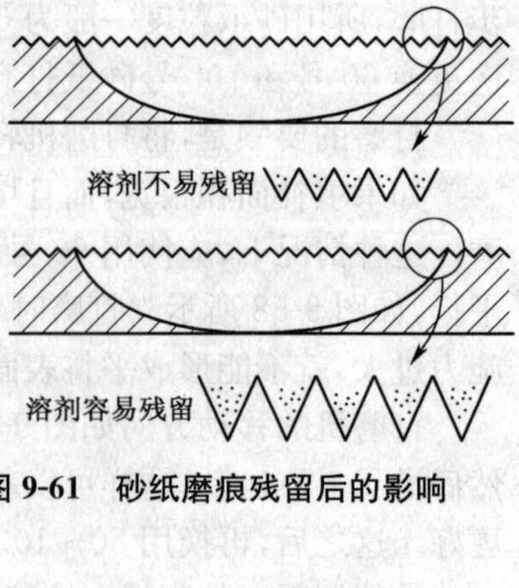


图 9-61 砂纸磨痕残留后的影响

(3)打磨的注意事项

在腻子的干打磨作业中，应注意以下几点。

①应根据不同打磨机的特点，按用途分别使用。

②应根据不同的要求，正确选用砂纸粒度。

③应在腻子固化过程中最适宜的时期进行打磨作业。一般情况下，随着腻子的干燥，其硬度随时间的增加面增加。这种硬度与时间的关系，因腻子种类不同而会有所不同。但不论哪种腻子，都存在当硬度过低时，无法打磨，若过硬，则打磨困难的问题。因此，在硬度适宜的区间进行打磨较为适宜，一般为刮涂腻子后 20～35min。例如厚涂型的复合油灰，一般在刮涂后 25～75min 之间，是最易打磨的时间。

④注意干打磨与湿打磨的差别。近来在汽车修理业，为追求作业的合理化、速度化，干打磨得到很大普及。但干打磨并非万能，因此不少作业者，同时应用着干、湿打磨两种打磨方式。

湿打磨的优点，一是研磨质量高，因为打磨时水能起润滑作用，相对滑动阻力小，容易消除表面的凹凸不平；二是不起粉尘，这对后面的工序是有利的；三是从经济性方面讲，湿打磨比干打磨少消耗砂纸 3～4 倍。

究竟采用干打磨好这是湿打磨好，关键在于要灵活运用两种方法的特点，推进作业的合理化，得到完美的加工质量。两种方法的优缺点归纳如表 9-6 所示。

**表 9-6　干、湿打磨的特点**

| | 湿　打　磨 | 干　打　磨 |
|---|---|---|
| 打磨作业速度 | 慢 | 快 |
| 砂纸消耗量 | 少 | 多 |
| 打磨质量 | 能满足要求 | 作为最后一道打磨难满足质量要求 |
| 作业性 | 一般 | 好 |
| 粉尘 | 少 | 多 |

⑤往复式打磨机的选样方法。各类打磨机的适用范围如表 9-7 所示。这里着重介绍往复式打磨机的使用特点。

**表 9-7　腻子打磨中各类打磨机的适用范围**

| 打磨机的类型 | 一般应用范围 | 一般的用途 | | | | | | |
|---|---|---|---|---|---|---|---|---|
| | | 清除油漆 | 打磨薄边 | 粗磨钎焊表面 | 粗磨金属油灰层 | 粗磨聚乙烯油灰层 | 打磨金属油灰层 | 打磨聚乙烯油灰层 |
| 圆盘打磨机 | 适用于狭小的部位 | A | C | C | C | C | C | C |
| 双向打磨机 | | B | A | C | A | A | A | A |
| 轨道打磨机 | | B | B | C | A | A | A | |
| 直线打磨机 | 适用于宽敞的部位 | B | C | C | A | B | A | B |
| 长行程边缘打磨机 | | B | C | C | A | B | A | B |

注：A. 优先选用；B. 可以选用；C. 尽量不用。

往复式打磨机主要用于腻子层的平面打磨，还可以用于旧涂膜的提高附着力打磨。这种打磨机的转速一般在 4500～8500r/min，类型有各种各样，可以根据作业内容和自己的喜好来进行选择。

长型往复式打磨机，打磨头尺寸为 75mm×400mm～75mm×450mm，适用于车门、车顶、发动机罩等大面积的打磨。这种打磨机，打磨头尺寸越长越稳定，最适合于横向打磨。

大型往复式打磨机，又叫作宽型往复式打磨机。打磨头尺寸为 114mm×280mm，在采用长型往复式打磨机太窄时适用。

短型往复式打磨机，打磨头尺寸为 90mm×170mm，或 95mm×230mm。当腻子面积为中等大小时最适用，也适用长型往复式、二道浆层表面和旧涂膜的打磨。这种打磨机输出功率比较稳定，最便于使用。

小型往复打磨机又叫手提式往复打磨机，单手完全能握持，可以按使用靠模块打磨的要领操作，因此最适合于最后一道修整打磨。打磨头尺寸为 75mm×150mm～75mm×160mm。这种打磨机还有一个优点是重量轻，长时间作业也不容易疲劳。

往复式打磨机的选择，首先要看其是否顺畅，加力后输出功率是否下降；其次要看它是否稳定性好，振动小、易握持。另外若空气流量可调，使用起来就更方便。当吸尘管不妨碍操作时最好选用带吸尘装置的。

使用时还应注意，不同机种使用的气压力不一样，不能超压。作业结束后，应做好收尾工作。

无论什么打磨机，选择好打磨头是提高作业效率的重要因素。其中包括砂纸的装卸应简单容易，衬装砂纸的表面应平整，能与涂膜接触良好，硬度要适宜等。

(4)注意各次打磨砂纸粒度

不同种类的腻子，在选择砂纸粒度时有所不同，各涂料制造商均根据各自生产的腻子性能特点给出有关粒度选择的建议，应严格执行。

## 四、腻子的修整

腻子打磨完成后，要检查腻子表面，若发现有气孔和小的伤痕，应马上修补。如果都等到喷二道浆之后再修整的话，往往更麻烦。因此尽可能在该工序使表面平整，消除引起缺陷的原因。如果腻子的施工非常标准(固化剂加入量合适，腻子搅拌均匀，每一道刮涂的很薄)，特别是在刮涂完普通腻子后，又刮涂了一薄层细腻子，则打磨后表面将非常平整，几乎不会存在气孔及深度的划痕，则无需施涂填眼灰。

**1. 填眼灰的施涂**

(1)搅拌填眼灰

填眼灰的盛装有两种形式，一种是盛装于软体金属或胶管内，一种是盛装于金属罐内。对于盛装于软体金属或胶管内的填眼灰，搅拌时，用手反复捏揉管体即可；对于盛装于金属罐内的填眼灰，可用专用工具打开盖后，用搅拌棒充分搅拌。

(2)取填眼灰

用腻子刮刀取少量填眼灰，置于腻子托板上，也可以置于另一个刮刀刀片上。由于填眼灰一般不需要添加固化剂，取出后即可使用(有的填眼灰需按比例加入稀释剂混合后才能使用)，而且其固化时间很短，用量也少，所以应少取，并且应在尽量短的时间内用完。

(3)施涂

气孔和伤痕的修补如图 9-62 所示，用小的腻子刮刀，以刀尖部取很少量的填眼灰，对准气孔及划痕部位，用力将填眼灰压入气孔或划痕内，必要时可填补多次。

**2. 填眼灰的干燥**

一般填眼灰施涂后，在自然条件下 5～10min 即可完全干燥，无需烘烤。

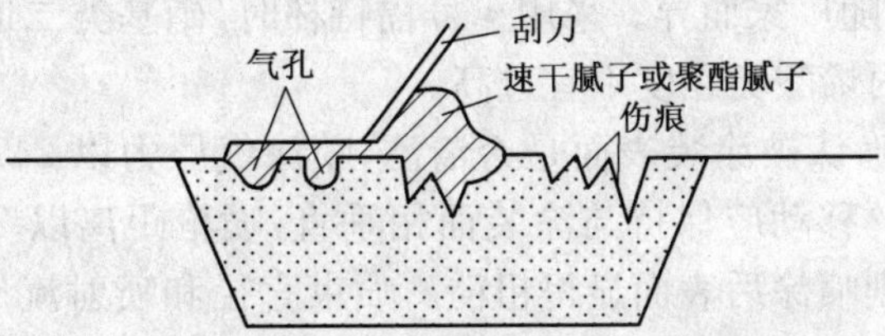


气孔和深的伤痕，用速干腻子或聚酯腻子填补。
用刮刀将腻子用力挤满空隙。

图 9-62　气孔和伤痕的修补

**3. 填眼灰的打磨**

填眼灰施涂后，会破坏原来打磨平整的腻子表面，另外，填眼灰的性能不如腻子，所以必须将多余的填眼灰完全打磨掉。干打磨采用粒度为 150～180 号砂纸；若湿打磨采用 240～320 号砂纸。打磨时要配合磨块，直到孔和划痕外的填眼灰完全被打磨掉为止。

## 第四节　喷中途底漆（二道浆）

### 一、二道浆的功用

对腻子层表面的气孔进行油灰填平后，由于油灰干燥后的收缩，会在表面留下凸凹不平点。尽管经过手工精打磨操作，但也不能满足喷涂面漆的需要。另外，腻子表面打磨后，仍会留下细小的划痕，也不适合直接喷涂面漆。此时一般需要喷涂二道浆。

### 二、喷涂前的准备

先用压缩空气清除表面粉尘。若进行过湿打磨，应做去湿处理，使被喷涂表面干燥。粉尘清除干净后，再用脱脂剂做脱脂处理。

对于不需喷涂的部位，应进行仔细覆盖，重点要注意喷涂时可能产生飞溅的部位。另外腻子填补区的四周，要用 320～400 号砂纸打磨旧涂膜，以提高二道浆层的粘着力。

湿度高的季节和雨天，即使底层未做湿打磨，亦应注意做去湿处理。

### 三、二道浆的喷涂作业

二道浆涂料种类的不同，其作业方式有一定差异。下面介绍常用的二道浆的喷涂操作方法。

**1. 硝基类和丙烯酸类二道浆（1K 漆）**

喷枪口径一般在 1.3～1.8mm，采用上吸式和重力式都可以。

二道浆涂料装入喷枪罐之前，必须先充分搅拌。因为涂料中所含颜料沉淀于涂料容器底部，必须通过搅拌，使其均匀分布于涂料中才能使用。使用电动搅拌器搅拌涂料比较省事。

将搅拌好的二道浆涂料装入喷枪罐，再用厂家指定的稀释剂稀释到适合的黏度。一般的二道浆都可采用上等的硝基类用稀释剂，但丙烯酸类二道浆必须使用专用的稀释剂。加入稀释剂时，要用搅拌棍边搅边加。

二道浆的喷涂黏度随厂家而异。采用 4 号福特杯时，硝基类二道浆 16～20s，丙烯酸类二道浆 13～15s 为宜，丙烯酸类黏度不宜过高。

喷涂之前，应再度确认被涂装表面是否清洁，喷涂气压力以 247kPa 为宜，喷枪距离为 15～25cm 左右。喷枪的移动应保持与涂装面相垂直，喷枪距离以 20～25mm 为最佳。过近则易引起垂挂，过远则喷涂后表面显得粗糙。喷束直径和喷射流量应根据涂装面积大小来调整。喷涂时，应如图 9-63 所示，先在修理补涂膜边缘交接部位薄薄喷涂，使旧涂膜与腻子的交界面溶合。待其稍干之后，接着给整个腻子表面薄薄喷一层，喷涂后形成的表面应平整光滑，取适当的时间间隔，分几次薄薄地喷涂。一般要喷 3～4 次。

二道浆涂料的喷涂面积如图 9-64 所示，应比修补的腻子面积宽，而且要达到一定程度。喷第二遍比第一遍宽，第三遍比第二遍宽，逐渐加大喷涂面积。

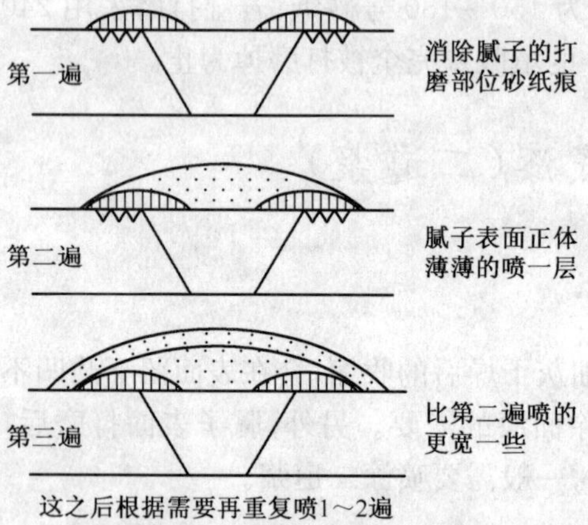


图 9-63 二道浆喷涂顺序

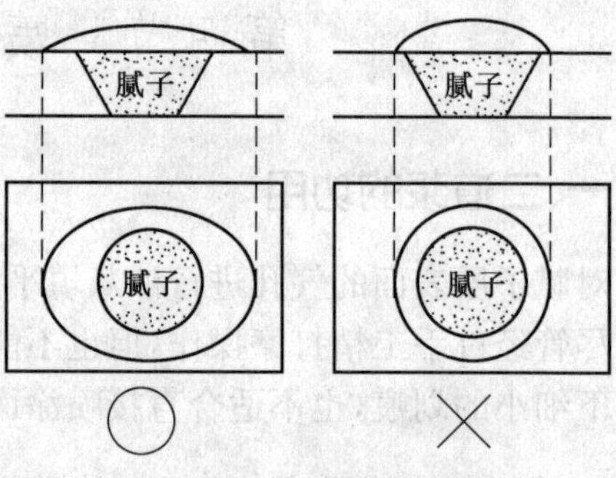


图 9-64 二道浆喷涂面积

如图 9-65 所示，相邻的几小块油灰修补块，可先分别预喷两遍，然后再用整体喷涂 2～3 次，连成一大块，这样处理，可以取得良好的效果。这种场合也不宜一次喷得过厚，而且应取适当的时间间隔，分几次喷涂。

当旧涂膜是改性丙烯酸硝基漆等易溶性涂料时，对黏度和喷涂时间间隔应十分注意。若采用硝基类二道浆涂料，黏度应取 18～20s，要反复薄薄地喷涂，以免喷涂后表面显得粗糙。如果用丙烯酸类二道浆，黏度可取 14～15s。

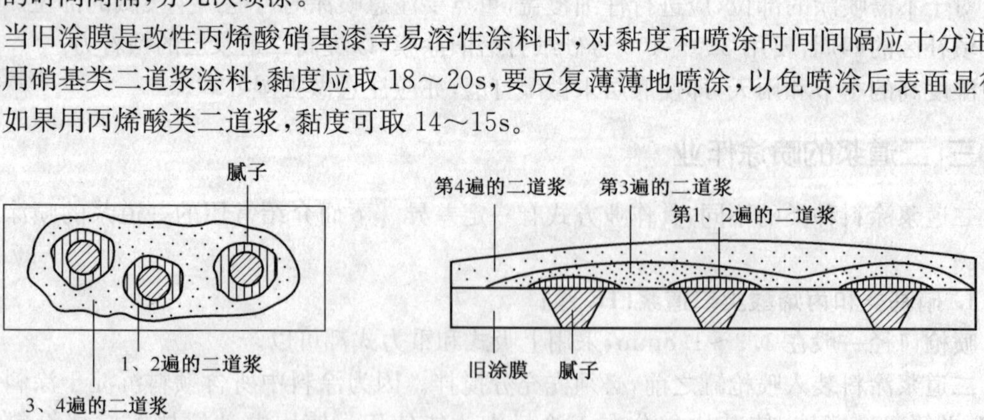


图 9-65 相邻油灰修补块的二道浆喷涂

**2. 聚氨酯类二道浆**

在调制涂料之前，应先将主剂搅拌均匀，然后将主剂加入调漆罐中，再按规定加入专用固化剂，应使用计量工具按正确的比例调配。不同的厂家配制比例有差异，注意不要弄混。

放主剂和固化剂的容器，使用之后一定要盖严实。若打开盖子敞放，就会与空气中的水发生反应，最终不能使用。主剂和固化剂混合后，用搅拌棒充分搅拌均匀，再加入聚氨酯二道浆专用稀释剂，调至适宜于喷涂的黏度，一般为 16～18s。但随厂家不同有所差异，应注意使用说明书要求。

将调制好的聚氨酯二道浆用滤网过滤，加入喷枪罐，所用喷枪若是重力式，喷孔直径为 1～3mm，若是上吸式则为 1.5～1.8mm。

聚氨酯二道浆的喷涂方法与硝基类二道浆一样，但聚氨酯二道浆每道形成的涂膜较厚，一般喷两遍就够了。若需更厚可喷三遍，比如旧涂膜剥离后的金属表面，如果直接喷涂二道浆，就需喷涂三次。

当旧涂膜是硝基类涂料时，如果只在修补了腻子的部分喷涂聚氨酯二道浆的话，则在二道浆与硝基旧涂膜的交界处，在喷涂了面漆之后，往往会起皱。为防止这一点，应在整块板上全部喷涂聚氨酯二道浆。如图 9-66 所示，旧涂膜为硝基漆时应整体喷涂二道浆，应先在补腻子处薄薄地喷一层，然后整体喷涂两遍。

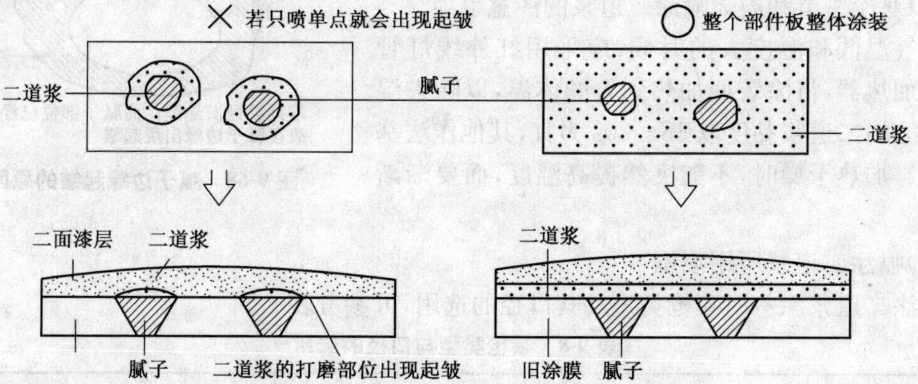


图 9-66 旧涂膜为硝基漆时应整体喷涂二道浆

### 3. 二道浆喷涂注意事项

(1)聚氨酯二道浆涂料使用注意事项

当面漆采用聚氨酯涂料时，二道浆也应采用聚氨酯类。如图 9-67 所示，当面漆采用聚氨酯而二道浆采用硝基涂料时，涂膜形成就会不完全，引起起泡和开裂。另外，以双组分丙烯酸聚氨酯硝基漆作为面漆时，也以聚氨酯类二道浆为好。

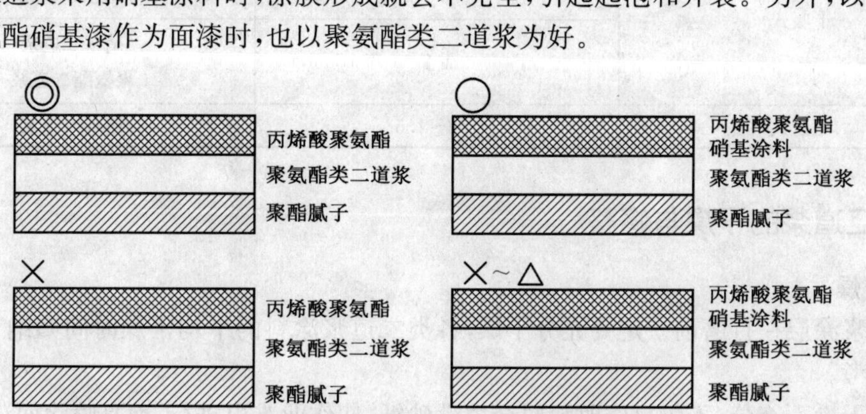


图 9-67 面漆涂料与二道浆涂料的组合

下列场合尤其应用聚氨酯二道浆。首先是全涂装(尤其是静电涂装),除此之外,车顶和行李箱等大面积涂装,旧涂膜为硝基漆的涂装等。

(2)二道浆一次不能喷涂太厚

分几次喷涂看起来更花时间,实际上,喷涂二道涂料时,边喷边用吹风机加快溶剂的挥发,比一次厚厚地喷涂干燥速度快,作业效率也高。其原因是若涂膜厚,溶剂会滞留在涂膜内难以挥发。如前所述,溶剂的挥发速度,与膜厚的二次方成反比。比如将分三次涂装的膜厚一次喷涂,则挥发速度反而大大减慢,则打磨和修补无法进行,最终结果是作业速度下降。

如果一次喷涂过厚,使溶剂残留在涂膜内难以挥发,如图 9-68 所示,腻子边缘的旧涂膜会被浸润膨胀,在喷涂了面漆之后就会起皱,所以二道浆涂料切忌一次喷涂过厚。就是所谓厚涂型二道浆,也并不是指一次喷涂就很厚,而是分几次喷涂,最终形成的二道浆涂层较厚。

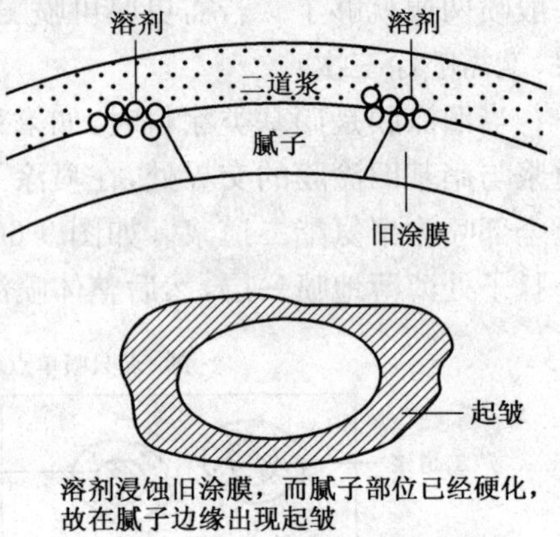


**图 9-68 腻子边缘起皱的原因**

(3)寒冷季节和雨天喷涂二道浆的注意事项

当气温低和湿度大的时候,应采用红外线灯管或热风加热器,将涂装面加热到人的体温,以除去湿气。喷涂的二道浆黏度取 18～20s 为宜,其他作法基本不变。加热干燥时,不能突然提高温度,而要渐渐加热。

(4)喷涂二道浆所用喷枪

喷涂二道浆涂料时喷枪类型及其口径的选用,可参考表 9-8。

**表 9-8 喷枪类型与口径的选用**

| 喷枪类型 | 口　径(mm) | 二道浆种类 |
| --- | --- | --- |
| 重力式 | 1.2～1.3 | 丙烯酸二道浆 |
| | 1.5 | 聚氨酯二道浆<br>硝基二道浆 |
| 上吸式 | 1.5 | 丙烯酸二道浆<br>聚氨酯二道浆 |
| | 1.8 | 硝基二道浆<br>聚氨酯二道浆 |
| 压送式 | 1.2～1.5 | 硝基二道浆 |

## 四、二道浆的干燥与修整

### 1. 干燥

二道浆涂层在打磨前一定要充分干燥,各类二道浆涂料的平均干燥时间归纳于表 9-9,供使用参考。

如果干燥不充分,不仅打磨时涂料会填满砂纸,使作业难以进行,而且喷涂面漆之后,往往出现涂膜缺陷。

表 9-9　二道浆涂料平均干燥时间

| 二道浆涂料种类 | 自然干燥(20℃) | 强制干燥(60℃) |
|---|---|---|
| 硝基类 | 30min 以上 | 10～15min |
| 聚氨酯 | 6h 以上 | 20～30min |
| 合成树脂 | 3h 以上 | 20min 以上 |

气温寒冷的冬天，需采用红外线灯和热风加热器进行强制干燥。这不仅能加速干燥，提高作业效率，还能提高涂膜质量。但不能骤然提高温度，应逐渐加热到 60℃左右。如果旧涂膜有起皱现象时，加热到 50℃左右为宜。

**2. 二道浆涂层的修整**

二道浆涂层的修整操作就是刮填眼灰。填眼灰也称填麻眼，找毛病或找麻眼等。麻眼灰也叫填眼灰、精细灰、快干灰、毛病灰等，主要用于面漆前的涂层表面上的麻眼、针孔、砂痕等小毛病(小缺陷)的填平、刮平，所以操作时较省力、省料、省工。刮麻眼灰是一种非常细致的工作，麻眼灰刮涂的好坏，直接影响面漆的外观质量，因此一定要将麻眼灰刮好，以确保面漆涂后的外观质量。修补工作用木刮刀或塑料刮刀薄薄地刮涂，如图 9-69 所示，切忌一次填得过厚。若一次填不满，间隔 5min 左右再填。

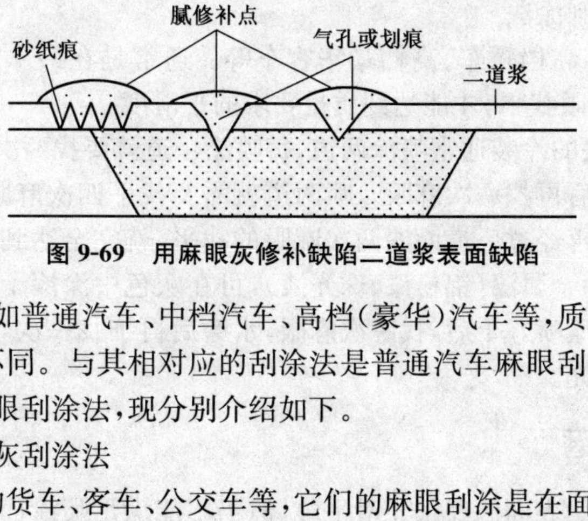


图 9-69　用麻眼灰修补缺陷二道浆表面缺陷

汽车的档次不同，如普通汽车、中档汽车、高档(豪华)汽车等，质量要求也不同，故在刮涂麻眼灰时的要求也不同。与其相对应的刮涂法是普通汽车麻眼刮涂法、中档汽车麻眼刮涂法、高档豪华汽车麻眼刮涂法，现分别介绍如下。

(1)普通汽车麻眼灰刮涂法

普通汽车如一般的货车、客车、公交车等，它们的麻眼刮涂是在面漆前的涂层，如中涂漆或第一道面漆干燥水磨后进行的一次细致的找麻眼，以此将水磨后漆膜表面上的小麻坑、粗砂痕、橘纹坑等小毛病找净刮平，使表面达到质量要求的平度，为喷面漆做好准备，打好基础。

在普通汽车刮找麻眼的实际涂装操作中，漆工们喜欢在中涂漆喷好且干燥后进行一次全面找、刮麻眼灰，待找净刮光后，同中涂漆一起进行水磨，水磨合格后，洗净磨污并擦干水迹，待彻底晾干水分后，将局部(主要饰面)表面再找一次麻眼。其操作方法是：用快干的麻眼灰将表面上的砂纹、针孔等麻眼毛病顺光线找净刮光。刮麻眼灰，顺麻眼部位快速涂刮 1～2 个来回，不能来回涂刮次数过多，因为麻眼灰多为硝基类快干腻子，在一个地方来回刮涂次数过多，易产生腻子疤，故每处的麻眼刮平填实后，应随手立即收净四周的残渣，以防干燥结疤，且刮刀面应始终保持清洁。在刮涂中灰面出现干结时，可用香蕉水将其溶解并充分调和均匀，以防干皮混入灰中形成疙瘩，影响刮涂质量。

在给货车驾驶室表面的麻眼刮灰时，要把其主要饰面(车门的外部、前风挡的下部、车门的后部及上顶的四周部位)顺光线反复将麻眼找刮干净，并把其他部位的表面明显的麻眼找光刮净。

在给普通客车刮涂麻眼灰时，应把客车的前围面、车门外部、两侧大板面与后围的两角面作为重点，其他部位如车顶两侧的瓦棱铁(即两侧扁窗的上部)部位与两侧舱门面等，只要把明显的毛病找净刮平刮光即可。

(2)中档汽车麻眼刮涂法

常见的中档汽车有普中档轿车、中高档客车、进口货车等。对它们的麻眼常分2～3次来刮涂，以把各种麻眼找净刮平。待中涂漆干燥后，先全面将漆膜表面的针孔、麻点坑、砂痕等毛病依次顺光线找净刮平，收净残渣，干燥1～2h后，全面水磨平滑并擦干水分，待彻底晾干水分后，再进行第二次找麻眼。第二次找麻眼时，因表面光滑而有些细小麻眼不易看出，故应边刮麻眼边用手拭检查物面，遇有挡手感的细小毛病时，要随即刮平刮净。各车的主要饰面部位，要再进行一次麻眼部位的局部细水磨，待合格后，擦干水迹、晾干水分后，再进行第三次找麻眼。其重点放在各车的主要饰面部位，要顺光线反复将各种细小毛病找净刮平，不得有遗漏现象。对找刮轿车表面上的麻眼，每面要从左到右，从上到下，反复顺光线仔细找刮，直到找净刮平为止。

(3)豪华汽车麻眼刮涂法

高档豪华汽车包括高档轿车、高档豪华客车等。通常是在最末道面漆喷涂之前，进行3～4次或4～5次的麻眼找平，才能达到质量要求的平滑度。

对高档轿车中涂漆的涂装通常喷涂两道，每喷涂一道就要找两次麻眼(即中涂漆干后找一次麻眼，在全面水磨后再找一次麻眼)，喷两道就需要找平四次麻眼，这样，基层的平度才能基本达到质量要求，再经过一道面漆两次麻眼的找平，就完全达到要求的平度，这样就可喷涂末道面漆了。如涂金属漆(铝粉漆、珠光漆)，可在灰色中涂漆干后找一次，水磨后再细找一次，而后待金属色漆喷好干后，找一次麻眼，水磨后再细找一次，再喷涂一次金属色浆，干燥后，即可用清漆罩光。

## 五、二道浆的打磨

二道浆喷涂后，虽然表面已经很光滑平整，但仍不能满足喷涂面漆的需要，此时必须进行细致的打磨，特别是经过填眼处理后，其表面更需要打磨。二道浆的打磨一般以手工打磨为主，可以采用干、湿两种打磨方法。

### 1. 干打磨

若采用双动式打磨器进行打磨，所用砂纸粒度以240～280号为宜。若采用往复式打磨机，砂纸粒度以280～320号为宜。往复式打磨机打磨，比双动式速度慢，但操作比较简单。

不论使用哪种打磨机打磨，都不用太大的力压在涂膜上，只能稍用点力沿车身表面移动。用力过大，砂纸磨痕就会过深。

打磨时应注意不能只打磨喷涂了二道浆料的部位，旧涂膜与二道浆的交界区域也应进行打磨。

用手工打磨板干打磨时，也应使用软磨头或橡胶块，砂纸粒度为280～400号，均匀地横向打磨，如图9-70所示。

干打磨结束后，拆去遮盖，用吹风机进行清洁。也可用粘性抹布擦试打磨表面。粘性抹布是粗棉布经某种不干的粘性清漆处理而成。最通常的尺寸为 30cm×30cm。这种粘性抹布能有效地从金属、塑料、旧涂层表面清除掉尘埃、污垢、锈渣、打磨时产生的粉尘以及过喷流在表面的漆渣等。在喷漆前用粘性抹布擦拭表面速度要快，力量要轻，否则就有可能将粘性抹布上的清漆遗留在待涂装表面，造成如缩孔、针孔以及附着力、耐介质性下降等。

**2. 湿打磨**

湿打磨一般采用 320～600 号耐水砂纸。当面漆为金属闪光涂料时，可以用 400 号砂纸；如果面漆是硝基涂料时，要用 600 号砂纸，若用 400 号，涂膜表面往往会有砂纸磨痕。

当面漆为单色时，可以用 320 号砂纸，但如果是单色的硝基涂料，应用 400 号以上砂纸打磨。

打磨方向见图 9-70，按此方向打磨，砂纸磨痕和表面不平不易显现到涂膜表面。

打磨时使用的垫块应柔软。手工打磨时应避免手指接触被打磨表面。打磨要仔细，不能有遗漏。

打磨结束后，如图 9-71 所示，对玻璃滑槽缝、门把手、玻璃四周等边缘部位，要用刷子沾上研磨膏进行打磨，清除残余的污物。也可以使用脱脂剂代替研磨膏，但不能省去此项作业。

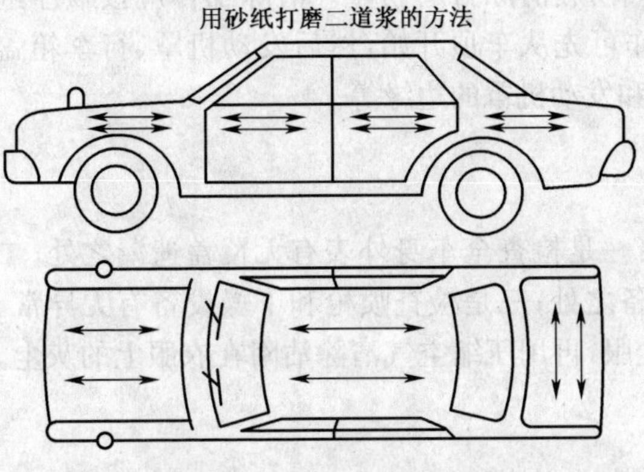


图 9-70 二道浆的打磨方向

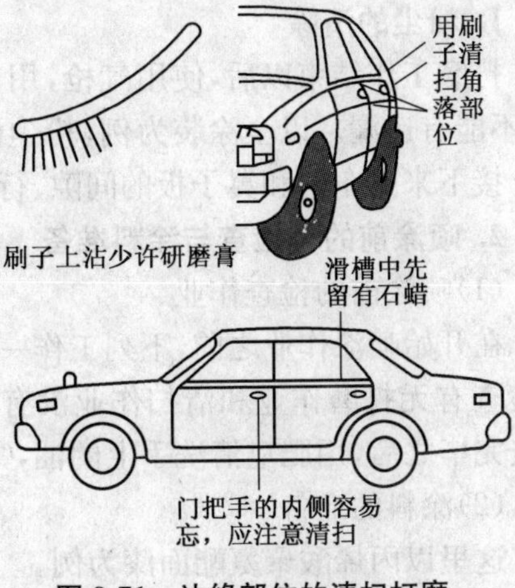


图 9-71 边缘部位的清扫打磨

**3. 麻眼灰修补部位的打磨**

对于用麻眼灰修补部位，二道浆层的表面打磨要特别注意。如图 9-72 所示，先以修补部位为中心，用 320～400 号耐水砂纸，将凸出部分磨平，然后用 400 号或 600 号耐水砂纸将整个表面打磨平整。

干打磨时使用往复式打磨机，先用 240 号砂纸将凸起部位打磨平，随后用 320 号砂纸整体打磨。

**4. 收尾工作**

若采用的是湿打磨，就要用清水冲洗干净打磨部位，然后用红外线灯泡和热风加热器等将表面除湿干燥。

若采用的是干打磨，应用吸尘器将打磨粉尘彻底清除干净。如果是局部补修涂装，周围

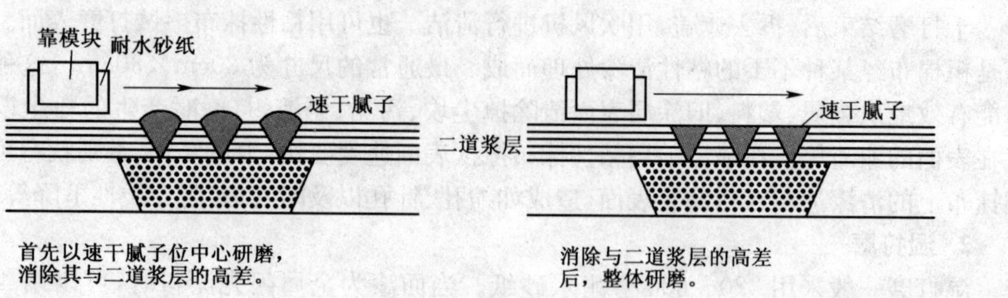


图 9-72 麻眼灰修补部位的打磨

的旧涂膜，要用粗颗粒的研磨膏进行研磨，以彻底清除污物和油分。

最后应仔细检查涂膜表面，不能遗漏未经打磨的部位，如果有，再用 400～600 号砂纸打磨。

## 第五节 喷 面 漆

### 一、喷涂面漆前的准备

**1. 粉尘的清除**

打磨工作结束以后，使用气枪，用压缩空气彻底清除打磨粉尘。清除工作应按顺序进行，不能有遗漏。以全涂装为例，粉尘清除工作可先从车顶开始，然后发动机罩、行李箱盖等。接下来是车门和翼子板的间隙、行李箱盖和发动机罩的边缘等。

**2. 喷涂前的再检查与涂料准备**

(1)喷涂前的检查作业

在开始喷涂作业之前，下列工作一定要做：一是检查全车身外表有无覆盖遗漏之处；二是检查有无打磨作业和清扫作业没有进行完备之处；三是检查喷枪和干燥设备有无异常。检查完毕之后，用肥皂清洗手上的油，穿上防尘服，再用压缩空气清除沾附在衣服上的灰尘。

(2)涂料的准备

这里以丙烯酸聚氨酯面漆为例。

将调好色的涂料按所需要的量取出，加入固化剂，调整好黏度。通常的做法是将主剂和固化剂调配好之后，再加入稀释剂调整黏度。但用习惯之后，也可以先用稀释剂稀释主剂，过滤好，注入喷枪的喷漆罐中，再加入适量的固化剂搅拌均匀。这种情况下，如图 9-73 所示，只要记住主剂的用量，然后按 1∶4 的比例加入固化剂即可。

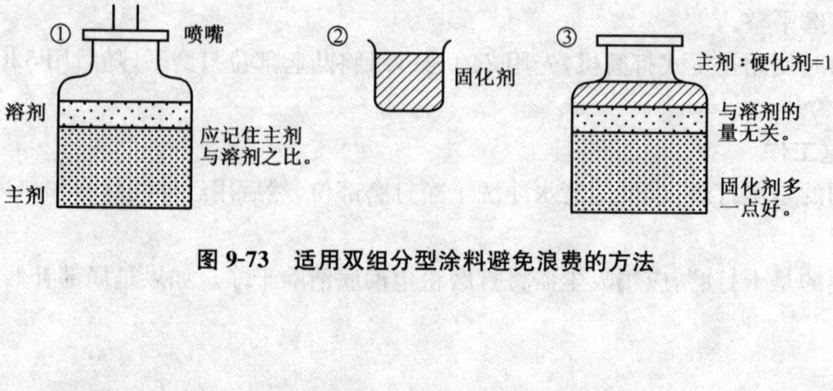


图 9-73 适用双组分型涂料避免浪费的方法

丙烯酸聚氨酯涂料所加入的固化剂比例,可以容许有一定的偏差,稍多点比少一点好。这样做的好处是可以真正做到用多少调多少,避免浪费。

(3)黏度的调整

涂料黏度并非常量,随温度而发生变化。即同一种涂料,冬季比夏季显得稠。黏度越高的涂料,随温度而变化的特征越明显,因此,即使加入相同量的稀释剂,夏季的黏度为13～14s,冬季黏度就为20s左右。

从根本上讲,同一种涂料应以相同的稀释率涂装,比如夏季气温为30℃,以黏度14s进行涂装,到了冬季,气温为5℃时,就应以黏度20s进行涂装,所以应养成根据气温改变喷涂黏度的习惯。

(4)涂料的过滤

调好色的涂料,难免混有灰尘和杂质,必须过滤之后才能使用。

**3. 喷枪的选择**

用于喷涂面漆的喷枪,应根据使用目的和涂料的种类区分使用。喷枪的用途分类见表9-10。

表 9-10 喷枪的用途分类

| 用途/分类 | 局部涂装用 | | 全涂装用 | |
|---|---|---|---|---|
| | 口径(mm) | 喷枪罐容量($cm^3$) | 口径(mm) | 喷枪罐容量($cm^3$) |
| 重力式 | 1.0～1.5 | 350～400 | — | — |
| 上吸式 | 1.2～1.5 | 500～1000 | 1.2～1.8 | 1.0～1.51 |
| 压送式 | — | — | 1.3～1.5 | 2.0～4.01 |

喷枪的喷嘴直径应随涂料的种类而改变。对于酸性丙烯酸硝基漆,全涂装时用1.5～1.8mm口径的喷枪较为适宜。而对于合成纤维素丙烯酸硝基漆则以1.0～1.3mm为宜,超过1.5mm时,则会造成漆膜表面粗糙,打磨十分费力。

对于丙烯酸聚氨酯涂料,全涂装时应选用1.3～1.5mm口径的上吸式喷枪。涂装丙烯酸聚氨酯的单色涂料时,也有人采用1.8mm口径的喷枪,但比较起来,还是1.5mm的好用。

烤漆涂料可以使用1.3～1.5mm口径的上吸式喷枪;丙烯酸磁漆可以用1.5～1.8mm口径上吸式喷枪。烤漆涂料也可以使用重力式喷枪;丙烯酸磁漆涂料如果使用重力式喷枪,口径选1.3mm能获得高的喷涂质量。在喷涂金属闪光色时,为防止金属雾斑,喷嘴直径应为1.3～1.4mm。

除此之外,随制造厂家的不同,喷射流量和空气用量、喷束形状都有差异,应从中选择与所喷涂料相适应的喷枪。

压送式喷枪喷吐流量大,可以缩短喷涂时间,喷罐容量可加入2～4L涂料,以节省涂料添加时间。

**4. 面漆喷涂的手法**

(1)干喷

指喷涂时选择的溶剂要快干,气压较大,漆量较小,温度较高等,喷涂后漆面较干。

(2)湿喷

指喷涂时选择的溶剂要慢干,气压较小,漆量较大,温度较低等,喷涂后漆面较湿。

(3)湿碰湿

一般讲湿碰湿同上面讲的湿喷有相似一面，都是不等上道漆中溶剂挥发继续喷涂下一道漆。

(4)虚枪喷涂

在喷涂色漆后，将大量溶剂或固体分调整得极低的涂料喷涂在面漆上的操作称为虚枪喷涂。在汽车修补中有两种类型虚枪喷涂法：

①在热塑性丙烯酸面漆上喷虚枪，用来使新喷的修补漆与原来的旧漆之间润色，使汽车表面经过修补后看不出修补的痕迹。

②在新喷涂的丙烯酸或醇酸磁漆上喷虚枪，用来提高其光泽，有时也用来在斑点修补时润色。

(5)雾化喷涂

俗称飞雾法喷涂，又叫飞漆，一般用于金属漆的施工。金属漆与色漆喷涂方式方法大不相同，金属漆由于漆中有金属颗粒，有的为云母、珍珠等物制成，比重大，所以喷金属漆时一般用飞雾法像散花状喷涂，同虚枪喷涂有些相似。

(6)带状涂装

当喷涂某个基材表面的边缘时采用此法。此时应将喷枪扇辐调的相对窄一些，一般调整到大约 10cm 宽。此时喷出的雾束比较集中，呈带状覆盖。这样可以达到减少过喷、节约原材料的目的。

## 二、面漆的整车喷涂

### 1. 素色面漆的整车喷涂

素色是相对金属色而言的，素色面漆一般用于涂装普通车辆或档次不太高的汽车。根据不同类型车辆的需要，有的需喷涂清漆层，有的则不需要。素色面漆的喷涂工艺相对比较简单，要求也比金属色面漆低得多。

对于素色漆，不同的种类，喷涂方法也不一样。现列举其中一例作为参考，涂料黏度用 4 号福特杯量。

(1)第一次喷涂——预喷涂

涂料黏度——16～20s(20℃)；

空气压力——343kPa；

喷束直径——全开；

喷吐流量——1/2～2/3 开度；

喷枪距离——25～30cm；

喷枪运行速度——快。

以车身整体喷上一层雾的感觉，薄薄的预喷一层。喷这一层的目的是提高涂料与旧涂膜的亲和力，同时确认有无排斥涂料的部位，如果有就在该部位稍加大气压喷涂，覆盖住涂料排斥部位。

(2)第二次喷涂——形成涂膜层

黏度—— 16～20s(20℃)；

空气压力——343kPa；

喷束开度——全开；

喷吐流量——2/3～3/4 开度；

喷枪距离——20～25cm；

喷枪运行速度——适当。

在该工序基本形成涂膜层，要达到一定的膜厚。该工序要注意尽可能喷厚一些，这是最终获得良好表面质量的基础，但同时要注意不能产生垂挂和流动，以此作为标准。

(3)第三次喷涂——表面色调和平整度的调整

黏度——14～18s(20℃)；

空气压力——294～343kPa；

喷束开度——全开；

喷吐流量——全开；

喷枪距离——20～25cm；

喷枪运行速度——适当(同第二次)。

第二次喷涂已形成了一定膜厚，第三次喷涂主要目的是调整涂膜色调，同时要形成光泽，有时要加入透明涂料，有时为调整色调，要加入干燥速度慢的稀释剂。

素色漆一般喷涂三次，就能形成所需膜厚、光泽和色调。如果色调还不满意的话，可将涂料稀释到 14s，再喷涂修正一次。

喷涂作业的先后顺序往往随操作者的习惯而定。整车喷涂顺序可参考图 9-33，该顺序操作比较方便，同时能够使操作者尽量避免置身于所喷射的雾滴之中。

**2. 金属色面漆的整车喷涂**

金属色面漆由于其涂料中有铝粉或去母粉等颗粒，喷涂后会形成不同程度的颜色方向性差异，所以对喷涂施工操作要求非常严格，包括喷枪的调整、走枪的动作及喷涂技巧运用等均需要严格控制。

(1)用三层法(普通喷涂法)喷涂金属闪光色面漆

①第一次喷涂——预喷涂(金属闪光磁漆)。

黏度——14～16s(20℃)；

空气压力——393～490kPa；

喷束直径——全开；

喷吐流量——1/2～2/3 开度；

喷枪距离——25～30cm；

喷枪运行速度——快。

以喷雾感沿车身表面整体薄薄喷洒，既提高涂料与底层或 1 日涂膜的亲和力，同时确认有无排斥涂料现象。如果出现了排斥现象，就在有排斥现象的部位，提高喷射气压(637kPa 左右)喷涂。

②第二次喷涂——决定色调(金属闪光磁漆)。

涂料黏度——14～16s(20℃)；

空气压力——393～490kPa；

喷束直径——全开；

喷吐流量——2/3～3/4 开度；

喷枪距离——25～30cm；

喷枪运行速度——稍快。

第二次喷涂决定涂膜颜色，喷涂时不必在意出现的喷涂斑纹和金属斑纹，单层喷涂，喷枪移动速度稍快一点为好。丙烯酸聚氨酯涂料遮盖力较强，一般喷两次就行了，但有的色调需按第二次喷涂方法再喷涂一次。

③第三次喷涂——消除斑纹（过渡层喷涂）喷涂，取金属闪光磁漆50%，透明漆50%相混合。

黏度——11～13s（20℃）；

空气压力——393～490kPa；

喷束直径——全开；

喷吐流量——1/2～2/3开度；

喷枪距离——25～30cm；

喷枪运行速度——快。

第三次喷涂是修正第二次喷涂形成的喷涂斑纹和金属斑纹。目的是形成金属感，也有防止喷涂透明层时引起金属斑纹的作用。

原则上透明涂料和金属闪光磁漆各占50%，但随颜色不同有些变化。例如浅色彩时，透明涂料多一些，金属闪光磁漆占20%～30%，透明涂料占70%～80%；银灰色和中等浓度色调，两种各占50%，或者透明涂料稍多一些占60%。黏度为12s左右。

喷涂时，喷枪运行速度要快，与涂装表面保持25～30cm的距离，薄薄地喷涂一层，要完全消除金属斑纹。

中间间隔时间：

在消除斑纹喷涂结束之后，要设置10～15min的中间间隔时间，使涂膜中的溶剂挥发。若用指尖轻轻触摸涂面，沾不上颜色，就可以进入透明层喷涂。设置中间间隔时间，是使金属闪光磁漆涂料的溶剂尽可能挥发。

④第四次喷涂——透明涂料的预喷涂。

涂料黏度——12～14s（20℃）；

空气压力——294～343kPa；

喷束直径——全开；

喷吐流量——2/3开度；

喷枪距离——20～25cm；

喷枪运行速度——稍快。

第一次透明层喷涂不能太厚，一次喷涂太厚会引起金属颗粒排列被打乱所以要喷得薄。

⑤第五次喷涂——精加工喷涂（透明涂料）。

产生金属斑纹，涂料黏度——11～13s（20℃）；

空气压力——294～343kPa；

喷束直径——全开；

喷吐流量——全开或3/4开度；

喷枪距离——20～25cm；

喷枪运行速度——普通或稍慢。

以第二次透明层的喷涂结束涂膜工作，要边观察涂膜平整度边仔细喷涂。如果采用快速移动喷枪，往返两次覆盖，能得到很理想的表面色泽。尤其是在车顶、行李箱盖、发动机罩等部位，覆盖两次为好。

当表面平整度不好时，可以加入干燥速度慢的稀释剂进行修正，能获得好的加工质量。

(2)双层金属闪光涂料的喷涂

①第一次喷涂——预喷涂(金属闪光磁漆)。

涂料黏度——14～18s(20℃)；

空气压力——393～490kPa；

喷束直径——全开；

喷吐流量——1/2～2/3 开度；

喷枪距离——25～30cm；

喷枪运行速度——快。

整体平均薄薄地喷涂，以提高涂料与旧涂膜的亲和力。同时检查有无排斥涂料现象，若有应提高气压喷涂。

②第二次喷涂——决定涂膜色彩(金属闪光磁漆)。

涂料黏度—14～18s(20℃)；

空气压力——393～490kPa；

喷束直径——全开；

喷吐流量——3/4～全开；

喷枪距离——25～30cm；

喷枪运行速度——稍快。

第二次喷涂决定涂膜色彩，注意不要出现喷涂斑纹和金属斑纹。如果出现金属斑纹，应将喷枪距离加大到 30～35em，以喷雾的方法喷射进行修正。

丙烯酸聚氨酯覆盖力强，喷涂两次就能确定好色彩。如果色彩不好，可间隔 10～15min，再按第二次喷涂的方法，喷第三到第四次。

中间间隔时间：

金属闪光磁漆涂料喷完后，在喷透明涂料之前，间隔 10～15min(20℃)，使溶剂挥发。

③第三次喷涂——透明层涂料预喷涂。

涂料黏度——11～12s(20℃)；

空气压力——294～343kPa；

喷束直径——全开；

喷吐流量——2/3～3/4 开度；

喷枪距离——20～25cm；

喷枪运行速度——稍快。

④第四次喷涂——精加工喷涂(透明涂料)。

涂料黏度——11～12s(20℃)；

空气压力——294～343kPa；

喷束直径——全开；

喷吐流量——3/4～全开；

喷枪距离——20～25cm；

喷枪运行速度——普通或稍慢。

第二次透明层喷涂是精加工喷涂，要边观察涂膜的平整度边仔细喷涂，习惯了快速移动喷枪的，可以往返覆盖两层，以获得高质量的表面层。反过来，若移动速度过慢，就会产生垂挂现象。如果涂膜起皱，要加入干燥速度慢的稀释剂进行修正。

## 三、面漆的局部修补涂装

**1. 素色面漆的局部修补涂装**

(1)准备工作

①局部涂装的遮盖。参见“第二节喷底漆一、车身的遮盖”相关内容。

②脱脂与最后一道去粉尘(操作方法参考全车涂装)。

③选择喷枪。对于酸性丙烯酸硝基漆，局部涂装时选用 1.2～1.3mm 口径喷枪，而对于合成纤维素丙烯酸硝基漆喷枪口径则以 1.0～1.3mm 为宜。

对于丙烯酸聚氨酯涂料，局部涂装时用口径 1.2～1.3mm 重力式喷枪为好。

烤漆涂料使用 1.3～1.5mm 口径的上吸式喷枪；丙烯酸磁漆可以用 1.5～1.8mm 口径上吸式喷枪。

关于喷枪的类型和口径的选择，应根据涂料制造商的建议。

④按涂料的规定加入固化剂和稀释剂，将黏度调整至合适。

(2)素色漆的局部修补涂装

丙烯酸聚氨酯涂料的局部修补涂装技术被认为很难掌握，但实际上只要掌握了作业方法和要点，也就不难，而且作业速度快，效率高。

素色漆调的局部涂装可参照图 9-74。

①对喷涂了二道浆的表面及边缘部位进行湿打磨，相邻部位用研磨膏打磨。打磨工作可以手工进行，也可以用打磨机，装上毛巾毡垫打磨头，使用粗颗粒的研磨膏仔细打磨。打磨的目的是除去喷二道浆时粘上的涂料和污物，清洁涂装表面。打磨后要用脱脂剂清除油分和污垢，最后使用带粘性的布，仔细除去细小的粉尘。

②在调好颜色的涂料内，按 1∶4 的比例加入固化剂，加入 30%～40%的稀释剂，并将黏度调至 14～16s。

第一次喷涂薄薄的一层，以提高底层和旧涂膜与涂料的亲和力；第二次喷涂比第一次喷涂稍宽一些，并在湿的状态下定出色彩；第三次喷涂比第二次要喷得更宽些。要稍加一些稀释剂，将黏度降低到 13～14s，以获得高质量的表层。要注意色调应与旧涂膜相吻合。

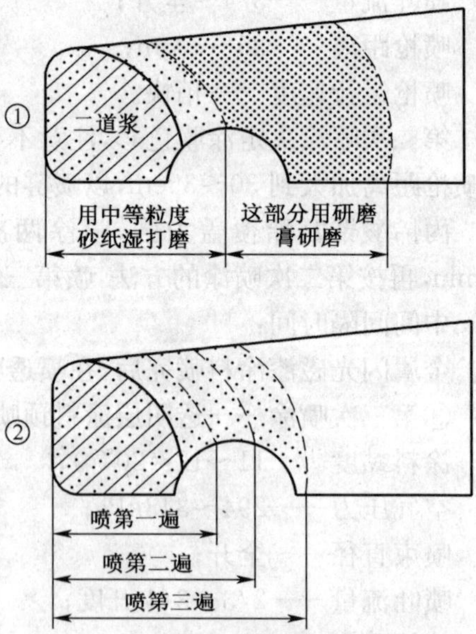


图 9-74 素色漆局部涂装

③晕色处理：用 30％聚氨酯磁漆，加入 70％稀释剂，薄薄喷涂一层，此时如果喷得过多就会出现垂挂。

修补涂装的空气压力一般为 245～294kPa，喷束开度和流量应根据修补面积大小调整。如果面积小，喷束开度应减小，流量也应减少，空气压力以 196～245kPa 为宜。

**2. 金属色面漆的局部修补涂装**

(1)金属闪光色的普通法局部涂装

在准备好金属闪光涂料和透明涂料后，先将调好色的金属闪光涂料，以 1∶4 的比例加入固化剂调和好，然后加入 50％～70％的稀释剂，黏度调整到 14～16s。透明涂料也按同样比例加入固化剂，并加入 10％～20％的稀释剂，黏度调为 12～13s，完成上述准备工作之后，就可以开始喷涂，喷涂方法参照图 9-75。

①二道浆涂层的附近用 400～600 号的水砂纸进行湿打磨。晕色部位用研磨膏打磨，然后用脱脂剂清洁，用带粘性的布擦拭，最后用压缩空气吹拂。

②先在二道浆层四周喷一层透明涂料(见图 9-75②)，以使所喷的金属闪光磁漆更光滑，第一次先薄薄喷一层金属闪光磁漆，以提高与二道浆和旧涂膜的亲和力。第二次喷涂确定涂层的颜色，一般喷 2～3 遍，如果着色不好，则需要喷 3～4 次。第二次不要喷得过厚，要均匀地薄薄地喷。

③将 50％的金属闪光磁漆涂料与 50％的透明涂料相混合，黏度调至 11～12s，喷涂时比图 9-75②所示喷得更宽一些，喷涂时应使涂料呈雾状，薄薄地喷涂，以消除斑纹，调整金属感，同时兼有晕色处理作用。每次喷涂之间，需设置 10～15min(20℃)的间隔时间。

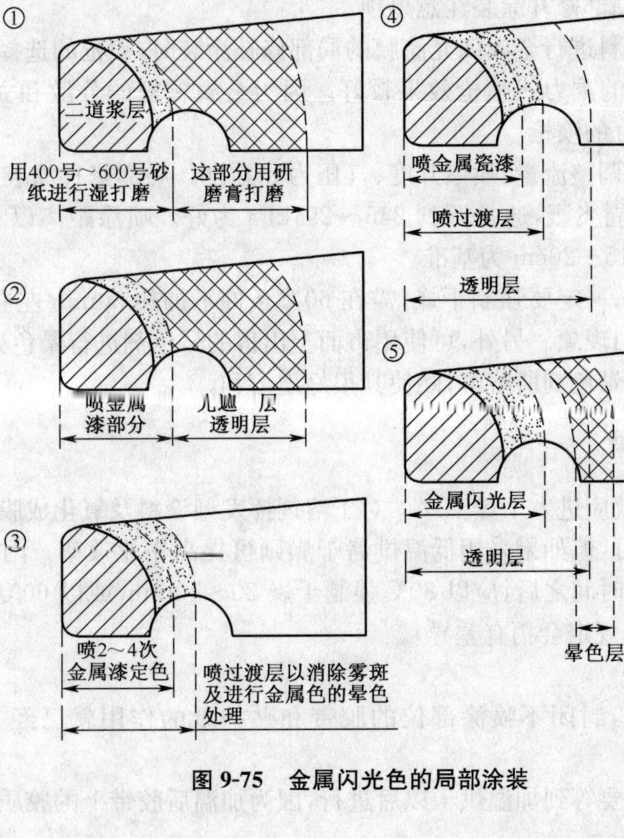


图 9-75　金属闪光色的局部涂装

④透明涂料喷涂面积可扩大一些。第一次薄薄地喷一层，间隔大约 5min 再喷第二次。喷涂时要边观察色调边喷，以形成光泽。

⑤晕色处理是以 20%的透明涂料，80%的稀释剂相混合喷在透明层区域周围，以掩盖其由于喷涂雾滴带来的影响。注意喷得要薄。

(2)双层金属闪光涂膜的局部修补涂装

双层金属闪光涂膜的局部修补涂装方法如图 9-76 所示。

①金属闪光层的喷涂。第一次喷涂以能遮盖住二道浆涂层为准，在较宽的范围内薄薄地喷涂一层；第二次喷得稍厚一些，以决定涂膜色调；第三次薄薄地喷涂，以消除金属斑纹，调整金属感，同时进行与旧涂层的晕色处理。

②透明涂料喷涂。第一次喷涂以有光泽为准，喷得要薄，第二次稍厚一些，以形成光泽。透明层也应进行晕色处理，方法与金属闪光涂料相同。

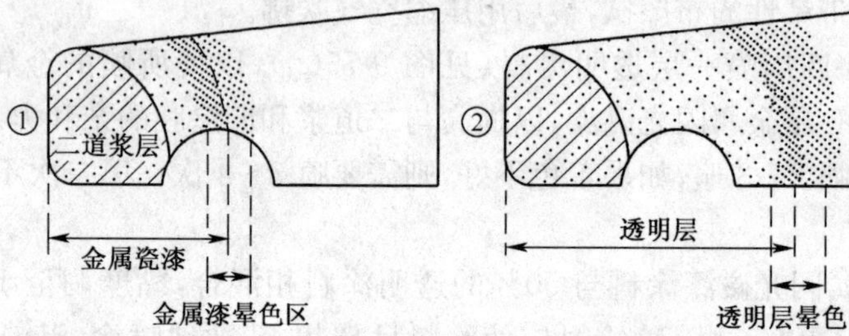


图 9-76 双层金属闪光涂膜的局部修补涂装

(3)丙烯酸聚氨酯局部修补涂装注意事项

用丙烯酸聚氨酯涂料进行金属闪光涂膜的局部修补涂装时，喷枪的选择很关键，其中以 1.2～1.3mm 喷嘴直径的重力式喷枪效果较好。因为金属颗粒的分散和立体感显得很重要，应使用微粒化作用好的喷枪。

喷涂的关键是正确调整流量、喷束开度、气压力和黏度。局部修补涂装时，气压力调得过高，喷射雾滴则向四周飞溅，通常调到 245～294kPa 为好。喷涂距离以 25cm 左右为标准，局部修补涂装时以 15～20cm 为基准。

进行晕色处理之后，一定要强制干燥，需在 60℃条件下加热 30min 左右。若干燥不充分，打磨时往往出现泛白现象。另外，可使用市面上出售的晕色剂进行晕色处理，通过加热，聚氨酯的喷射雾滴会被晕色剂所溶解，能使其很好地溶和。

## 四、面漆层的干燥

面漆喷涂结束后，就应进入干燥工序。对于溶剂挥发型涂料及氧化成膜型涂料，面漆喷涂完成后，自然干燥即可，但如果采用低温烘烤干燥则可提高作业效率。丙烯酸聚氨酯、丙烯酸磁漆必须间隔一定时间之后，应以 80℃强制干燥 20～40min，或以 60℃强制干燥 30～50min(各涂料制造商的规定会稍有差异)。

### 1. 清除贴护

喷涂工作完毕之后，封闭不喷涂部位的胶带和贴护纸的作用就已经完成，可以清除掉了。

清除贴护的工作不要等到加温烘干以后进行，因为加温后胶带上的胶质会溶解，与被粘贴表面结合得非常牢固，很难清除，而且会在被粘贴物上留下粘性的杂质。如果被贴护表面是良好的旧漆层，由于胶中溶剂的作用还会留下永久性的痕迹，除非进行抛光处理否则将去除不掉；涂膜完全干燥后清除胶带还会引起胶带周围涂膜的剥落，造成不必要的修饰工作等。

贴护的清除工作应在喷涂完毕静置 20min 左右的时间，待涂膜稍稍干燥后进行。静置 20minn 左右的时间也有利于涂膜中溶剂的挥发，避免喷涂完毕后直接加温烘烤所造成的涂膜热痱等问题。

清除工作应从涂层的边缘部位开始，决不能从胶带中央穿过涂层揭开胶带。揭除动作应仔细缓慢，并且使胶带呈锐角均匀地离开表面。清除时注意不要碰到刚刚喷涂过的地方，还应防止宽松的衣服蹭伤喷涂表面，因为这些表面尚未干透，碰到后会引起损伤，造成额外的工作。

**2. 干燥**

干燥设备有多种类型，如红外线、远红外线、热风等。不同设备干燥方式也有所不同。因此干燥作业时的关键，就是如何根据干燥设备的特点，在不致产生气孔的前提下提高干燥速度。使用喷烤两用房进行强制干燥的操作方法如下(以恒大牌喷烤漆房为例)：

①打开电锁开关，电源指示灯亮(即红色)。

②打开照明开关，使烤房内得到照明。

③电压表指示 380V 处即表示正常送电，可以进行喷烤工作。

④使用控制箱上的时间设定旋钮设定延时时间(如果需要)。

⑤使用温度调节旋钮，设定烘烤温度。

⑥当喷烤升温时首先进行引风，喷烤开关置于喷烤位置，即喷烤开关往右扭转，然后再往左扭，使其进入喷烤状态。

⑦当需要烤漆升温时，将升温开关往左扭，如果升温度数已达到设定值，开关将自行关闭，即可以烤漆。如果喷漆过程中，温度下降，可按一下绿色按键，即接通升温控制。

⑧如果喷烤房出现故障和其他问题，或升温烤漆过程中出现不良现象，必须按红色圆键，使控制箱完全断电，防止不良状态继续进行。经检查处理后方可使用。

## 五、面漆喷涂后涂膜的修整

面漆的涂布结束以后，涂装的工作已经大部分完成，但还需要进行最后的修整工作。涂膜的修整主要包括清除贴护、修理小范围内的故障和表面抛光等。

喷涂过程中常常会由于种种原因在面漆表面造成一些微小的故障，例如流挂、个别的涂膜颗粒(脏点)微小划擦痕迹和凹坑等，影响装饰性，因此必须进行修理。

**1. 流挂和涂膜颗粒的处理**

在喷涂当中造成流挂是非常常见的故障，由于喷涂环境的影响，在涂膜表面有颗粒等也是不可避免的。若流挂的面积很小，涂膜表面颗粒很少，可以用单独修理的方法进行处理，修理必须是在涂膜完全干燥的情况下进行。首先平整流挂或颗粒部位，然后用抛光的方法使修理部位与其他部位光泽一致，消除修理痕迹。

(1)平整修理

平整流挂和小颗粒多采用打磨的方法，但对流痕或颗粒比较大的情况，往往先用刮刀将流痕或大颗粒削平，然后再用较细的砂纸打磨来加快工作的速度。打磨流挂部位一般使用1200～2000号水磨砂纸配合硬质打磨垫块（不可使用软打磨垫）来进行，因为较细的砂纸产生的打磨痕迹比较容易抛光，但有时需要打磨的区域比较大，为提高效率可以先用较粗的砂纸（如800～1000号）先打磨一遍，待基本完成后再逐级用细一级的砂纸打磨，直到打磨痕迹可用抛光的方法消除为止，注意不要跨级使用砂纸。

打磨时为防止磨到周围不须打磨的部位，可以用贴护胶带对不需打磨的区域进行贴护。打磨的手法应使打磨垫块尽量平行于面漆涂膜，手法要轻一些。一般可用水先将水砂纸润湿，然后在打磨区域上洒一些肥皂水，这样可以充分润滑打磨表面，且不至于产生太大的砂纸痕迹。打磨时要非常仔细，经常用胶质刮水片刮除打磨区域的水渍来观察打磨的程度，只要流挂部位消除并与周围涂膜齐平即可。千万不要磨穿或使漆膜过薄，要给抛光留出余量，并保证抛光后仍有足够的膜厚。对于边角等涂膜比较薄且极易磨穿的地方尤其要小心。

对于颗粒等小范围的打磨，一般使用小型打磨块配合1500～2000号水磨砂纸来进行。国外有些涂装工具公司一般专门为这项工作配有小磨头及其配套砂纸，如德国费斯拖工具公司即专门配有这种小型设备，国内的涂装工作人员一般使用砂纸包裹麻将牌来进行，效果也很好。打磨时同打磨流挂一样，须沿涂膜水平运动并用肥皂水润滑，如图9-77所示。如果颗粒过大或流痕突出部位非常明显，可以先用刮刀刮除，然后再用上述的打磨方法进行打磨。用刮刀刮除工作效率比较高，但操作上要求一定的技巧，刮削时刀刃应略向上方倾斜，不可切削过量，如图9-78所示。

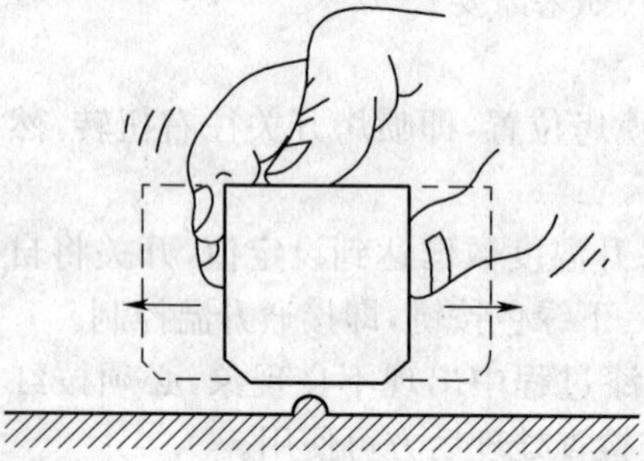

**图9-77　用小磨头打磨颗粒**

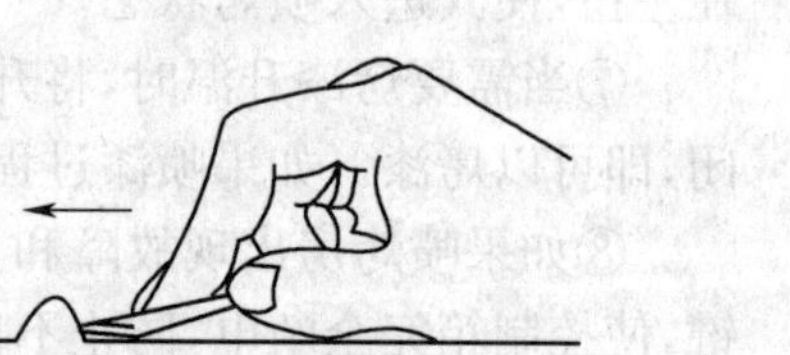

**图9-78　用刮刀修整表面**

（2）局部抛光

经过平整修理和打磨的区域必须进行抛光，对小范围修补区域一般使用手抛的方法即可，也可用机械抛光来提高效率。

手工抛光的材料一般使用法兰绒，因法兰绒质地较厚，且多为毛或棉质，非常适合抛光用。抛光时用法兰绒布蘸上少许抛光粗蜡或中粗蜡，用力对打磨区域擦拭以消除打磨痕迹，运动轨迹以无序为好，尽量不要留下磨削的痕迹。待砂纸痕迹基本消除并具有一定的光泽后，将抛光区域和抛光布清理干净，不要留下粗蜡痕迹，然后换用细抛光蜡再次进行细致的抛光。

对于新漆面而言，未抛光的区域即具备耀眼的光泽，经过抛光的部位光泽虽然没有减低，但已经变得比较柔和，像珠光一样悦目，往往会造成两个区域有明显的差异甚至有色差。所以，用细蜡抛光的面积要大于修理区域3～5倍，使修补区域与未修补区域无明显的差异，最后，用上光蜡对整板进行上光即可。

用抛光机进行局部抛光与上述用手工抛光的基本步骤相同。首先将中粗抛光蜡(由于用机械进行局部抛光,用中粗蜡即可)涂抹于修理区域,选用小型海绵抛光轮以较低的转速对修理区域进行研磨抛光,待修理区域基本消除打磨痕迹并显现出光泽后,逐渐提高转速并扩大抛光区域到修理区域的3～5倍,然后换用较大的抛光轮,用细蜡对整板进行抛光上光一体操作,消除光泽和颜色的差异。

**2. 涂膜凹陷的修理**

在面漆喷涂完毕后,涂膜上常常会有个别因喷涂表面清洁不净,留有油渍、汗渍等造成涂膜张力变化而形成的小凹坑(鱼眼),或是清除贴护时造成的小范围涂膜剥落等现象。对这些地方进行补漆操作时若缺陷位置不明显,一般不需要用喷枪,使用小毛笔或牙签等对凹陷部位进行填补就可以了。但如果缺陷部位非常明显或所处位置是车辆极需要涂膜完美的地方,如小轿车的发动机罩或翼子板等,一般需要采用点修补的方法(使用小型修补喷枪进行小局部喷涂)来修理。

用牙签或小毛笔填补凹陷,最好在涂膜未干时操作,如果涂膜已经干燥,将会造成填补部位附着不良和颜色的差异。具体操作如下:

①若面漆漆膜已经基本干燥,则需要用清洁剂对需要填补的区域进行清洁。如有必要可用800号以上的细砂纸进行简单打磨,但打磨区域切不可过大,只起提高附着能力的作用即可,然后用清洁剂清洁干净。

②用牙签或小毛笔蘸上少许面漆(为保证没有色差,最好用剩余的面漆。若为双组分涂料,则必须添加固化剂),并迅速地滴到故障部位(鱼眼)或描绘在需要填补的部位(剥落漏白),如图9-79所示。

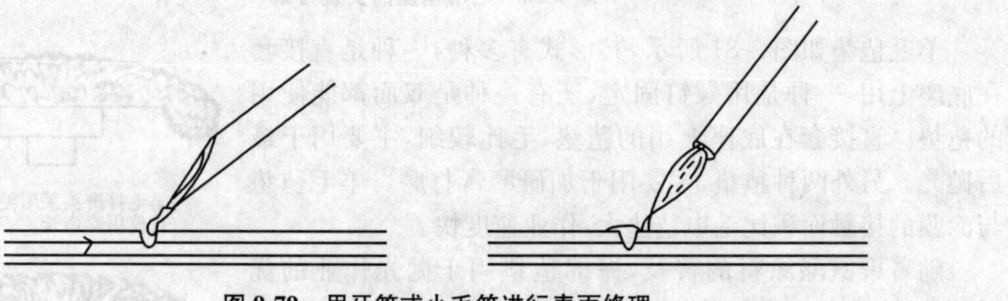

**图9-79 用牙签或小毛笔进行表面修理**

③用另一支小毛笔蘸取少许面漆稀释剂涂抹在修饰部位,以使修饰部位变得较为平整,并利用稀释剂的晕开和溶解作用使修补部位与其周围相融合。

④待完全干燥后可以稍稍进行打磨并进行抛光处理,方法同流挂及颗粒的修理。

## 六、面漆的抛光

**1. 抛光的目的**

所谓抛光,就是通过打磨,使涂膜表面显出光泽,除去附着在涂膜表面的灰尘和小麻点,对表面粗糙处和起皱皮处等缺陷进行修整。对于部分涂装而言,还包括对晕色部位的打磨等。该项作业既是全涂装和局部涂装的最后一道工序,也是对涂膜的精加工,必须仔细进行。

硝基类溶剂蒸发型涂料,喷涂后不打磨就没有光泽,所以必须进行抛光打磨。

**2. 抛光所用工具**

(1)抛光机

在抛光用工具中,有气动抛光机和电动抛光机两大类。

气动式抛光机比电动式重量轻,便于手提。其转速随气压的升降而改变,一般为2000～2500r/min。最新的气动式抛光机,与以前相比,已有很大改进,使用更加方便。

电动式抛光机比气动式重,回转力基本上不随加力情况而变,工作平稳,有一定重量,适宜于抛光作业。功率也比气动式大,能缩短作业时间。

(2)毡垫

安装到抛光机上作为抛光打磨用的毡垫,有毛巾毡垫和羊毛毡垫,近来使用较多的还有海绵毡垫。

如图 9-80 所示,毛巾毡垫用毛巾做成,套在抛光机磨头底座上。套装方式有两种,一种是用绳子拴;另一种是自带橡皮圈,套上去就能用。毛巾毡垫价格便宜,研磨作业也很轻松,所以被大量采用。选择时应注意,选布料较厚的使用寿命长。带有长毛的毛巾毡垫使用效果更好,不会留下打磨痕。毛巾毡垫的大小一般有 2～3 种,应根据抛光面积的大小选用。

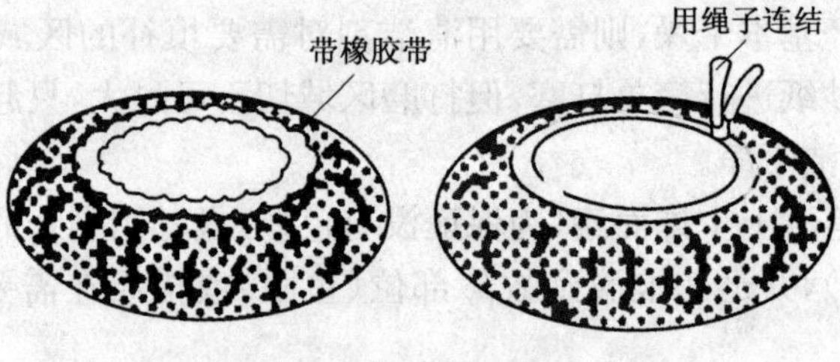


**图 9-80　毛巾毡垫的安装方式**

羊毛毡垫如图 9-81 所示,其形式有多种,一种是直接套在底座上用,一种是用螺钉固定,还有一种是双面都能使用的毡垫。直接套在底座上用的毡垫,毛比较细,主要用于最后抛光。另外两种毡垫,主要用于加研磨膏打磨。羊毛毡垫与涂膜的接触面积比毛巾毡垫大,作业速度快。

随着聚氨酯涂料的普及,海绵毡垫用于抛光作业的优点,已为人们所认识。这种毡垫与极细的超微粒研磨膏配合使用,能获得很好的效果。

套毛巾毡垫和羊毛毡垫的底座也有几种,有硬的也有软的。海绵毡垫用稍硬一点的底座为好。软、硬两种底座如图 9-82 所示。

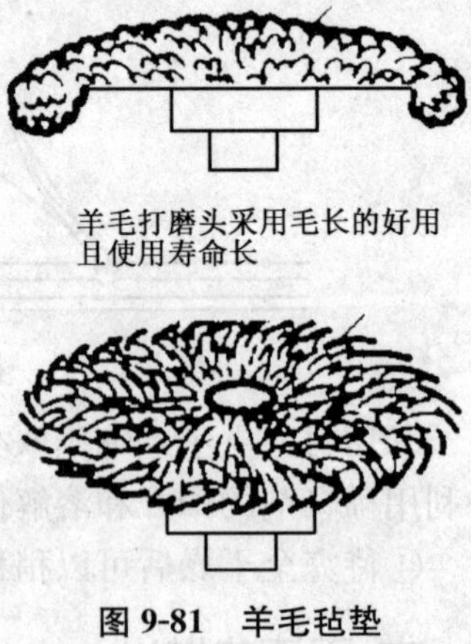


**图 9-81　羊毛毡垫**

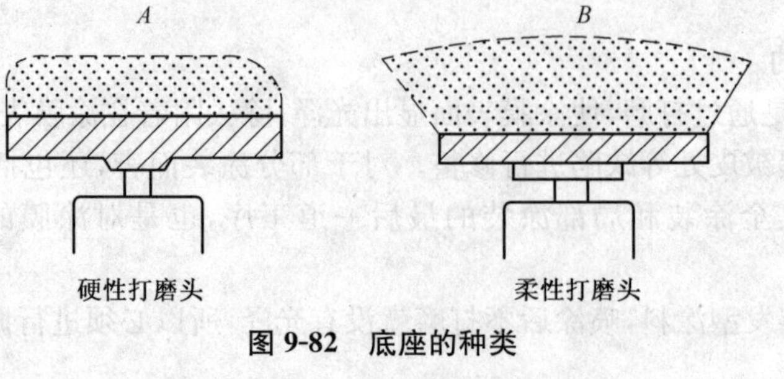


**图 9-82　底座的种类**

毛巾毡垫和羊毛毡垫上沾附了研磨膏之后会变硬，容易使涂膜出现磨痕，故脏污后就应更换新的毡垫。脏污的毡垫可以用中性洗涤剂洗净，反复使用。

(3)研磨膏

汽车修补涂装用研磨膏，由有机溶剂与加有水和油的研磨剂制成，按研磨剂颗粒的大小配合比，分为粗粒度、中粒度和细粒度几种；按研磨方式的不同，分为手工研磨用研磨膏和机械研磨用研磨膏；按黏度不同，又有膏状和液体状两种样式。

研磨膏有两种作用，研磨开始时，磨料颗粒起研磨作用，将涂膜表面磨平；到研磨后期，磨料颗粒被粉碎呈极细粉末，起抛光作用。

**3. 整车抛光工艺**

整车抛光既有旧车漆面翻新抛光，也有新喷漆面抛光。新喷漆面应在漆膜实干后进行抛光，自干性涂料在喷涂后 8～16h 进行，双组分涂料应在喷涂并经过烘烤 35min(车身金属温度为 65℃)或风干 36h(但不建议风干)，手指压表面而没有产生手指印后进行抛光。一般采用二次抛光处理法效果较好。若是旧车漆面，在抛光前应用水将车身表面的泥沙冲洗干净，以防在抛光时损坏漆面。

(1)第一次抛光

①用半弹性垫块衬 1500 号水砂纸将整车打磨一遍。

②用 2000 号海绵砂纸，轻轻地把流痕、凸点、粗粒、轻微划痕打磨平整。

③用 4000 号海绵砂纸再按顺序将整车打磨一遍，使漆面均匀无光。注意不要磨穿漆膜层。

④清洗漆面并擦净、干燥。

⑤用布块将全能抛光剂均匀地涂于漆面。

⑥机械抛光应将抛光机的转速调至 1000～1500r/min 为宜，抛光机的羊毛平放在漆面上，然后均衡地向下施加压力。从车顶开始抛光，在漆面上有规律地沿水平方向来回研磨，研磨面积不宜过大，要一个块面一个块面地进行，每一块面长 60～80cm、宽 40～50cm 左右，漆面逐渐呈现平滑与光泽。

⑦用干净抹布把漆面上多余抛光剂擦净。若发现某部位漆面还不能达到质量要求时，可重复研磨直至达到质量要求。研磨时要特别注意折口、棱角及高出底材的造型漆面，这些部位的涂膜相对较薄，研磨时触及机会较多，要特别注意不要磨穿涂膜，平面部位较圆弧面不易起光泽，应适当增加研磨次数。

(2)第二次抛光

当整车漆面用全能抛光剂抛光后，漆面的流痕、粗粒、划痕、海绵砂纸磨痕迹会全部消除，但有时会有一些极其细小的丝痕或光环，为了确保漆面更平滑、光亮，则需进行第二次抛光。第二次抛光一般使用釉质抛光剂，经釉质抛光剂抛光后，漆面亮度高、丰满度好，保持时间可达 1 年。

①用干净的软布擦净前道抛光残留物。

②摇匀釉质抛光剂，用软布或海绵将其均匀涂于漆膜表面。

③停留 60s 以上，让抛光剂变干、发白。

④用手工或机械方法抛光。机械抛光应将海绵盘转速保持在 1000～1500r/min，抛光时应按一定方向有序进行。不要用羊毛盘进行第二次抛光。手工抛光时应水平直线运动进

行抛光，直到漆面擦亮即可。

⑤用干净的软布擦净漆面。

**4. 补涂部位的抛光**

应在涂膜完全干燥后，使用细度抛光剂或超细抛光剂进行抛光，一般采用手工处理方法。

①倒少量抛光剂于软布上。

②在补涂部位四周接口处，按补涂部位向旧漆面部位同一方向抛光，抛光力度不宜过大，抛光程度不宜过深，防止产生补涂边缘线形痕迹，使漆面达到光泽柔和程度即可。

## 七、面漆的打蜡

**1. 基本知识**

(1)打蜡的作用

汽车漆膜经过抛光后，一般均需在其表面打蜡，蜡质在漆膜表面干燥后会形成一层薄的保护膜，该保护膜可以反射阳光中的紫外线，降低对漆膜的破坏。蜡质的光滑度能有效防止水分子对涂膜的渗透并具有抗污能力，蜡膜的光泽能提高涂膜的光泽度、丰满度，弥补抛光处理后的不足。

(2)打蜡前对漆面及施工环境的要求

①旧车涂膜保护性打蜡1～2个月打蜡一次，也有3～4月打蜡一次，这主要根据使用情况而定，一般可通过目测感觉或用手触摸漆面有发涩感，即需进行打蜡。

②旧车漆面沾有灰尘、泥沙、旧蜡，打蜡前应使用专用清洗液清洗干净，防止泥沙在上蜡时划伤漆面，旧蜡会使局部新蜡膜附着不牢。

③若旧车涂膜已氧化、泛色或有划痕，应清除后才能打蜡。

④新喷涂的漆膜表面的流痕、橘皮、粗粒、划痕，应通过研磨、抛光处理后才能打蜡。

(3)车蜡的选用

①根据汽车涂膜颜色，可选用彩色蜡。

②根据汽车漆面状况，金属漆可选用金属漆三重蜡、钻石蜡。

③根据使用环境，热带、雨季可选用水晶蜡。

**2. 机械打蜡**

机械打蜡时使用轨道抛光机，其椭圆形轨迹旋转及双手扶把紧贴机体的中心立轴，效率高、质量好，不易产生划痕。打蜡时将液体蜡摇匀后画圈似地倒在打蜡盘面上，每次以0.5$m^2$的面积顺序打匀，直至打完全车。待蜡凝固后，将干净、无杂质的全棉抛蜡盘套装在打蜡机上，开机后调节转速并控制在1000r/min以下，然后将打蜡机抛光盘套轻轻平放在漆面上，进行横向与竖向覆盖式抛光，直至漆面靓丽为止。打蜡机抛光路线走向如图9-83所示。

**3. 手工打蜡**

若是乳状蜡应将其摇匀，然后倒少许于海绵或软布上，涂蜡时以大拇指夹住海绵，以手掌和其他三个手指按住海绵，每次涂蜡以0.5$m^2$的面积为宜，力度均匀地按旋律式顺序擦拭，如图9-84所示。从前到后、从左到右，蜡膜要涂得薄而均匀，根据每种车蜡的说明，稍候用干净的软布擦净即可。

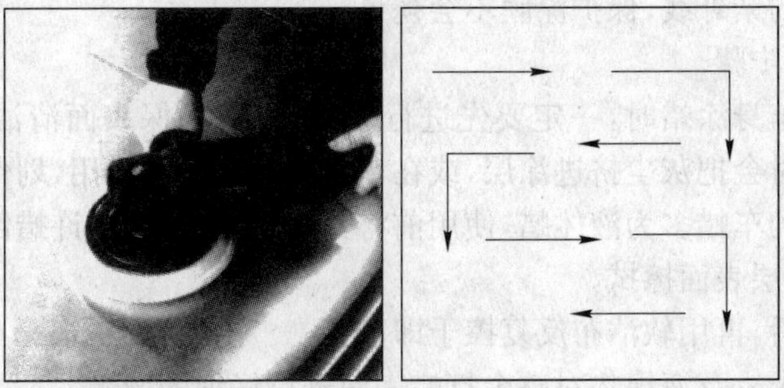

图 9-83　打蜡机和抛光路线走向

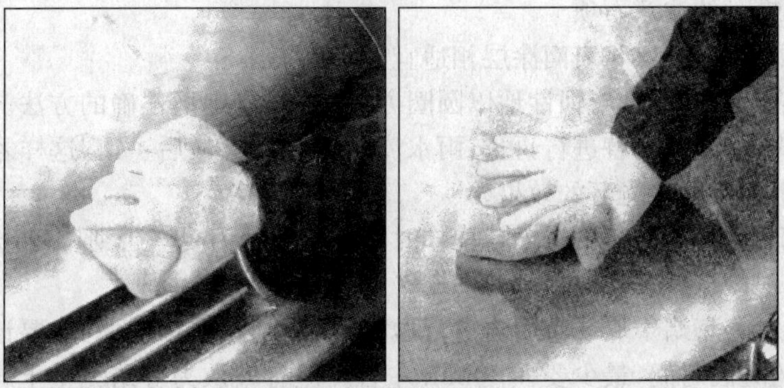

图 9-84　手工打蜡

**4. 打上光蜡**

为了更好地对汽车涂层加以保护，可定期地在车身涂膜上打一层上光蜡，这样可以提高涂膜的光泽，还可以对涂膜提供进一步的防护。如今上光蜡的概念已由一般的单纯打蜡上光发展到保护性上光，成为汽车美容护理之必需。打蜡上光也同样有需要注意的事项，操作不当会给涂膜造成伤害。

(1)上光蜡的选择

选蜡应根据车身涂层保护的需要，尽量根据车蜡的不同功效结合车身涂层的特点精心选择，车身涂层面较靓的轿车要用蜡质精细、颗粒细腻的名牌车蜡，这样效果会更加明显。打蜡视涂层面新旧而选择不同质地的车蜡。

①固体蜡。固体蜡有硬蜡、软蜡之分，主要成分为软化点不同的石蜡、油脂等。硬蜡持久性好但施工费力，软蜡持久性差但施工省力。固体蜡的价格较低。但由于它一般为脂性物质，含油量较高，不易干，需要 3～5 h 才能彻底干透，在未干时很容易粘上尘土及其他空中尘埃，附着力较差，必须等蜡彻底干透后才能附着在车身涂层上。同时，它的熔(化)点低，一般在 40℃时就熔化了，因此，在三伏天，传统蜡的保持时间非常短。

②液体蜡。液体蜡的主要成分是聚乙烯乳液或聚硅氧烷类高分子化合物，并含有油脂成分，能提高涂膜的亮度，但是遇水容易分解、寿命短、没硬度、不耐摩擦。多次的打蜡、研磨又会使漆面磨损而无光泽。

③新车保护蜡。含有大量高分子聚合物成分，它有很强的抗氧化、抗腐蚀功能；正常情况下不会被洗掉，涂抹一次一般能保持一年之久。国外新车销售商在卖出一辆新车时总要问车主是否要做个一年的车身保护，指的就是新车保护蜡。它还含有紫外线吸收剂，可以吸

收阳光中破坏涂膜的紫外线，保护涂膜不会褪色。

(2)上光打蜡的步骤

①清洁。在给车身涂蜡时，一定要先进行表面清洗，确保表面清洁。如车身表面有灰尘，涂蜡后，在抛光时会把灰尘挤进涂层，或在车身表面起研磨作用，划伤或磨花表面涂膜。

②打蜡。现在的车蜡多为液体蜡，使用前将其摇晃均匀，将少许蜡倒入湿布或海绵上小面积旋转，在车身涂层表面擦拭。

③擦干。稍干后，再用软洁布反复擦干即可。

④抛光。用抛光机及海绵垫对整个打蜡表面进行仔细的抛光。

⑤擦净。用软面将表面的抛光粉末擦拭干净。

(3)上光打蜡时的注意事项

①必须采用质量优良、与表面涂层相适宜的车蜡。

②很多人给车身打蜡都习惯性地以圆圈方式进行，这是不正确的方法。正确的打蜡方式是以直线方式，横竖线交替进行，再按雨水流动的方向上最后一道，这样才能达到减少车身涂层表面产生同心圆状光环的效果。

③不要在阳光的直接照射下打蜡，操作时应在阴凉处为妥。否则，车蜡会在阳光下发生变化，使车身出现斑点。

④上蜡后，要等车蜡干燥一会后再进行抛光，不要刚打上蜡就抛光，要让车蜡能够在车身表面有一定的凝固时间，最少要在30min左右。但有人认为等蜡完全干燥后再擦净比较好，这也是错误的。上蜡后要在蜡半干不干、尚未干燥白化时擦净。因此，上蜡的操作必须顺着车身钣金一片一片地进行，切不可先将车身全部上好后，再一次擦掉，这会使涂层表面的色泽深浅不一，非常难看。

⑤没有抛光前，不要开车上路，否则，空气中的灰尘就会依附在车蜡上，在抛光时划伤或磨花表面漆层。

⑥如果车身表面上的涂膜已经褪色或氧化，必须在清除掉旧的和氧化了的涂膜后，才能打蜡。

⑦涂蜡时尽量采用软质的、不起毛的绒布或棉絮进行均匀涂抹。

# 第十章　漆面质量检查与修补

## 第一节　漆面质量检查

### 一、漆面质量检查项目

汽车漆面质量的检查项目(质量指标)主要有:

(1)光泽

是鉴别漆面外观质量的一个主要项目。它不仅关系到漆面的光亮程度,同时,光泽较强的漆膜对大气的抵抗作用比光泽差的要好。漆膜的光泽,会随时间延长而逐渐消失。

(2)颜色及外观

颜色及外观应是漆面最主要也是最基本的检验项目,应与原车一致。

(3)漆膜的硬度

漆膜的硬度是表示漆面机械强度的重要性能之一,是漆膜表面对作用其上的另一硬度较大的物体所表现的阻力。漆膜的硬度与其干燥程度有关。一般来说,干燥得越彻底,硬度就越高。

(4)耐磨性

耐磨性是漆面的重要特性之一。它不仅与漆膜硬度和附着力有密切关系,而且与底材种类、底材表面处理、漆膜在干燥过程中的温度、湿度及漆膜表面的粗糙度也有关系。

(5)附着力

附着力是指漆面与被涂的物体表面牢固结合的性能,是考核漆膜最重要的指标之一。

(6)冲击强度

冲击强度是漆膜承受高速负荷作用的变形程度,反映漆膜的弹性和对底板的附着力。它用1kg重的重锤落在漆膜上而不引起漆膜破坏的最大高度表示。

(7)厚度

厚度是涂料检验过程中的一项重要的质量指标。若漆膜厚薄不匀,或涂装时的层数没有达到一定厚度,均对漆面性能产生不良的影响。

(8)柔韧性

柔韧性是指漆膜经过一定幅度的弯曲后不发生破裂的性能。也叫涂膜的弹性或弯曲性。

### 二、漆面质量检查方式及要求

①由远至近多角度观察:不能有砂纸印和原子灰印。

②不能有抛光印和抛穿现象:近看油漆面(特别是边角)有无抛穿,远看光泽有无明显变化。

③沾在拉手、玻璃、门边和装饰件等的油漆和抛光蜡是否清除干净。

④通过近处观察，油漆表面不能有明显尘点。

⑤在离车 0.5m 处观察面漆色漆有没有完全遮盖中涂漆。

⑥修补后漆纹应与原车匹配，无明显“橘皮”现象。

⑦在离车 2m 远处观察：银粉漆、珍珠漆是否起云。

⑧边角位是否修补到位或漏喷。

⑨远看并从多角度观察修补工件表面的光泽与原车应基本一致。

## 第二节 漆面修补

### 一、漆面损伤类型

漆面损伤类型包括：酸溶剂侵蚀、褪色、渗色、底层染污、起痱子、鼓泡、粉化、缩水或鱼眼、起云或起斑、污物污染、腐蚀或生锈、开裂、龟裂或裂纹、灰尘或颗粒或麻点、干喷、表面无光或异常失光、剥落或起皮、遮盖力差、咬起或起皱、灰印、橘皮、漆雾、咬底、钣金缺陷、针孔、抛光痕迹、流淌或流挂、砂纸痕迹、划痕、溶剂泡、水渍等。

### 二、漆面的修补方法

**1. 酸溶剂侵蚀的修补**

(1)现象

涂膜表面出现一片片不规则的粗糙、褪色、局部剥落或破裂的区域，有时受侵蚀区域会出现龟裂或裂缝，涂膜表面可以看到侵蚀物质的痕迹。如图 10-1 所示。

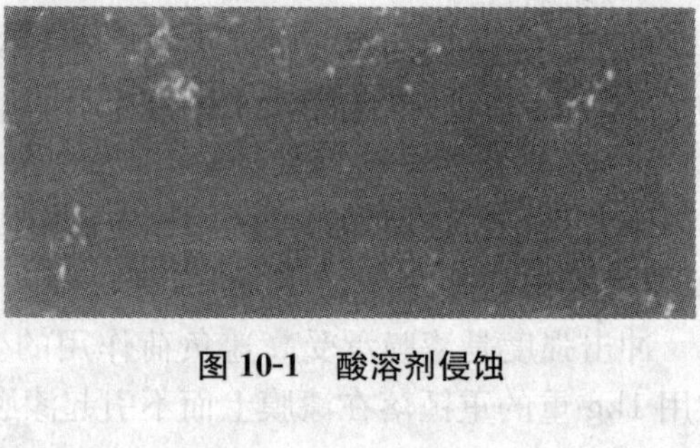

**图 10-1 酸溶剂侵蚀**

(2)主要原因

①制动液、过氧化物(原子灰的固化剂)、蓄电池溶液等腐蚀性物质洒落在涂膜上。

②酸雨。

③对新涂膜使用了洗涤剂。

④涂膜固化不良。

(3)预防措施

①注意保持涂膜表面的清洁卫生，保护好涂膜。

②新涂膜避免使用洗涤剂。

③保证涂膜充分固化。

(4)修补方法

对于损伤轻微的涂膜，可采用砂纸研磨、抛光的方法加以修复。对于受到严重侵蚀的涂膜，应将被侵蚀的涂膜彻底除掉，然后重新喷上涂料。

**2. 褪色的修补**

(1)现象

基材上有原子灰的表面涂膜颜色变黄。如图 10-2 所示。

(2)主要原因

原子灰中使用了过量的过氧化物。

(3)预防措施

充分搅拌均匀原子灰,认真计算并精确称量原子灰中过氧化物的用量。

(4)修补方法

打磨掉褪色的涂膜直至露出原子灰表面,然后用环氧底漆封闭原子灰表面,重新喷上涂料。

**3. 渗色、底层染污的修补**

(1)现象

在一种涂膜上涂另一种颜色的涂料时,底层涂膜部分渗入面层涂膜中而使面层涂膜表面变色,变色一般呈晕圈形式,严重时涂膜颜色完全改变,通常在红色、褐色漆表面喷涂时会发现此现象。如图 10-3 所示。

**图 10-2 褪色**

**图 10-3 渗色、底层染污**

(2)主要原因

底层涂料中的颜料被新涂层中的溶剂溶解并吸收。

(3)预防措施

使用防渗色封闭底漆。喷涂之前清除原涂膜上粘附的漆雾。试喷试验原涂膜是否有渗色现象。

(4)修补方法

打磨到原涂膜。喷涂封闭底漆将原涂膜封闭。然后重新喷涂涂料。

**4. 起痱子的修补**

(1)现象

涂膜表面呈现成片的大小不等、密度不同的气泡。大气泡直径大于 1.5mm,一般成片出现,有时也会单独出现。小气泡直径一般为 0.5mm,其分布蜿蜒曲折或状似指纹。如图 10-4 所示。

**图 10-4 起痱子**

(2)主要原因

涂膜下陷入了水气或污物。

①表面不清洁,残留了水、油、油脂等污染物。

②材料不配套,或未按规定使用稀释剂。

③涂膜厚度不够,从而增大了透气性。

④水分渗入新喷涂的和旧的涂膜内。

(3)预防措施

①注意保护好涂膜表面,涂装前的表面处理工作要彻底。

②按规定使用配套涂料。

③按正确的喷涂工艺进行操作。

④在涂膜完全固化之前,避免使其暴露在湿度太大和温度变化剧烈的环境中。

(4)修补方法

用一根针挑破气泡,以确定气泡的深度,并用低倍放大镜查出气泡产生的原因。当气泡发生在涂层之间时,可将缺陷区域打磨掉,露出完好的涂层后,再重新喷漆。若缺陷严重,或气泡发生在底漆与基材之间时,则应将基材之上的涂层全部除掉,然后重新涂装。

**5. 鼓泡的修补**

(1)现象

涂膜表面出现较大的圆形鼓泡或气泡,通常出现在接缝区域或死角处,或在原子灰较厚的表面。如图 10-5 所示。

(2)主要原因

陷在涂膜下的空气发生膨胀,造成涂膜与基材分离。

①由于底漆、原子灰等施工不当。

②涂膜连接处的羽状边(薄边)处理不当。

③用劣质稀释剂或稀释剂不足、压缩空气的压力太高等。

④涂膜盖在缝隙或死角上,使涂膜下面形成空隙。

⑤没能正确地处理及封闭基材。

(3)预防措施

①正确地使用底漆、原子灰。

②正确地制作羽状边。

③避免涂料一次性喷涂过厚,以保证涂料渗入缝隙和死角。

④使用推荐的稀释剂,并按正确的喷涂工艺操作,喷涂底漆时要喷得薄而湿。

⑤检查基材有无气孔,仔细清理并封闭基材。

⑥烘干涂膜时防止温度太高。

(4)修补方法

根据气泡的深度,将相应的涂膜全部磨掉,修补好下层缺陷后,重新补喷涂料。

**6. 粉化的修补**

(1)现象

涂膜表面出现白垩状的尘土或粉末,通常发生在老化、旧涂膜表面。如图 10-6 所示。

图 10-5　鼓泡

图 10-6　粉化

(2)主要原因

涂料中某些成分析出。

①涂料中含有不匹配或不合格的材料。

②涂料中的树脂或颜料老化。

(3)预防措施

①使用推荐涂料。

②避免紫外线(强光)照射涂膜,不用强力洗涤剂清洗涂膜。

(4)修补方法

将涂膜磨平并抛光,即可恢复光泽。严重时,应重新涂装。

**7. 缩水、鱼眼的修补**

(1)现象

涂膜表面出现大量的大小从针孔到直径 1cm 的火山口状空洞或凹痕。通常大尺寸的凹痕单独出现,而小凹痕则以较小密度成片出现。在凹痕的中心一般可发现有小的杂质颗粒存在。如图 10-7 所示。

(2)主要原因

涂料表面张力发生变化。

①涂装环境中或基材表面上存在含硅的有机化合物。

②有其他污染源,如油脂、洗涤剂、尘土、蜡等。

③底漆中含有不匹配的成分。

④涂装室内蒸气饱和。

(3)预防措施

①用除蜡脱脂剂彻底清除基材表面,禁止在涂装室内使用含硅类的抛光剂。

②底漆一定要匹配。

③注意涂装室的蒸气饱和程度。

(4)修补方法

将缺陷区域的涂膜彻底清除,按要求处理基材表面,重新涂装。必要时,还需要在涂料中使用抗鱼眼添加剂。

**8. 起云、起斑的修补**

(1)现象

常发生于金属色漆涂膜上。在喷涂后,涂膜颜色变得较白并成云团状。如图 10-8 所示。

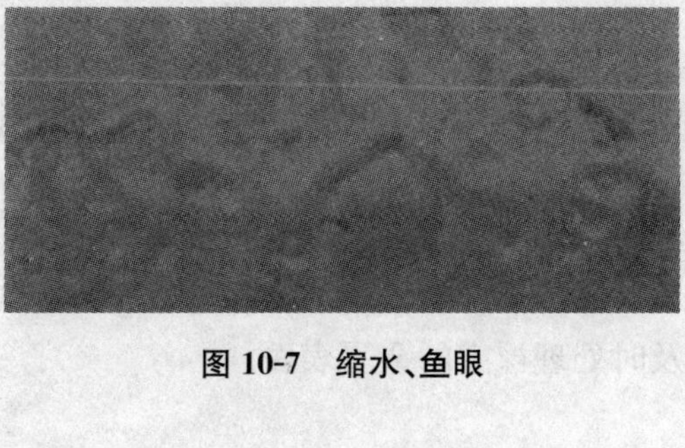

**图 10-7　缩水、鱼眼**

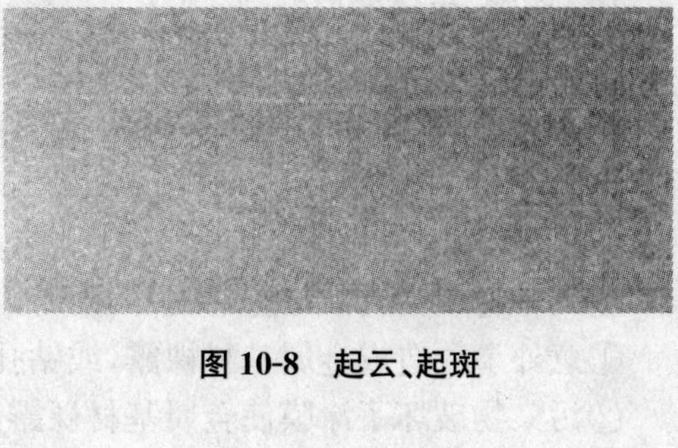

**图 10-8　起云、起斑**

(2)主要原因

①采用不匹配的催干剂或稀释剂,混合不均匀。

②喷枪的扇形不对。

③喷涂方法不对,涂膜太厚,涂装后挥发时间不足。

④基材表面温度太高或太低。

(3)预防措施

①采用正确的喷涂方法。

②开始喷涂前,将喷枪的扇形调整好。

③使用推荐的稀释剂和催干剂,并充分混合好。

④保证基材表面的温度处于推荐的范围之内。

(4)修补方法

若还没有喷涂清漆层,可再喷一层银粉漆盖住起云的部位。否则应将涂膜磨平,然后重新喷涂。

**9. 污物污染的修补**

(1)现象

涂膜表面呈现污点、斑点、溅斑或变色,有油腻或粘的感觉,或摸上去有砂粒的感觉。如图 10-9 所示。

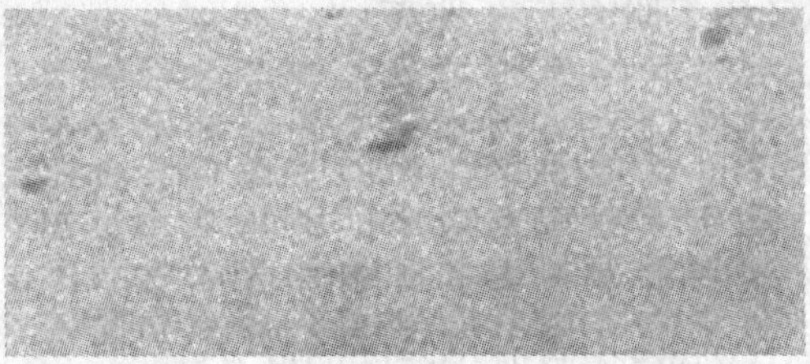

**图 10-9 污物污染**

(2)主要原因

异物粘在或被嵌入涂膜表面。

①异物,如果汁、树脂、鸟粪、水泥等落在涂料中。

②金属微粒被嵌入涂膜表面并发生氧化。

(3)预防措施

①不要让任何污物留在涂膜中。

②确保涂膜完全固化。

③特别注意不要让新涂膜暴露在任何可以导致脏污的环境中。

④使用涂装室,确保室内空气的清洁度。

(4)修补方法

对于轻微的污点,先用柔和的洗涤剂溶液冲洗涂膜表面,再用质量分数为 10%的草酸溶液冲洗,以冲掉铁类杂质微粒,最后用清水漂洗、打磨、抛光,使涂膜表面恢复光泽。若用上述方法去除不掉,则应将涂膜除去,然后重新涂装。

**10. 腐蚀、生锈的修补**

(1)现象

涂膜(尤其是车身连接件周围、板的边缘或缝隙处)脱落、起泡或变色。如图 10-10 所示。

(2)主要原因

金属基材遭受腐蚀,造成涂膜的附着力下降。

①意外事故造成金属基材裸露,或钻孔后未及时处理裸露的金属表面。

②污染物破坏了涂膜使金属基材裸露出来。

(3)预防措施

①保证所有裸露的金属表面都用金属处理液及底漆处理后才进行喷涂。

②涂膜损坏后要尽快将其修补好,特别是边角处新裸露出来的金属要立即进行处理。

(4)修补方法

将缺陷区域的涂膜磨掉,露出金属基材,除掉基材表面的锈迹,然后用正确的金属处理液及底漆处理基材表面,重新涂装。

**11. 开裂的修补**

(1)现象

涂膜发生无规则的断裂或裂缝,通常发生在基材上被填补的缝隙或板的边缘附近。涂膜裂缝常形成三角形的星形。涂膜裂缝的深度不等,较严重的裂缝可直达基材。局部修补时,在羽状边刚刚喷上涂料后,可能会出现轻微裂纹。如图 10-11 所示。

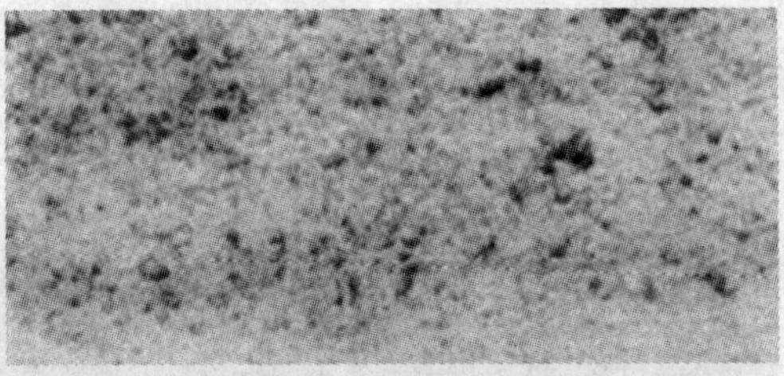

**图 10-10　腐蚀、生锈**

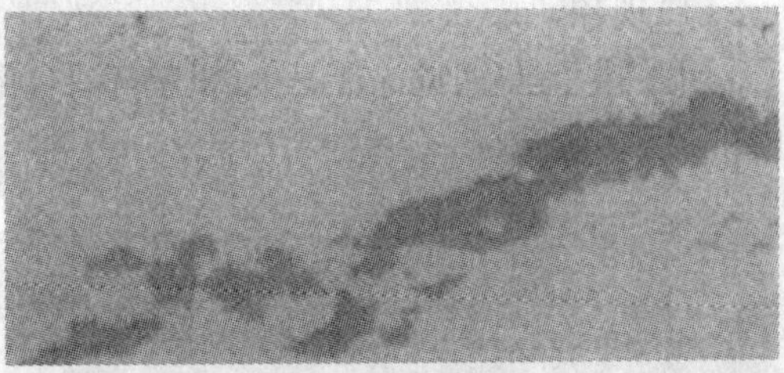

**图 10-11　开裂**

(2)主要原因

涂膜中的气泡由于气候原因膨胀或涂膜中的内应力增大使得涂膜失效。

①涂料混合不均匀,稀释剂不足或型号不对。

②基材表面处理不好,砂纸太粗,清洗不净或缝隙填补不当。

③压缩空气管中有油或水。

④涂膜太厚,各道涂膜之间的流平时间不够。

⑤涂装时,基材的温度太高或太低。

⑥在未充分固化或热塑性丙烯酸涂膜上喷涂了热固性涂料

(3)预防措施

①涂料一定要混合均匀,按规定的比例和型号使用稀释剂。

②严格将基材表面处理好,特别要注意羽状边周围的处理。

③正确维护压缩空气设备。

④使用正确的喷涂方法,每道喷涂的涂膜要薄而湿,保证各道涂膜之间的流平时间。喷涂时,基材表面的温度要合适。

⑤喷一层环氧树脂漆,将热塑性丙烯酸涂层封闭。

(4)修补方法

若裂缝较轻微只影响面涂层时,可用砂纸打磨裂纹直到露出完整表面,然后重新喷涂。若裂缝穿透到底漆时,则将缺陷区域的涂膜全部除去,将基材缺陷彻底修复,然后重新喷涂。

**12. 龟裂、裂纹的修补**

(1)现象

肉眼看上去涂膜表面失去光泽,用低倍放大镜观察时可发现大量细微裂纹。如图10-12

所示。

(2)主要原因

涂膜内应力太大。

①涂料混合不均匀,稀释剂不足或所使用的稀释剂型号不对。

②涂膜太厚,或在未完全固化或过厚的底漆上喷涂色漆。

(3)预防措施

①将涂料混合均匀,按规定的比例和型号使用稀释剂。

②使用正确的喷涂方法,每层涂膜要薄而湿,要保证各层之间的流平时间。

(4)修补方法

打磨产生裂纹区域的涂膜直至露出完整、平滑的表面,然后重新喷涂。

**13. 灰尘、颗粒、麻点的修补**

(1)现象

用手摸上去感觉涂膜表面粗糙不平,像有许多杂质微粒陷在涂膜表面或被涂膜覆盖。如图 10-13 所示。

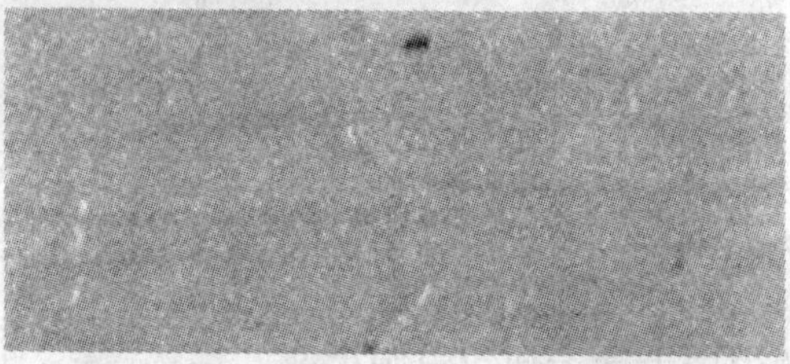

**图 10-12　龟裂、裂纹**

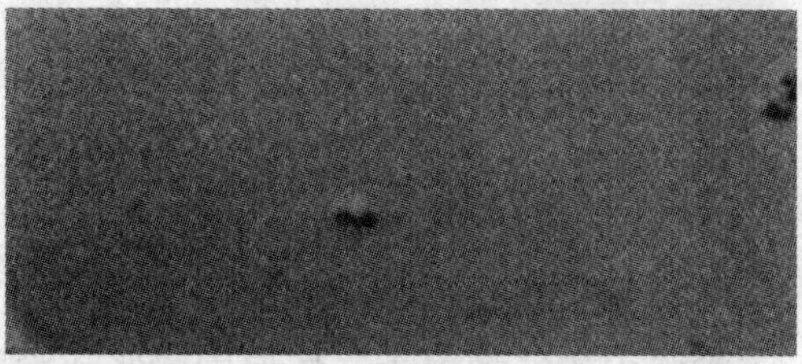

**图 10-13　灰尘、颗粒、麻点**

(2)主要原因

涂膜中混入了杂质微粒。

①基材表面处理不好。

②喷涂时或喷涂后不久,空气中飘浮的微粒落在并陷入涂膜中。

③盛涂料或稀释剂的容器敞口或生锈导致灰尘混入涂料中。

(3)预防措施

①喷涂之前,彻底将被喷表面处理干净。

②要保证涂装室干净无尘。

③保证所有材料清洁,容器密封,涂料使用前要过滤。

(4)修补方法

先使涂膜完全固化,对于其中轻微的脏粒,可用砂纸磨平,然后抛光。如果杂质颗粒陷得较深,需要将涂膜磨平后重新喷涂。

**14. 干喷的修补**

(1)现象

涂膜表面呈颗粒状粗糙结构、无光泽。如图 10-14 所示。

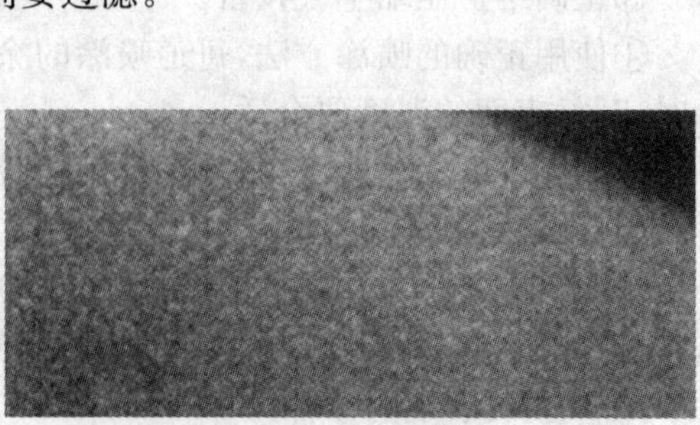

**图 10-14　干喷**

(2)主要原因

涂料以粉末状的形式落在表面上。

①涂料黏度太高，稀释剂不足或型号不对。

②喷涂方法不当，压缩空气压力过高，喷枪不清洁，喷涂时喷枪离工件表面太远。

③喷涂时有穿堂风或空气流动速度太快。

(3)预防措施

①按比例使用推荐的稀释剂。

②使用正确的喷涂方法，保持喷枪清洁，在保证涂料充分雾化的前提下，尽量将压缩空气的压力调低，喷枪与工件表面的距离要适当。

③在涂装室内喷涂，涂装室内的空气流动速度应适当。

(4)修补方法

将缺陷区域打磨平，然后抛光。若涂膜表面太粗糙，用上述方法不能修复时，应磨平缺陷表面，重新喷涂。

**15. 表面无光、异常失光的修补**

(1)现象

涂膜表面平整光滑，但缺少光泽，在显微镜下观察涂膜表面粗糙。如图 10-15 所示。

**图 10-15　表面无光、异常失光**

(2)主要原因

①底漆附着力差，或底漆未彻底固化就在其上喷涂了面漆。

②使用的稀释剂质量太差，或型号不对，或使用了不配套的添加剂。

③涂料调配或喷涂方法不当。

④基材表面质量太差。

⑤由于湿度太大或温度太低，涂层干燥速度太慢。

⑥溶剂蒸气或汽车尾气侵入了涂膜表面。

⑦涂膜表面受到蜡、油脂、水等的污染。

⑧在新喷涂的涂膜上使用了太强的洗涤剂或清洁剂，或喷完面漆后过早地进行抛光，或使用的抛光膏太粗。

(3)预防措施

①应使用合格的底漆，要等底漆充分干燥后再喷面漆。

②应使用推荐的稀释剂和添加剂。

③要充分搅拌涂料，保证涂装环境符合要求，按正确的方法进行喷涂。

④彻底清理基材表面

⑤保证涂膜在温暖干燥的条件下进行干燥。

⑥禁止在新喷涂的涂膜表面使用强力洗涤剂，在涂膜未充分固化之前不得对其进行抛光，抛光时一定要使用正确规格的抛光膏。

(4)修补方法

通常先用粗蜡研磨表面，然后进行抛光，即可恢复正常的光泽。如果失光严重，用以上方法仍得不到满意的效果，应将面漆层磨平，然后重新喷涂。

**16. 剥落、起皮的修补**

(1)现象

涂膜表面出现鳞片状脱落。这些脱落的漆片易碎，其边缘呈上卷状脱离基材表面。如图 10-16 所示。

(2)主要原因

面漆层与其下层表面失去结合力。

①下层表面处理不好，受到蜡、油脂、水、铁锈等的污染。

②在钢或铝材表面未使用金属表面处理剂，或使用的处理剂型号不对。

③喷涂时，基材表面温度太高或太低。

④喷涂底漆的方法不当，底漆层未充分干燥。

⑤涂料的黏度不当，使用的稀释剂型号不对或质量差。

⑥压缩空气的压力太高。

(3)预防措施

①彻底处理好准备喷涂的基材表面。

②在钢或铝材表面一定要用正确的金属表面处理剂，处理好后 30min 内应开始喷涂，以防基材表面生锈。

③喷涂和干燥时，要保证在推荐的温度范围内。

④使用正确的工艺喷涂底漆，保证底漆层充分固化后再喷涂面漆。

⑤使用推荐的稀释剂将涂料稀释到要求的黏度范围。

⑥每次喷涂的涂层要薄而湿。

⑦使用同一涂料生产商生产的配套产品。

⑧正确调整喷涂压力。

(4)修补方法

将剥落的涂膜清除，按要求的涂装方法和材料，重新涂装。

**17. 遮盖力差的修补**

(1)现象

透过涂膜可以看见下层表面的颜色，常常发生在难以喷涂的区域、车身下护板或尖锐的边角处。如图 10-17 所示。

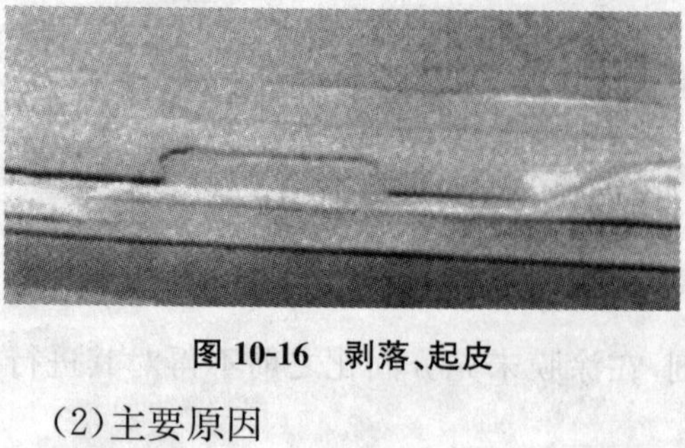

**图 10-16 剥落、起皮**

**图 10-17 遮盖力差**

(2)主要原因

色漆层的厚度不够，遮盖力差。

①喷涂方法不当。

②涂料混合不均匀。

③由于研磨、抛光过度,减少了色漆层的厚度。

(3)预防措施

①使用正确的喷涂方法,保证涂膜的厚度。

②将涂料彻底混合均匀。

③严禁对涂膜抛光过度,要特别注意边角区域。

(4)修补方法

将缺陷区域打磨平,然后重新喷涂。

**18. 咬起、起皱的修补**

(1)现象

涂膜上出现程度不同的隆起、起皱。如图 10-18 所示。

(2)主要原因

涂膜内部固化不均匀。

①涂膜太厚。

②各道涂层间流平时间不足,强制性干燥时,温度不均匀。

③涂料中使用的稀释剂型号不对或质量太差。

(3)预防措施

①每次喷涂的涂层要薄而均匀。

②各层之间的流平时间要充足,干燥温度要适当和均匀。

③使用推荐的稀释剂。

(4)修补方法

首先让涂膜充分固化。对于轻微缺陷,将其磨平,抛光即可。若缺陷严重,则需将涂膜打磨到基材,然后重新喷涂。

**19. 灰印的修补**

(1)现象

涂膜上出现一片外观、光泽不同、有清晰的边界或轮廓线的地图状区域。如图 10-19 所示。

图 10-18　咬起、起皱

图 10-19　灰印

(2)主要原因

原子灰或填眼灰调配不均匀、打磨不平滑,没有喷底漆或封闭底漆。

(3)预防措施

正确地调配原子灰或填眼灰,正确地施工并将其表面打磨平滑。

(4)修补方法

将缺陷区域的涂膜打磨至完整平滑，必要时重新刮涂原子灰或填眼灰，喷底漆进行封闭。

**20. 橘皮的修补**

(1)现象

涂膜表面会呈疙瘩状，不平整，类似橘皮的外观。如图 10-20 所示。

(2)主要原因

涂料在涂膜表面凝结不当。

①喷涂方法不当，喷枪离基材表面太远，压缩空气的压力不当，喷嘴调节不当。

②涂膜太厚或太薄。

③涂料混合不均匀，黏度不适当，稀释剂型号不对或质量太差。

④各涂层间的流平时间不足。

⑤环境温度或基材表面温度不适当。

(3)预防措施

①采用正确的喷涂方法，保证设备调节适当。

②每次喷涂的涂膜要薄而均匀，使用推荐型号的稀释剂。

③各涂层间要有足够的流平时间。

④在推荐温度范围内喷涂，并保证通风适当。

(4)修补方法

将橘皮缺陷打磨平，然后抛光。情况严重时，应将缺陷部位打磨平后，重新喷涂。

**21. 漆雾的修补**

(1)现象

涂膜出现一片片粘在或部分陷入涂膜的团粒状涂料微粒。如图 10-21 所示。

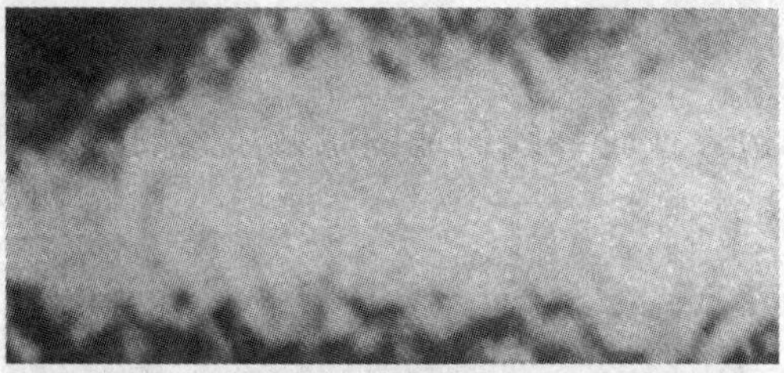

**图 10-20 橘皮**

**图 10-21 漆雾**

(2)主要原因

喷涂时多余的涂料微粒落在涂膜表面。

①遮盖不严。

②压缩空气的压力太高。

③排风和通风不畅。

(3)预防措施

①认真做好遮盖工作。

②将喷枪调整到最佳喷雾压力。

③使用涂装室，保证涂装室排风和通风良好。

(4)修补方法

将涂膜打磨平后，抛光处理。

**22. 咬底的修补**

(1)现象

涂膜表面会隆起或起皱，严重程度不同，常见于羽状边缘周围，下面的涂层可能破裂至最外层。如图 10-22 所示。

(2)主要原因

在热塑性丙烯酸漆或自干型合成树脂漆上喷涂了硝基磁漆或热固性漆，使得面漆与底漆发生了化学反应。

(3)预防措施

保证所使用的材料具有相容性，或将底漆封闭。

(4)修补方法

将缺陷区域的涂膜打磨掉，打磨时注意不要露出可以引起同样问题的涂膜，将打磨后的表面封闭后重新喷涂。缺陷特别严重时，需将涂膜打磨至基材，然后重新喷涂。

**23. 钣金缺陷的修补**

(1)现象

涂膜表面不平整，出现许多波纹或直的、弯的、十字交叉的沟槽，或球状凸起。如图 10-23 所示。

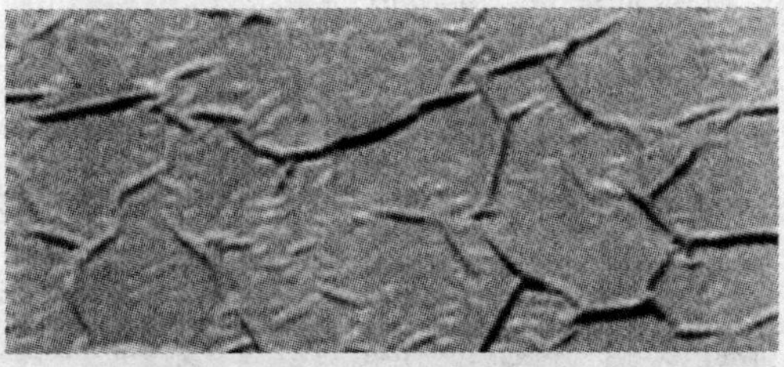

**图 10-22　咬底**

**图 10-23　钣金缺陷**

(2)主要原因

①基材表面粗糙不平。

②原子灰用量不足或质量太差，施工方法不正确或表面打磨不平。

③底漆厚度不够。

④底漆过厚并没有完全固化时，就在上面喷涂了色漆。

(3)预防措施

①喷漆之前要认真检查基材表面，修整所有缺陷。选用适当的砂轮、砂纸、锉刀，清除表面的焊渣。

②用正确方法进行原子灰的施工和打磨工作。

③底漆厚度要适当，并要充分固化。

(4)修补方法

将缺陷部位的涂膜清除至基材，修补基材表面的所有缺陷，正确清理基材表面后，重新喷涂。

**24. 针孔的修补**

(1)现象

涂膜上出现众多细小孔洞,其直径通常小于 1mm,常见于填眼灰、原子灰或玻璃钢表面。如图 10-24 所示。

(2)主要原因

涂料被吸入基材上的孔洞内。

①玻璃钢表面有气孔。

②基材表面处理或封闭不当。

③原子灰或填眼灰质量太差。

④原子灰混合不均匀,原子灰或填眼灰的施工方法不正确。

(3)预防措施

①喷涂前将基材的温度升高至高于喷涂温度,以排除基材气孔中的空气。为了防止发生变形,基材表面的温度不得超出 80℃。

②仔细检查玻璃钢表面,用原子灰或填眼灰填补基材表面上的针孔,局部喷上底漆并打磨平滑,然后再将基材表面全部喷上底漆。

③使用推荐的材料。

④原子灰调配要均匀,分多次施工,每层要薄而均匀。每次要充分硬化后再涂新的一层或进行最后的打磨处理。

(4)修补方法

将涂膜磨至底漆层,填补针孔,局部喷涂底漆,打磨平滑后,重新喷涂。

**25. 抛光痕迹的修补**

(1)现象

涂膜表面有可以看到的微细的条纹或划痕,有时缺陷部位会露出底材。如图 10-25 所示。

图 10-24　针孔

图 10-25　抛光痕迹

(2)主要原因

涂膜受到研磨损伤。

①涂膜未充分固化时就进行抛光处理。

②抛光机的压力太大或转速太快。

③使用的研磨膏太粗或有碱性,抛光布轮太脏、太粗糙。

(3)预防措施

①涂膜充分硬化后再抛光。

②抛光机的压力、转速要适当。

③使用正确型号、细度的研磨抛光膏，保证抛光布轮柔软、清洁。

(4)修补方法

磨平涂膜，重新抛光。缺陷严重时，将涂膜磨平后，重新喷涂。

**26. 流淌、流挂的修补**

(1)现象

涂膜局部变厚，形状如同波浪线、浅滩或圆形的山脊，通常出现在倾斜角度大或竖直的表面上。如图 10-26 所示。

(2)主要原因

①涂膜太厚，压缩空气的压力太低，喷枪的扇面太窄，喷枪移动速度太慢，喷枪离基材表面太近。

②使用的稀释剂型号不对或质量太差。

③涂料的黏度不适当。

④空气或基材表面温度太低。

⑤底漆层表面有杂质。

(3)预防措施

①采用正确的喷涂方法，将喷枪调节适当。

②使用推荐型号的稀释剂。

③保证涂料充分混合，黏度适当。

④在推荐温度范围内喷涂。

⑤保证喷涂表面清洁。

(4)修补方法

等涂膜完全硬化后，除掉多余的涂料，将表面磨平，然后抛光。情况严重时，应将表面磨平后重新喷涂。

**27. 砂纸痕迹的修补**

(1)现象

透过面漆会出现打磨的痕迹。如图 10-27 所示。

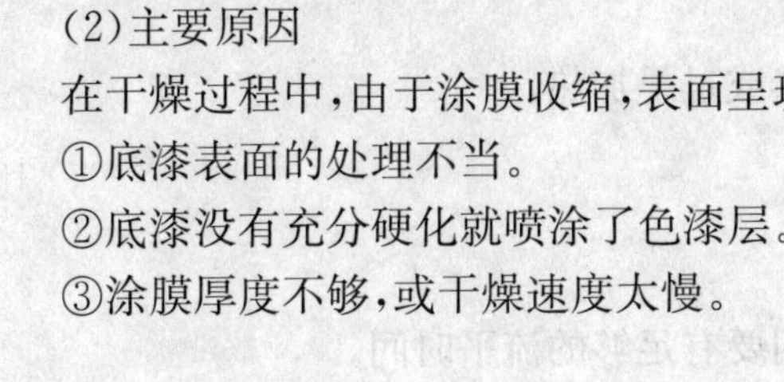

**图 10-26　流淌、流挂**

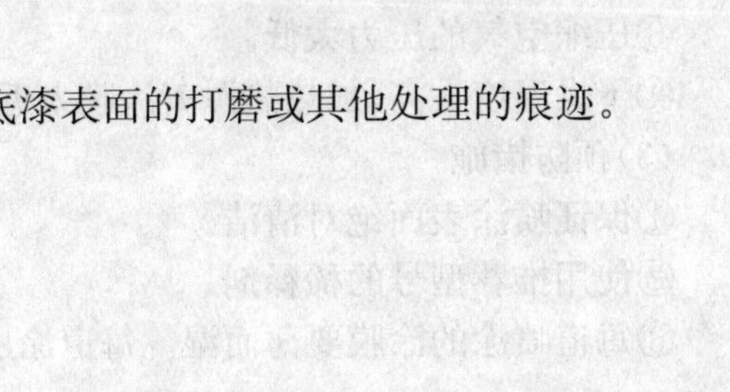

**图 10-27　砂纸痕迹**

(2)主要原因

在干燥过程中，由于涂膜收缩，表面呈现出底漆表面的打磨或其他处理的痕迹。

①底漆表面的处理不当。

②底漆没有充分硬化就喷涂了色漆层。

③涂膜厚度不够，或干燥速度太慢。

④涂料混合不均匀，使用的稀释剂型号不对或质量太差。

(3)预防措施

①采用适当细度的砂纸，用填眼灰填补表面较深的擦痕，表面要磨平。

②要等前一道漆完全硬化后，再喷涂色漆。

③漆膜厚度要适当，干燥条件要正确。

④将涂料混合均匀，应使用推荐型号的稀释剂。

(4)修补方法

若砂纸痕较轻微，可将缺陷区域磨平后抛光即可。若砂纸痕较严重，则应打磨涂膜，直至除掉原有的砂纸痕，然后重新喷涂。

**28. 划痕的修补**

(1)现象

涂膜损伤或破裂，损伤深度和面积不一。如图 10-28 所示。

(2)主要原因

由于路面蹦起的石子砸在涂膜上所致，或者是被尖锐物体划伤。

(3)预防措施

在车库、涂装室、运输过程中注意保护涂膜免受损伤。

(4)修补方法

磨掉修补区域的涂膜，在接口处制作羽状边，用填眼灰填平，然后重新喷涂。

**29. 溶剂泡的修补**

(1)现象

在刚刚喷涂的涂膜表面呈现出很多直径在 1mm 以下的顶部裂开的小气泡。如图10-29所示。

**图 10-28　划痕**

**图 10-29　溶剂泡**

(2)主要原因

由于涂膜表面的迅速干燥，使得空气或溶剂蒸气不能及时排出。

①使用的稀释剂质量太差，挥发速度太快。

②涂膜太厚，或各道涂料的流平时间不足。

③压缩空气的压力太低。

④干燥温度太高，加热热源离涂膜太近、过热或过早加热。

(3)预防措施

①保证喷涂表面绝对清洁。

②使用推荐型号的稀释剂。

③每道喷涂的涂膜要薄而湿。每道涂层之间要有足够的流平时间。